乡村振兴战略人才培育系列教材

丛书主编　郭向周　韩志茶

# 大理民俗文化

DALI MINSU WENHUA

主编　李瑞品

云南大学出版社
YUNNAN UNIVERSITY PRESS

图书在版编目（CIP）数据

大理民俗文化 / 李瑞品主编. -- 昆明：云南大学
出版社，2023
乡村振兴战略人才培育系列教材 / 郭向周，韩志茶
主编
ISBN 978-7-5482-4204-8

Ⅰ．①大… Ⅱ．①李… Ⅲ．①俗文化－大理市－职业
培训－教材 Ⅳ．①G127.743

中国版本图书馆CIP数据核字(2020)第224698号


策划编辑：朱　军
责任编辑：朱　军
封面设计：刘　雨

**乡村振兴战略人才培育系列教材**

DALI MINSU WENHUA

主编　李瑞品

出版发行：云南大学出版社
印　　装：昆明理煋印务有限公司
开　　本：787mm×1092mm　1/16
印　　张：11.75
字　　数：235千
版　　次：2023 年 7 月第 1 版
印　　次：2023 年 7 月第 1 次印刷
书　　号：ISBN 978-7-5482-4204-8
定　　价：48.00元


社　　址：云南省昆明市一二一大街182号（云南大学东陆校区英华园内）
邮　　编：650091
电　　话：（0871）65033244　65031071
网　　址：http://www.ynup.com
E-mail：market@ynup.com


若发现本书有印装质量问题，请与印厂联系调换，联系电话：0871-64167045。

# 前　言

习近平总书记强调："加强民族团结，基础在于搞好民族团结进步教育，建设各民族共有精神家园。要深入践行守望相助理念，深化民族团结进步教育，铸牢中华民族共同体意识，促进各民族像石榴籽一样紧紧抱在一起，共同守卫祖国边疆、共同创造美好生活。"大理作为一个多民族聚居的自治州，始终践行习近平总书记关于民族工作的重要论述。从 20 世纪 50 年代开始，电影《五朵金花》让大理成为民俗风情的代名词，大理逐渐发展成为一个集自然山水美和多民族风情为一体的旅游区。特别是大理州委、州政府实施的乡村振兴战略和旅游二次创业，让大理的多民族风情更加彰显其丰富内涵和价值。旅游需要深层次发展，乡村振兴需要乡风文明，在此背景下，充分展示和挖掘大理各民族的特色民俗，越来越成为大理旅游发展和大理乡村振兴的内在需要。期望《大理民俗文化》的出版能服务好新时代大理旅游发展和乡村振兴战略实施的需要。

本书包括绪论、分论和附录三部分内容。绪论主要介绍大理民族概况及传统民俗文化。第 1—13 章为分论，分章节介绍了白族、汉族、彝族、回族、傈僳族、苗族、纳西族、傣族、阿昌族、壮族、藏族、布朗族、拉祜族等大理 13 个世居民族的概况以及他们在生产生活中传承和创新的民俗文化。附录主要对大理主要民俗节日、非物质文化遗产、特产、著名旅游景观进行梳理。

本书的编写，基于大理旅游业的发展和乡村振兴战略的实施，结合课堂教学和乡村文明培训的需要，在总体上力求理顺大理民族民俗文化的地区分布特点，兼顾实用性和资料性。力求构建相对完整的大理世居民族民俗文化知识概貌。首先，主要着眼于各民族的生产、商贸、饮食、服饰、居住、交通、家庭、族群、乡里、人际交往、人生礼仪、岁时节庆、禁忌、口承文学、民间歌舞、戏曲、体育竞技等方面的传统习俗。其次，主要突出各民族的民风民俗在大理地区的传承和在此基础上的创新，全书尽力采用第一手资料，充分展示和挖掘大理多民族的民俗文化，推进大理旅游业的发展和乡村振兴战略的实施，为文化、旅游及其相关培训提供教材。

本书主要由大理农林职业技术学院组织编写。李瑞品拟订全书提纲，编写绪论和附录，并负责统稿。何建安负责校对工作。杨艳菊编写第一章，高新华编写第二章，秦秀清编写第三章和第十二章，李润编写第四章和第十三章，何建安编写第五章和第九章，李悦编写第六章，李瑞品、胡静春编写第七章，张晓娇编写第八章，李兴旺编写第十章，赵天智编写第十一章。

本书能够出版，首先应归功于大理农林职业技术学院党委和行政的高度重视，从立项、答辩、组织编写到成书，领导们都给予了高度的重视和关心；其次得益于大理白族自治州民族宗教事务局的悉心指导以及有关组织工作，在此我们表示衷心的感谢！同时，我们也向为本书做过相关工作与贡献的所有同志表示由衷的谢意！

由于编写时间仓促和编者知识水平的局限，书中难免有疏漏，恳请各位专家和师生提出宝贵意见，以便我们以后对本书进一步修订完善。

李瑞品

2021 年 6 月于大理

# 目 录

# 绪论　多彩的大理

## 一、大理的自然条件

大理白族自治州（以下简称大理州）地处云贵高原与横断山脉结合部，地势西北高、东南低。地貌复杂多样，以高山峡谷区，陡坡地形为主。雪邦山是大理州内最高峰，海拔 4295 米；最低点是云龙县怒江边的红旗坝，海拔 730 米。大理州内湖盆众多，盆地多为线形盆地，呈带状分布。第四纪山岳冰川遗址分布于洱海以西、永平以北的高山区，点苍山是我国最后一次冰期"大理冰期"的命名地。大理州境内水资源丰富，江河纵横，有大小河流 160 多条，主要河流属金沙江、澜沧江、怒江、红河（元江）4 大水系，呈羽状遍布全州。境内有洱海、天池、茈碧湖、西湖、东湖、剑湖、海西海、青海湖 8 个湖泊。洱海位于大理市境东部，是云南省第二大内陆淡水湖泊，素有"高原明珠"之称，属国家级重点风景名胜区之一。

大理州四季温差小，四季气候特征不明显，"四时之气，常如初春，寒止于凉，暑止于温"。地热资源主要分布在南涧—弥渡—下关—洱源一线，洱源县温泉分布集中。

大理州森林资源丰富，是云南省的重点林区。主要树种有云南松、华山松、铁杉、冷杉、马尾杉、思茅松、柏树、樟树、椿树、栎树等。珍稀树种有银杏、牟尼柏、罗汉松、秃杉、红豆杉、珙桐等。有巍山彝族自治县巍宝山、祥云县清华洞、弥渡县东山、南涧彝族自治县灵宝山 4 个国家级森林公园。全州有国家级自然保护区 1 个（苍山洱海），省级自然保护区 3 个（云龙县天池、宾川县鸡足山、永平县金光寺），州级自然保护区 14 个。苍山现已查明的高等植物种类就有 182 科、927 属，约 3000 种。

大理州有得天独厚的旅游资源。大理风景名胜区有苍山洱海风景区、石宝山风景区、鸡足山风景区、巍宝山风景区和茈碧湖温泉休疗区。全州有大小旅游景点 130 多个。大理州现有各级重点文物保护单位 276 项，其中国家级 6 项，分别为崇圣寺三塔、太和城遗址（含南诏德化碑）、元世祖平云南碑、喜洲白

族民居建筑群、石钟山石窟、南诏铁柱；省级 28 项、县级 216 项。州境内具有独特的山水风光，多彩的民族文化，众多的名胜文物古迹和宜人的四季气候。

大理州区位优越，交通门类齐全、便捷，是中国连接东南亚、南亚国际大通道的重要交枢纽。大理州位于云南高原西部腹地，东连楚雄，北通西藏，西经德宏而达缅甸，南达西双版纳后可进入缅甸、老挝等国，北可进四川、西藏而达印度，南可通达南海，是滇西交通枢纽和物资集散地，滇缅公路、滇藏公路、海孟公路都要在大理汇合。全州已形成铁路（高铁）、公路、航空、水运结合，城乡连通，辐射周边的立体交通网络，在云南省实施建设中国通往东南亚、南亚国际大通道的战略规划中，大理占有极为重要的交通地位。

大理州四季如春，环境优美，具有人类最适宜居住的自然环境。地壳造山运动，造就了大理优美的自然环境，明代地理学家徐霞客对大理情有独钟，在大理旅居达半年之久。明代著名学者杨升庵、王士性等还曾用"天气常如二三月，花枝不断四时春"和"乐土以居，佳山川以游，二者尝不可兼，唯大理得之"来描述大理的优美环境。大理既是一个集旅游观光、休闲度假、寻幽探险、科学考察为一体的人间佳境，又是人们寻求安享人生、乐居益寿、陶冶情怀的"世外桃源"。

### 二、大理的历史沿革

秦汉以来，大理地区就是中国统一多民族大家庭的一部分。早在战国时期，秦国的统治势力即越过金沙江达到今大理地区的鹤庆、宾川一带（《华阳国志》卷 3 "蜀志"）；汉武帝元封二年（前 109 年），汉发巴蜀兵击灭劳浸、靡莫，以兵临滇，滇降，以为益州郡，辖二十四县，其中叶榆（今大理、洱源、剑川、鹤庆及宾川部分地区）、云南（今祥云、宾川、弥渡等地区）、邪龙（今漾濞彝族自治县南及巍山彝族回族自治县，南涧彝族自治县等地）、比苏（今云龙）等县，相当于今大理白族自治州地域（《史记·西南夷列传》）；东汉明帝永平十二年（69 年），哀牢国王柳貌遣子率种人内属，明帝遂于哀牢国之地设置哀牢（今腾冲、龙陵及德宏州各县）、博南（今永平）二县，与益州西部都尉所辖不韦（今保山）、巂（今云龙西北部）、比苏、叶榆、邪龙、云南等 6 县合置永昌郡（后汉书《西南夷传》）；三国时期，云南是蜀国的一部分，蜀汉建兴三年（225 年），蜀相诸葛亮平定南中，改益州郡为建安郡，分建宁、越巂、永昌郡置云南郡，并在云南郡增设云平县（今宾川），今大理州在当时分属永昌、云南二郡；271 年晋将原属益州（驻今成都）的南中 7 郡中的建宁、兴古、云南、永昌四郡分划出来，设立宁州，后改为南宁州，为当时 19 州之一，第一次把云南作为王朝中央直接统治的大行政区。

581年，隋朝建立，于开皇九年（589年），在越巂（今西昌）以西设越析州（今宾川县）；618年，唐王朝取代隋朝，先后设置南宁州总管府和都督府，其所辖地区包括今大理白族自治州在内。武德四年（621年），设置野共州（今鹤庆）、邓备州（今洱源、邓川）；开元年间（713—742年），还在今洱源、宾川、弥渡、巍山等地先后设置浪穹州（今洱源）、邓赕州（今洱源邓川）、越析州（今宾川）、沙壶州、杨瓜州、蒙舍州（均在今巍山彝族回族自治县，南涧彝族自治县一带）、（双）祝州、江东州（今弥渡）等地。

隋唐之际，随着中原文化的传播，各民族的杂处融合，在云南西部洱海地区逐渐形成了以白蛮和乌蛮为主的6个较大的民族部落，史称"六诏"。

"六诏"的建立是洱海地区各族走向统一的重要一步。隋唐之际，"六诏"之间虽互有联姻，但彼此常有争夺，随着各自力量的此消彼长，南诏逐渐强大。

南诏王姓蒙，始祖名舍龙，自哀牢（今云南保山）迁居蒙舍川。永徽三年（652年），唐高宗任命南诏细奴逻为巍州刺史。当时，吐蕃势力已进入洱海地区，南诏以外的五诏因受吐蕃威胁，于是弃唐附吐蕃以自保。唯南诏附于唐。"子弟朝不绝书，进献府无余月"（《南诏德化碑》）。为对付咄咄逼人的吐蕃在洱海地区的发展，唐朝采取支持南诏的政策。开元元年（713年），唐玄宗封南诏王皮逻阁为台登郡王，并任命其子阁逻凤为阳瓜州（原蒙嶲诏）刺史。开元二十五年（737年），皮逻阁在唐朝的支持下战胜河蛮，取太和城（今大理太和村），次年（738年），唐王朝封皮逻阁为云南王，赐名蒙归义。同年，皮逻阁乘胜进军，先灭越析，次并三浪，又灭蒙嶲，遂并五诏，统一了洱海地区。开元二十七年（739年），皮逻阁迁都太和城，建立了以洱海地区为基础、乌蛮奴隶主为核心，联合了白蛮奴隶主的南诏国。

在南诏极盛时期，其疆域东至贵州西部和越南北部，东北达戎州（今四川宜宾），北抵大渡河，西北与吐蕃的神川为邻，西抵今缅甸北部，西南界骠国（今缅甸北部），南达今西双版纳，成为我国西南地区的一大政治势力。

南诏自细奴逻至舜化贞前后经13代王，历时247年。在南诏13代王中，被唐王朝册封过的有17次，基本上和唐王朝保持了和平友好关系，但其间也经历了诸多的曲折和磨难。大理地区为南诏中心统治区。皮逻阁统治时南诏的国都由蒙舍川（今巍山县）迁至太和城，异牟寻时又迁至羊苴咩城（今大理城西）。

唐末农民大起义摧毁了腐败的唐王朝，中国进入了五代十国政治上分裂的时期。南诏奴隶制政权内外矛盾不断激化，唐昭宗乾宁四年（897年），南诏权臣郑买嗣通过南诏王的近臣杨登，杀死南昭王隆舜。唐昭宗天复二年（902

年），又杀死隆舜之子舜化贞及其幼子，并将南诏王室八百人杀死在五华楼下，夺取了南诏的政权，改称"大长和"国。后唐明宗天成三年（928年），大长和国权臣东川节度杨干贞杀死国王郑隆亶，扶持清平官赵善政为主，建立"大天兴"国；929年，杨干贞废赵善政自立为王，号称"大义宁"国。三个政权的更替持续了26年。

后晋天福二年（937年），通海节度使段思平以"减税粮""宽徭役"为号召，联合滇东三十七部贵族在石城（曲靖）会盟，并率军到达洱海，推翻了杨干贞的"大义宁"国，建立了号称"大理国"的政权。

段思平建立政权之后，即开始实行一系列的改革措施。首先"更易制度，捐除苛令"，减免了部分徭役和赋税，而且调整民族关系，对被统治的各部族、部落采取羁縻统治方式。随着社会秩序迅速恢复，生产获得比南诏时期更加显著地提高，特别是手工业和冶金技术在某些方面超过了内地，如"大理刀"等。

1068年，大理国与宋朝的政治、经济、文化联系已经恢复，民间交往频繁。从1068年至1241年，段氏曾先后向宋朝廷上表进贡马、牛、羊、象、缅刀、蛮甲、蛮鞍、药材、宝石等物品。宋徽宗册封段氏为"紫金光禄大夫、检校习空、云南节度使、上柱国大理国王"。

当时大理国辖云南全省、四川西南境，分八府、四郡、三十七部。统治区内通用汉文，佛教盛行。大理国共历时346年。

南诏国、大理国相继延续近六百年，大理是云南当时政治、经济、文化中心。大理因是历史上的南诏（738—902年）、大长和（902—928年）、大天兴国（928—929年）、大义宁国（929—937年）、大理（937—1094年）、大中国（1094—1096年，高正泰在位二年后还政于大理皇族段氏，世代退居相位）、后理（1096—1254年）六个政权的国都，所以被称为"六朝古都"。

元宪宗三年（1253年），蒙古贵族成吉思汗的孙子忽必烈率军十万经甘肃入四川，然后兵分三路"乘革囊及筏"渡过了金沙江，攻占了大理城。忽必烈北还后，留大将兀良合台继续进军，相继攻取了云南地区五城、八府、四郡以及乌蛮、白蛮三十七部地区，从而结束了大理国政权在云南的统治。元朝灭大理国后，云南变成元朝进攻南宋的后方，成为包围南宋的重要基地。1258年，蒙古军兵分三路，进攻南宋。其中，在云南征募一支以白族为主的两万之众的"寸白军"，由大理国王段兴智的叔父段福率领，到了鄂州（汉口）一带。1261年，"寸白军"遭遣散，流落于长江流域一带。他们在湖南湘西等地落籍，这就是现今这些地方白族的来源。1271年元设置行省。1275年，元世祖忽必烈派赛典赤·赡思丁以"平章政事行云南中书省事"来云南建立行省，云南政治、经济和文化中心从此由大理移到昆明。元朝在滇西设置大理路永昌府、腾冲府、邓川州、蒙化州、姚州、云南州（辖境今保山、大理、永平、腾冲、洱源、巍山、姚安、大姚、祥云等县）和鹤庆路（辖境今鹤庆、剑川县）。原大理国的大小领主，仍为各路、府、州、县的官吏，并世代相袭。当时，洱海地区最大的土官仍是原大理国王段氏和大领主高氏。这一时期，由于云南正式划入元朝的中央版图，中原和云南的交往更为直接，空前密切。随着蒙古军队来到云南的一批"畏兀儿"人和"色目"人，逐渐在大理地区定居下来，形成了大理地区的回族。他们之中很多是军匠和商人，对于洱海地区手工业的发展和经济交流起到一定的作用。同时，不少汉族由于仕官、经商和屯军来到洱海地区。这样，就进一步加强了当时洱海地区和中原内地经济文化的交流。

1368年（明太祖洪武元年），朱元璋推翻了元王朝的统治，建立明王朝。1381年（洪武十四年）8月，明朝的统治已基本稳固，朱元璋任命傅友德为征南将军，蓝玉、沐英为副将军，调集了三十万大军进讨云南。1382年闰二月，明军袭破大理，大理路总管段氏被俘，鹤庆路总管高氏出降。明改大理路为大理府，改鹤庆路为鹤庆府。当时，除蒙化府、鹤庆府和大理府属的邓川、云龙二州仍继续委任土官统治之外，大理府的其他州、县都由流官统治。1443年（正统八年），鹤庆府改土归流；1569年（隆庆三年）在邓川增设流官知州；1620年（万历四十年）废除云龙土知州。至此，洱海周围已全部改设流官治理。据《明史·地理志》、万历《云南通志·地理志》的记载，明朝在大理地区设置了三个府，即：大理府，领太和县、赵州（领云南县）、邓川州（领浪穹县）、宾川州、云龙州，以及十二关长官司；蒙化府；鹤庆军民府（领剑川州和顺州）。现今的永平县、南涧县（定边县）分别属永昌府和楚雄府。

明代实行军屯制度，把一部分人划为屯籍军户，驻屯全国各地，"度要害系一郡者设所，连郡者设卫，大率5600人为卫，1120人为所，112人为百户所，所设总旗二，小旗十，大小连比以成军"，外统各省都指挥使司，内则分隶于中央五军都督府。凡为军者，必须结婚，携同家小，屯田戍守指定的地方，不能随意迁动，也不可能逃亡，军户如若死绝，则必得从其原籍另调家族中人前来充抵。洪武十四年随傅友德、蓝玉、沐英入云南的军队，大部分即就地留戍云南，而且到洪武十七年，朱元璋便命令把留戍的军人家属全部送到云南。明朝先后在云南建立了二十卫、三御、十八所，总共133个千户所，军队数目共159600人，也就是159600户，以每户平均三口计，人口达50万左右。当时在大理州境内，设大理、洱海（祥云）、大罗、蒙化四个卫，以及鹤庆（包括今剑川）和永平两个千户所，计有军籍1万多户，开田28万多亩。

从1644年（明崇祯十七年）李自成攻陷北京，至1647年张献忠大西军将领孙可望、李定国等率军进入云南以前，明朝镇守云南世袭黔国公沐天波与滇南土司沙定洲之间发生了争权夺利的混战。这场战争，波及大理，使各族人民深受其苦。1658年，孙可望叛变，洪承畴、吴三桂引清兵由四川、湖南、广西三路进攻云南，大西军李定国拥明永历帝败走滇缅边境。从此，云南进入清朝统治时期。1681年（清康熙二十一年），清军攻入云南，结束了吴三桂分裂割据的战争。至此，清朝在云南的统治走上轨道。在政权组织方面，清朝仍沿袭明代的一套，置云南行省，下设道、府、州、县，在一些少数民族聚居区另创直隶厅。大理地区隶于迤西道（明为永昌道，清末改滇西道）的大理府（辖州四：赵州、邓川州、鹤庆州、宾川州，县三：太和、浪穹、云南）、丽江府（领剑川州、鹤庆州）、永昌府（领永平县）和蒙化直隶厅。

19世纪中叶，云南发生以杜文秀为首的回民起义。1856年，起义军攻克了大理城，推举杜文秀为"总统兵马大元帅"，建立了大理政权，势力逐步扩展到了滇西的大部分州县。1872年农历十一月，大理城被清军攻陷。这个农民起义政权坚持了16年。

1911年，辛亥革命推翻了清朝的统治。1929年云南正式组建省政府，龙云任省政府主席。在中华民国时期，云南撤销了道、府、州的设置，实行省县两级制。大理地区设置了大理县（原太和县）、凤仪县（原赵州之一部分）、祥云县（原云南县）、弥渡县（原赵州之一部分）、宾川县（原宾川州）、云龙县（原云龙州）、漾濞县（原蒙化直隶厅的漾濞巡检司）、洱源县（原浪穹县）、邓川县（原邓川州）、永平县、鹤庆（原鹤庆州）剑川县（原剑川州）和蒙化县（原蒙化直隶厅）等13县。

1949年10月1日，中华人民共和国成立。1950年1月，成立大理专区专员公署，驻地大理古城，下辖大理、邓川、洱源、宾川、凤仪、漾濞、永平7个县。1956年2月，中共云南省委向中央报告关于建立大理白族自治州问题，拟将原大理专区的凤庆、云县划归临沧专区，将丽江专区白族人口较多的鹤庆、剑川划归大理专区。是年11月22日，大理白族自治州成立。

大理州区划几经调整，至2005年，辖大理市、祥云县、宾川县、弥渡县、永平县、云龙县、洱源县、剑川县、鹤庆县、巍山彝族回族自治县、南涧彝族自治县、漾濞彝族自治县，共1市11县，110个乡镇（乡44个，镇66个），其中民族乡11个（2005年区划调整前民族乡为17个）。

### 三、大理的民族文化

大理州是一个以白族为主体的多民族自治州，也是全国唯一的白族自治州。全州，有43个民族居住，其中有13个世居民族。2022年末，全州户籍总人口 364.5 万人，其中少数民族人口 192.3 万人，占全州总人口的 52.8%。少数民族人口中白族 125.1 万人，占全州总人口的 34.3%。

在大理州内的 13 个世居民族中，汉族分布在全州 12 个县市；白族主要分布在大理市、洱源县、鹤庆县、剑川县、云龙县、祥云县、宾川县；彝族主要分布在南涧彝族自治县、巍山彝族回族自治县、漾濞彝族自治县、永平县、大理市、祥云县、弥渡县、宾川县；回族主要分布在巍山彝族回族自治县的永建镇、大仓镇，永平县的博南镇，大理市的凤仪镇、喜洲镇，洱源县的右所镇，弥渡县的红岩镇，漾濞县的苍山西镇；傈僳族主要分布在云龙县的表村乡、诺邓镇、检槽乡，宾川县的钟英乡、大营镇，漾濞彝族自治县的漾江镇，永平县的北斗乡、厂街乡；苗族主要分布在永平县龙街镇、水泄乡，巍山县的庙街乡、马鞍山乡、五印乡，云龙县的团结乡、民建乡，南涧彝族自治县乐秋乡，鹤庆县的六合乡、朵美乡，漾濞彝族自治县的龙潭乡、苍山西镇；纳西族主要分布在剑川县剑阳镇的双河村民委员会、洱源县三营镇和大理市；傣族主要分布在云龙县宝丰乡的大栗树村民委员会、大理市上关镇青索村民委员会；阿昌族主要分布在云龙县漕涧镇仁山村民委员会；壮族主要分布在鹤庆县朵美乡和黄坪镇；藏族主要分布在大理市小花园藏族新村、洱源县三营镇郑家庄；布朗族主要分布在南涧彝自治县公郎镇的落底河村委会、自强村委会、板桥村委会；拉祜族主要分布在宾川县钟英傈僳族彝族乡的芝麻登村委会、唐古地村委会。

在历史的长河中，各民族既经历了大体相同的发展道路，又形成了各具特色的民族文化，习惯不同，风俗各异；由于历史和自然的原因，与气候、植被分布特点一样，各民族分布亦呈梯级立体状态。以洱海为中心，金沙江以西，澜沧江以东，滇缅公路以北的大理、洱源、剑川、鹤庆、祥云、宾川的一带，河湖分布，酷似江南水乡，为白族、汉族的主要分布地，自古以来农业发达；无量山及澜沧江西岸，依山间河谷的巍山彝族回族自治县，南涧彝族自治县、漾濞彝族自治县，永平、弥渡、祥云山区是彝族主要分布区，其中散居剑川、云龙、洱源等县高海拔山区的彝族"诺苏"支系因山川阻隔，远离城市中心；在城镇自成街道，在农村自成村落，大分散、小集中是回族分布特点，巍山彝族回族自治县的大仓、永建，大理市、洱源县、永平县等平坝地区是其主要居住地；傈僳族分布呈分散特点，以云龙、鹤庆、宾川为主要聚居区；阿昌族集中居住于云龙县漕涧镇仁山村民委员会；壮族聚居于鹤庆朵美乡洛崀村和黄坪镇新坪村；布朗族以南涧彝族自治县公郎镇为聚居区；纳西族以剑川县金华镇双河村民委员会石菜江村为分布点；苗、藏、傣等民族的分布呈点状，聚居或散居于永平、鹤庆、云龙、洱源及大理市；拉祜族以金沙江西岸宾川县钟英

傈僳族彝族乡唐古地、小松坪为杂居点。

白族自称"白子""白尼""白伙",他称较多,据统计达 60 多个。元明时,史籍称之为"白人"或"僰人",明清以后,汉语称为"民家",纳西语称"勒布""那马",傈僳语称"勒墨",藏语称"勒波",彝语称"娄哺""洛本",湖南、贵州一带的白族则被称为"七姓民"或"罗苴"。1956年 11 月,根据广大白族人民的意愿,统称为"白族",白族有"民家""那马""勒墨"3 个支系。其中民家人约占 95%,分布在大理、昆明、桑植等地;那马人约占 3.5%,分布在澜沧江两岸;勒墨人约占 1.5%,分布在怒江地区。白语属汉藏语系藏缅语族。在漫长的历史过程中,由于白族与汉族经济文化交流十分密切,因而白语中含有不少汉语词汇。坝区和城镇的白族人民多数都通晓汉语,也习用汉文。但在白族聚居的广大农村,白语仍是主要的交际工具。白族在历史上曾借用汉字标记白语,称为"白文"或"僰文",又叫"汉字白读"。由于缺乏统一规范,白文没有得到推广,仅在文人中流传,用以记录历史传说或文学故事等。中华人民共和国成立后,各级有关部门经过 30 多年的努力,按照白语中部、南部、北部 3 个方言,帮助创制了一套《白族文字方案(草案)》在部分白族地区试行。

白族先民自远古以来,就繁衍生息在洱海地区,并创造了这一区域灿烂的历史文化。到了唐代,蒙舍诏在唐王朝的支持下,联合"河蛮"统一了洱海地区,建立了南诏国,但其经济、文化则始终以"河蛮"为主导,并在大量吸收汉文化的基础上,推动了南诏经济社会的发展。此时,"河蛮"已进入了比较发达的农业社会。大理国建立后,洱海区域的白族社会进入了封建领主制,政权转移到白族手中。大理国政权仍与北宋王朝保持着密切的联系,大理地区与内地的经济文化联系更为密切,汉文化得到了进一步传播,洱海地区的白族经济文化达到了相当的水平。1253 年,元灭大理国,在云南设立行省。这时,白族地区已出现了封建地主经济。明代,在大理一带实行改土归流,设置卫所,进行军屯。大批汉族从内地迁入屯垦,白族与汉族在各个方面发生了更为广泛和密切的联系,封建地主经济已在白族地区居于统治地位。到了近代,随着白族地区农业、手工业、商业和城镇经济的进一步发展,白族资本主义工商业开始兴起,并以较快速度发展。

白族人民在长期的社会历史发展中,创造出极富民族特色的灿烂文化,在气象、天文、历法、医学、建筑、诗文、绘画、雕刻、文学和史学等方面,都有相当的建树和辉煌的成就。如留存至今的《南诏中兴国史画卷》和张胜温的《大理国画卷》,还有风格鲜明独特、中外闻名的大理三塔,以及造型生动优美的石窟、石雕和壁画,具有重要史料价值的碑刻和各种文献典籍,独具一格的民居建筑等，都是白族人民智慧的结晶、祖国文化艺术宝库中的珍品。

彝族自称"腊罗把""迷撒把""聂苏把""倮倮把""诺苏把""改苏把""夸蓐斯"等。他称较多，主要有"土族""土家""蒙化族""佬武""土里""白依""额尼"等，彝族历史悠久，其先民是以"旄牛徼外"南下的古羌人为基础，融合了本地众多的土著部落、部族以后，逐渐形成发展起来的。远在西汉时代，彝族先民就已活动在大理一带。三国至南北朝时期，彝族先民的居住区不断扩大，社会有了新的发展。8世纪，居于巍山的蒙氏部落统一了洱海区域，建立了南诏国。937年，大理国建立，彝族首领接受大理王的封号，成为世袭地方官，并开始向封建农奴主转化。元置云南行省，彝族首领被授以路、府、州、县的土官。明清在一些彝族地区改土归流，封建领主经济在这些地区逐渐被封建地主经济所取代。1950年初，彝族地区获得解放，进入社会主义社会。大理州的彝族分属"腊罗""罗罗颇""聂苏""里泼""诺苏""葛泼""罗鲁泼"7个支系。

回族是回回民族的简称，自称回回、回族。根据文献记载，大量"回回"进入大理始于元初。1253年，元世祖忽必烈平大理，许多征调东来的中亚、西亚的"回回"和新疆畏兀儿人随军留守并落籍大理，这是大理州回族最早的先民。1274年，云南省平章政事赛典赤·赡思丁委任其长子纳速拉丁治理大理，其部属及后裔也随之落籍于滇西和大理一带。此后，大批"回回"军人多次征缅，屯垦滇西，多者以万计。明初，又有大批"回回"人随军征讨云南，随后沐英率数万士卒留守云南，不少"回回"人又再次落籍在滇西及大理一带。回族善于经营商业、手工业和远途贩运，多分散和聚居在城镇及交通沿线一带。

傈僳族先民远在8世纪以前便居住在四川雅砻江及川滇交界的金沙江两岸广大地区，以后又逐渐向云南西北部的澜沧江、怒江迁徙。今日大理的东、北、西一带是他们迁徙的路线。清代，傈僳族因不堪压迫和剥削，曾发生3次大迁徙。大理州境内的傈僳族就是清代以来几次大迁徙中从北部维西、兰坪、永胜、宁蒗、姚安等地而来的。傈僳族自称"傈僳""傈僳爬""傈僳能""傈僳铺"，他称"傈僳""傈僳拔""白傈僳""黑傈僳""花傈僳"。

苗族先民在秦汉之际就已居住在湘西等地的五溪地区，称"五溪蛮""武陵蛮""长沙蛮"。后来，陆续向西南迁徙。苗族进入云南始于唐咸通三年（862年），当时云南文山地区就已有苗族居住。清康熙和道光年间，苗族陆续从滇东北、滇东及滇西大姚等地迁入大理。苗族自称"蒙豆""蒙是""蒙陪""蒙刷"等，他称"白苗""青苗""红苗""花苗""汉苗"等。

纳西族渊源于远古时期居住在我国西北，以后向西南雅砻江、金沙江上游迁移的羌人。汉代以后史书记载的"牦牛种""牦牛夷""摩沙夷""磨些蛮"是今日纳西族的先民。纳西族自称"纳西""纳""纳日""纳恒"等，他称"纳西""么些""摩梭"等。

阿昌族属古代氐羌族群的一支，远在三国蜀汉时代，其先民就已活动在今云龙、澜沧江、怒江至高黎贡山以西一带。唐朝称之为"寻传蛮"，元、明称之为"峨昌""峨昌蛮"。阿昌族自称"阿昌""蒙撒""衬撒"，他称"阿昌""峨昌""尚"。

傣族主要居于云龙县宝丰乡大栗树村、大理市上关镇青素村、漾濞县河西乡等地。傣族有"傣泐""傣那""傣绷""傣雅"四个支系。他称有"水傣""旱傣""摆衣""花腰傣"等。

壮族自称"布依""波依""青仲家""仲家人"，他称"青族""仲家子""青仲"。据壮族老人自述，他们是清道光年间从贵州等地迁来的，有布侬、布依、布傣、布雄、布混、傣门、傣德等7个支系。

藏族是民国年间和中华人民共和国成立初期从拉萨、昌都、擦瓦龙、康定、木雅、巴塘、乡城、德钦、中甸等地迁徙而来的，主要居住在洱源县三营镇共和村和大理市小花园藏族新村。藏族自称"博""博巴"，他称"古宗""古孜"。

布朗族是明清和民国年间从云县、景东陆续迁入大理的，自称"濮人"或"濮家"，他称"布朗""濮曼"。

拉祜族先民原是生活在甘、青高原一带的氐羌部落群体，以游牧生活为主，后来不断向南迁徙。汉晋时期，其先民作为"昆""昆明"人中的一部分，已分布在金沙江以南至洱海的广大地区。据史籍记载，拉祜族先民曾不断由北向南迁徙。今大理州拉祜族系由永胜县迁入，至今已有7代的历史。自称"拉祜纳""拉祜西""拉祜普"，他称"黑拉祜""黄拉祜""白拉祜""倮黑"。

世居自然环境的差异而形成的社会习尚叫"风"，由社会环境不同而形成的习尚叫"俗"，也泛指一个国家或一个地区聚居的民众所创造、共享、传承的风俗生活习惯。民俗是在人民群众的生产生活过程中所形成的一系列物质的、精神的文化现象，是传统文化的基础和重要组成部分。民俗是一经形成就成为规范人们行为、语言和心理的一种基本力量，同时也是民众习得、传承和积累文化创造成果的重要方式，它具有普遍性、传承性和变异性。民俗文化是民间风俗和生活文化的统称，是一种来自群众，传承于民间，又深藏在人们的行为、语言和心理中的基本力量。我们置身其间却不为其所累，甘愿接受这种模式性规范。民俗按内容可分成四大类：（1）经济民俗，包括生产、商贸、饮食、服饰、居住、交通等方面。（2）社会民俗，包括家庭、族群、乡里、人际交往、人生礼仪、岁时节庆等方面。（3）信仰民俗，包括民间信仰、巫术、禁忌等方面。（4）游艺民俗，包括口承文学、民间歌舞、戏曲、游戏竞技等方面。

　　大理作为一个少数民族集聚区，保留和传承着多彩的民俗文化，为大理社会经济特别是旅游业的发展提供了深厚的底蕴支撑。从文化视角来看，大理社会发展的历史是多民族文化的渗透史和交融史，各民族之间长期交往，融合发展，吐纳演变，现今已经变为你中有我、我中有你。本书内容尽管主要从大理各民族的角度进行叙述，但其中诸多内容并非大理各民族固有，所述内容部分引自书籍、调研资料、口述资料、网络文章等。

# 第一章 大理白族民俗文化

## 第一节 大理白族概况

大理有悠久的历史文化和灿烂的民族风情，优美的自然风光叫人流连忘返。在 8 世纪中叶至 13 世纪中叶，大理（今大理市）曾经是中国古代西南地区云南少数民族政权——南诏国、大理国的都城。如今的大理古城，隐约还有帝王之气与繁华的印记，历史的厚重感与沧桑感随处可见。苍山不仅以山的形象而存在，它更是一种精神寄托和美好象征，在历史长河中承载着岁月的沧桑。苍山的出名，源于它盛产久负盛名的大理石；源于它从喜马拉雅和青藏高原的余脉中延绵而来，承接着世界屋脊的地势，耸入 4000 多米的高空中，护佑着风情万种的洱海；更重要的是它承载了南诏大理国众多的历史文化遗存，特别是那些穿行在森林和村落中的佛国禅寺和神祇庙宇，比如感通禅寺、无为禅寺、崇圣寺三塔、将军庙、天龙洞、漾濞苍山岩画等，引人入胜。

苍山的美是震撼人心的。苍山有云，一年四季变幻无穷，雄奇中透露着神秘，演绎了望夫云凄美的爱情故事；苍山云似一条玉带缠绕在半山腰，延绵数十里，寄托着人们风调雨顺、五谷丰登的美好愿望；蓝天下点缀的那缕缕白云，饱含着白云对青山的祝福。苍山有水，苍山有山，苍山十九峰峰峰相连，两峰之间形成了形态各异的溪流，便是苍山十八溪，这些溪流一路飞奔而下，流经山脚下的田园和村庄。

洱海形成于冰河时代末期，静静地依卧在苍山和大理坝子之间，成为群山间的无瑕美玉，被誉为"高原明珠"，承载着供水、灌溉、发电、调节气候、渔业、航运、旅游等功能。洱海还有四洲、五湖、九曲。碧波万顷、风情万种的洱海是迷人的，与岸边的村庄田园融为一体；洱海是有灵性的，它用博大的胸怀滋养着世世代代的子民，是白族人民至亲的"母亲湖"。

大理的地形地貌、山山水水，铸就了风花雪月的美称，天然构成如诗如画的苍山洱海情怀！著名作家曹靖华的诗句"上关花，下关风，下关风吹上关花。苍山雪，洱海月，洱海月照苍山雪"，就是对风花雪月的诠释。苍山与洱海，相生相伴，不离不弃，"苍山不墨千秋画，洱海无弦万古琴"的咏叹因此流传千古。

**一、大理白族是一个具有包容性的民族**

白族的起源具有多元的特点，最早的白族先民由洱海周边的昆明人、河蛮人与青藏高原南下的氐人、羌人融合形成，之后又融入了部分叟人、巂人、爨人、僰人、哀牢人、滇人等多个民族。在数千年的历史长河中，由于征战、拓土、商贸、屯垦、驻边等历史原因，白族才逐步形成当今的分布格局。如今白族除了大理州外，少数还分布在云南丘北的马者龙、怒江的泸水、昆明的西山、元江的因远、楚雄的南华、保山的旧寨、丽江的九河以及湖南的恩施等地。历史学家马耀认为白族是异源同流，即白族是由一个以藏缅文化为主心骨的族群融合了大量不同来源的人形成的民族。

白族是大理州人口最多的少数民族，分布在大理州的 12 个县市，和其他民族一起长期生存和发展，相互融合又保留了自己独特的民族特色。

白语是白族人民主要的交流用语，民族杂居地区兼用汉语。由于受白语影响，大理州境内的一些汉族人口也兼通白语。从分布地区看，居住在平坝地区以及城镇附近的白族居民一般兼通汉语，而边远山区、交通阻塞地区的白族群众中年长者只通白语，如洱源西山、剑川象图等白族村寨。从人口构成来看，白族青壮年男子因有较多的机会接受汉语言教育，加上普遍有外出务工的条件，因此一般都兼通汉语，而年长妇女懂汉语的比例要低得多。白族地区的电影、广播、电视和报纸都使用汉语，白族聚居地区民间文艺活动则以白语为主。从历史发展情况看，白族地区的白汉双语状况是比较稳定的，中华人民共和国成立后尤其是改革开放以来，也没有产生白语人口大规模转用汉语、白语功能大规模萎缩的现象。近年来，国家对非物质文化遗产保护非常重视，促进了白语的研究不断深入，民间对白语的运用也一如既往，可以肯定，在以后的很长时期内，白语仍将作为白族最为重要的交际工具和民族特征而存在。

白文是一种典型的汉字系文字。白族在长期使用汉语的过程中，由于社会生产、生活的需要，很早就开始借用汉字来书写白语。到南诏中后期，又通过增损汉字笔画或仿照汉字的造字法将汉字偏旁部首组合成字等办法，创造了白文，用来书写本民族的语言。这种文字历史上被称为"僰文"，为了和中华人民共和国成立后创制的拼音白文相区别，又称"老白文""古白文""方块白文"或"汉字白文"。

### 二、大理白族文化源远流长

白族文化的起源和形成经历了漫长的岁月。大理白族文化是白族人民在长期的生产和生活实践中，通过同其他民族文化的交流逐渐形成和发展起来的，白族文化不仅包含了独特的本民族文化，还吸收了汉文化尤其是儒、道、佛各家思想，并创造出新的文化形式。此外，华夏文明、古印度文明两大文明陆续传播到洱海地区，使具有梵、汉特色的白族文化初步形成。从明朝到1956年白族民族身份得到确认，是大理白族本土文化和中原汉族文化相互交流、相互交融的过程，也是白族融入中华民族共同体的过程。在起源、形成、融合、发展的进程中，更多呈现的是妙香佛国的祥和、"本主"信仰的力量以及儒释道等多种宗教的和谐共荣，留下了多姿多彩的物质文化遗产和非物质文化遗产。物质文化遗产有古文化遗址、古代建筑、古村落、传统民居、宗教建筑等；非物质文化遗产集中表现在社会习俗、民间艺术、民族工艺、民族节日等方面。在历史发展中，白族文化随着时代的进步发生了许多变化，具有鲜明的时代特征。又由于白族分布在各地，社会发展程度不同，生产和生活方式的差异，使不同地区的白族具有地域性的特征。

## 第二节　大理白族传统民俗

大理白族自治州素有"苍洱毓秀，文献名邦"之称，是白族人民生产生活的福地。如果说大理文化是一部内涵丰富、博大精深、蕴藏智慧的书，那么，它是经过几千多年的文化交融和文明积淀而成的，生活在大理的白族人民创造了灿烂的文化，其传统民俗充满传奇、浪漫、和谐与包容。"苍山不墨千秋画，洱海无弦万古琴"玉洱银苍珍藏着大理人民共同的乡愁。

### 一、经济生活

白族是勤劳的民族，也是充满智慧的民族，乐于接受外来的新生事物，所以白族人民在生产生活中，早已形成了多产业协同发展的经济发展格局。

大理白族是较早种植的水稻农耕民族，一些遗址及出土文物可以证明，在新石器遗址中已发现所建造的沟渠痕迹。在剑川海门口铜石遗址中发现当地居民已从事饲养家畜和农耕的遗迹。春秋、战国时期，洱海地区已出现青铜文化。蜀汉时，洱海地区已显现出"土地有稻田畜牧"的现象。唐代，白族先民已能建筑苍山"高河"水利工程，灌田数万顷；修治高山梯田，创建了邓川罗时江分洪工程。古老的农耕文化为农业的发展奠定了坚实的基础。如今，大理白族地区的农业总产值呈现逐年递增的趋势；农民已不再是单一的种植户，出现农民专业合作社、现代农业庄园、家庭农场等多种经营主体；种植领域也从单一、分散的种植模式向特色化、集约化方向发展，形成了以核桃为主的林业产业种植体系，辅之以梅子基地；经营方向上林下资源开发规模逐年扩大，呈果树苗木、苗圃、木材加工、森林生态旅游等多样化发展；养殖业上，乳牛及生猪养殖已成规模化，禽蛋及牛奶产量都较高。

大理白族的商贸物流业发展最早可追溯到西汉时期，"汉德广，开不宾，度博南，越兰津。"那时在今天祥云县的云南驿一带就设置了云南县。随着经济的繁荣和商贸的兴起，横穿东西的南方古丝绸之路，在张骞出使西域之前就已形成，随后形成的茶马古道纵贯南北。两条古道作为古代的国际大通道，在大理交汇、交融，人们互通有无，为物资交流、文化传播提供了便利。千百年来，多少达官显贵、文人墨客、僧侣客商的步履往来于此，成就了鹤庆商帮、喜洲商帮等历代商贾的辉煌。

古代辉煌的商贸铸就了今天的成就，今日商贸物流业也紧跟时代的步伐，向智能化方向发展，城乡市场、农家店、配送中心等网络已经建成，依靠特产网、农产品交易网等电商网络平台及火车、航空等物流方式，形成网状式向外扩散的发展趋势。信息技术覆盖了矿冶、机械制造、生物资源、农产品深加工、烟草、建材、能源等重点产业，旅游公共服务设施完善，开发出了自驾游、自助游及康体养生、民族文化体验、温泉度假等新项目，电子商务实现了线上线下同步交易。

### 二、日常礼仪

早在南诏初期，南诏王异牟寻就说境内"人知礼乐，本唐风化"，大理国时有"冠昏丧葬之礼""略本于汉"的说法，南诏大理国时期先民白族的风俗由此可见一斑。

古时，各地白族先民就有祭天仪式。在稻谷抽穗时节，白族要到田头地角祭祀"田公地母"，以祈祷来年丰收。祭主采用的是白族普通的礼仪，平时，各家有大灾小难，或者生老病死、婚配嫁娶、毕业升学、出远门前或远行归来，都要到本主前敬祭，称"颂平安"。还要邀请亲朋好友聚餐。

先客后主是大理白族待客的礼节。白族人民热情好客，家中来了客人，以酒、茶相待。远近闻名的"三道茶"就是白族的待客礼。尊敬长辈是大理白族的传统美德。见到老人要主动打招呼、问候、让道、让座、端茶、递烟。起床后的第一杯早茶要先敬给老人。吃饭时要让老人坐上席，由老人先动筷子。在老人面前不说脏话，不准跷二郎腿。一些山区的白族，家庭成员各有固定的座

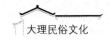

位，一般男性长辈坐左上方，女性长辈坐右上方，客人和晚辈坐下方和上方。白族人家的火塘是个神圣的地方，忌讳向火塘内吐口水，禁止从火塘上跨过。白族人家的门槛也忌讳坐人。男人所用的工具，忌妇女从上面跨过。家内忌讳戴着孝帕的人进入，认为这样会给家庭带来不洁。

### 三、文化艺术

白族在文学、音乐、舞蹈、绘画等方面有不少成就，在五千多年的历史长河中，留下许多民族民间艺术珍品。以扎染、刺绣、木雕、银铜器加工以及白族民居建筑为代表的众多非物质文化遗产，述说着那些曾经的繁荣。大理石天然画和剑川木雕组合而成的石木工艺，演绎着石头的传奇。以《张胜温画卷》为代表的绘画艺术，创立了难以逾越的高峰。以《南诏奉圣乐》为代表的音乐艺术，放射着耀眼的光芒。白剧艺术以丰富多彩的民间舞蹈，代代传承和弘扬。大理的奇山秀水所造就的"风花雪月"自然景观，孕育了以苍山、洱海为中心的地域文化。苍山洱海之间的庙宇道观、城池村落、民风民俗、诗词歌赋、饮食服饰等，全都成为大理文化的载体，大理文化以苍山洱海为中心，辐射开去，供后人领悟，让世人景仰。

（一）历史文化标识

一千多年来，屹立在苍山洱海之间的崇圣寺三塔，就是其中最耀眼的历史存留。"一大、二小、三座"塔形成鼎足之势，布局统一，造型和谐，稳如泰山。大塔又叫千寻塔，塔前朝东的照壁上，有明人沐世阶所题"永镇山川"石刻大字，每字高 1.7 米，字和塔相互映衬，浑然一体，昭示着大理作为边疆地区的稳固和安宁。其文化内涵和历史寓意影响着大理乃至云南的过去、现在和未来。

大理文化的另一个标志物是大理古城南城楼，城楼上面高悬着"文献名邦"牌匾。不远处的文献楼和五华楼，与它遥相对望。这块由清康熙年间云南提督偏图所书的匾和那些古色古香的楼，是大理古城的灵魂。"亚洲文化十字路口的古都"，由此辐射开去，放射着耀眼的光芒。

伫立在太和金刚城下的德化碑，穿越唐朝天宝战争的硝烟而来，记述着南诏帝王的丰功伟业，是大理历史文化重要节点的标志物。这块碑立于唐代宗大历元年（766 年），为南诏清平官（相当于宰相）郑回撰文，唐流寓使杜光庭书丹。碑文内容为南诏群臣歌颂南诏王阁逻凤的功绩，着重叙述南诏与唐友好以至失和的情节，表明南诏对唐的友好愿望。南诏德化碑有重要的历史、艺术价值，是一块象征民族团结友好的物证，表达了南诏在天宝战争有不得已的苦衷，表明了归附唐室的心迹，为研究唐、南诏、吐蕃（西藏）历史的重要实物资料。1962 年 3 月 4 日，国务院将南诏太和城遗址（含《南诏德化碑》）列为全国第一批重点文物保护单位。

（二）辉煌灿烂的文化艺术

无数的诗人、作家、学者、艺术家、教育家和科学家，创造了大理灿烂辉煌的文化艺术和精神财富。

1.《南诏图传》中的历史

《南诏图传》是一卷纸本彩绘的南诏时代的大理佛教名画，成画于 899 年，它是一部珍贵的官修古志书，全书由图卷和传卷两部分组成。画卷是把佛教故事和历史材料糅合在一起的连环画式巨幅画卷，文字卷是对图画的详细说明，所画内容故事情节生动、连贯，堪称是中国较早的佛教连环画。此卷曾珍藏于南诏大理国的宫廷中，后来流入北京，清代收藏于清朝宫廷，1900 年八国联军攻占北京时，被掠至国外。现藏于日本都泰井有邻馆。

2.《张胜温画卷》精美绝伦

《张胜温画卷》原件为纸本彩绘，总长 1635.5 厘米，高 30.47 厘米，共画人物 774 个，动物不计其数。卷首是大理国王段智兴像，后面多反映佛教内容。画卷将大理国时期王者至民间笃诚信奉佛教的盛况以及崇佛祀佛的内容描录、展现无遗。这卷有 800 多年历史的巨画几经辗转，被国民党政府带到台湾，珍藏在台北"故宫博物馆"。现在，在大理三塔文化展区看到的《张胜温画卷》只是复制的作品。

3.《南诏奉圣乐》恢宏大气

《南诏奉圣乐》是唐贞元年间南诏王异牟寻进献给唐王朝的一出乐舞剧，其规模堪比今天的春节晚会。以异牟寻归唐重大政治事件为主题，以宏大的乐章和富于变化的舞蹈来表现唐王朝的文治武功。作为南诏文化最重要的遗产之一，是融时代特色与艺术创作为一身，集歌、舞、乐于一体的经典作品。

4. 白剧艺术博采众长

大理白剧，又叫"白戏"，原名吹吹腔，是在大理白族自治州成立以后，吸收了大理白族大本曲的曲调和白族音乐舞蹈，以及云南滇剧音乐的基础上发展而来的新剧种。它包括唱腔音乐和伴奏曲谱两大部分。传统的白族剧本有《窦仪下科》《柳荫记》《蟒蛇传》《火烧松明楼》《血汗衫》《杜朝选》等，目前搜集到的作品有 400 多个。在白剧这片沃土上，成长了一批有一定知名度和影响力的白剧艺术家，诞生了一批好作品，如《苍山红梅》《望夫云》《蝶泉儿女》《苍山会盟》《将军调》等，剧目多次被选调进京表演并在国内巡回演出。其他反映大理白族文化的文艺精品如《五朵金花》等也成为世人了解大理白族文化的重要窗口。

（三）非物质文化遗产

民族民间手工艺历来是大理的骄傲和自豪，"银都水乡"的银铜器加工，中国"木雕之乡"的精湛工艺，喜洲周城的白族扎染，独具风格的白族民间刺绣，大量的非物质文化遗产和传承人队伍组成了大理一道亮丽的风景线。

早在一千多年前的南诏国时期，剑川雕刻艺术家们就创造了剑川石钟山石窟的伟大奇迹。当木头遇上剑川艺人，经过虚实结合的手法，细腻精巧的手工，疏密得当的布局，普普通通的木头就成了艺术珍品。北京人民大会堂云南厅的堂门和木雕屏风堪称艺术珍品，就出自白族木匠之手。

扎染是我国古老的纺织品染色技艺。白族扎染品种多样，图案多为自然中的小纹样，分布均匀，题材寓意吉祥，具有重要的美学价值和实用功能。近年来，大理喜洲白族妇女在图案艺术、古代结扎技法和现代印染工艺结合的基础上推陈出新，发展出彩色扎染这种新的手工印染技术。

石寨子的小锤敲过一千年，这是一个关于茶马古道上典型的白族人从事金、银、铜器手工加工工艺的传奇。石寨子是云南大理鹤庆县新华村，这里"家家有手艺、户户是工厂"，产品包括佛事用品、生活用品、民族饰品、装饰工艺品，特别是九龙喷雾火锅、九龙壶酒具、九龙奖杯等九龙系列工艺品，远销国内外。

白族民间刺绣独具特色。白族刺绣是白族妇女的一种手工工艺，其刺绣水平的高低是衡量一位少女才智聪颖与否的重要标志。白族刺绣被广泛应用于服饰、针线包、枕套、帐帘等日常生活用品中。每一件绣品都是一件精美的艺术品，具有极高的观赏价值和收藏价值。

**四、传统服饰**

早在三千多年前，白族先民就以磨制的石斧、石刀、骨角器作为生产工具，生息和劳动在洱海地区。长期劳动形成的审美观和民俗风情，突出体现在白族服饰中。白族崇尚白色，衣物以白色为贵，再配以色彩，对比显明，映衬协调。挑绣精美的披挂，充分反映了白族人在服装艺术上的高度智慧。白族服饰以风花雪月的精心搭配，在中华民族的服饰百花园中独具特色。

女子的衣饰因年龄不同而略有变化，主要是在色彩的选择和花边的运用及围腰的长短上的区别，包括女子领褂、围腰、长裤几个部分。上衣多用白色、嫩黄、湖蓝或浅绿色，外套黑色或红色领褂，右衽结钮处挂"三须""五须"银饰，腰系绣花或深色短围腰，下着蓝色或白色长裤，或上下一体，色调一致，或衣、褂、裤、围腰各为一色，于多色块对比中求和谐。少女穿白色、水红、粉蓝的无领大襟衣或衬衣，外罩红色、浅蓝色领褂；领褂有金绒、灯芯绒、毛呢或化纤的。少女、少妇喜水红色，老年妇女喜黑、蓝色。用一条宽五寸左右，长几尺的绿色腰带，将腰部紧紧束起，再系上围腰。妇女从老到少都系四方围腰。一般少女喜穿短围腰，单层，白、绿色，镶花边，绣福寿花、万字花、石榴花、蝴蝶花等图案，连以绣花"鸭舌"和飘带。把围腰盖在膝盖以上，恰到好处地显示青春朝气和女性柔美的体态。中老年妇女围腰过膝，双层，色彩由暖色转向冷色，花色由繁变简。妇女围腰上还有一条绣花飘带，两端是两片双面绣花。白族服饰裤子，过去中青年妇女要穿绲边红、绿衣裤，绲衣、绲裤均为宽袖宽裤管。

男子的衣饰有"三滴水"（白族男子一般穿白衫、长裤、裹腿、草鞋，外罩黑领褂，或皮质或绸缎，质料考究，俗称"三滴水"）、"五滴水"、对襟褂子。多件三包多钮普通衣。还有多层多包的麂皮褂。一丈多长的白布腰带，短宽裤脚普通裤。中老年腰系的装草烟的麂、羊皮兜，很有民族特色。鞋子有"象鼻鞋"、布制凉草鞋，鞋尖鞋帮往往缀上缨花。老年人穿的有红缎万寿鞋，翅头鞋等。

### 五、传统婚俗

大理白族的婚俗因地域关系，各地存在一定的差别。

古代大理白族婚俗中严禁同姓同宗结婚，与其他民族可以通婚。成婚以后儿子就与父母分灶，另组家庭，年老父母一般同幼子居住。过去，白族婚姻大多都由父母包办，即便是自由恋爱，也要征得父母的同意，之后按传统仪式完成，传统仪式依次为说媳妇、合八字（持男方的生辰"八字"和女方的"八字"帖请算命先生按天干地支、五行的相生相克原理进行测算，推算出这桩婚事的吉凶祸福）、定亲、订婚、追节（男方每逢节日须送给女方家礼物）、求媒（请求媒人到女方家与女方父母议订结婚事宜）、开剪（男方可择日请裁缝师傅缝儿媳妇和双方老人儿媳妇和双方老人衣服）、红箱子（红柜子）（女方家陪嫁必须要准备一对红色油漆木柜和一对木箱用于成婚后装粮食和衣服）、赶街子（男方须为女方准备一只玉手镯、一只银钮丝手镯和一串胸前挂的银链子等首饰）、生吃饭、压床（压箱底、安喜床）、正喜日（迎亲待客日）、上马席、饰花红、掐新娘、镜镜筛、吃团圆饭、回门、出街。

### 六、饮食习俗

由于气候、环境、地理以及民族习俗的原因，白族大多喜好酸、冷、辣的食物。一直以来，居住在平坝的白族以稻米为主食，兼食小麦面粉；居住在山区的白族以玉米、荞麦为主食。随着生活水平的提高，现在大都以稻米为主食。一日三餐，中餐较简单，肉食以猪、羊、鱼为主。婚丧嫁娶待客用八仙桌，八人一桌；宴客用"土八碗"，有红烧大炖、酥肉、千张肉、粉蒸肉、干香、煮白扁豆、杂碎汤和煮竹笋。白族有"偷土碗"的习俗，在年届九旬以上老人丧葬宴席上，所用土碗都会被客人悄悄带走，主人也乐意客人这样做，因为这种场合的土碗被视为吉祥物。

特色饮食是乡愁的载体。远行的人们思念家乡的味道，这种味道就是家乡小吃的味道。大理的特色饮食留给人的是来自心底的诱惑，生皮、酸菜鱼、乳扇、喜洲粑粑、三道茶等让人吃了就忘不了。生皮不仅是大理的一道传统菜肴，还是白族饮食文化中的一道特色美食。生皮的做法是，首先选做生皮的猪必须是健康的，将猪宰杀后，用火烧烤去毛，使皮烤成金黄色，肉做成半生不熟，然后切成肉片或肉丝，佐以葱、姜、醋、蒜泥等调料，即可食用。生皮是旧时年节的宴客菜肴。大理的酸菜鱼是云南大理传统美食之一。鱼是洱海的鲫鱼、草鱼、弓鱼等，酸菜是大理的酸木瓜，还有辣椒、干辣椒面、糟辣椒搭配而成的辣，合着酸味，加上活水煮活鱼的绝配，使酸菜鱼有无尽悠长的回味。乳扇是平时吃的一种奶酪，乳白色，片状，成卷，因状如折扇而得名。做法是用牛奶放在锅中，点上酸水（或明矾），使之呈半固态，用筷子挑起来，晒干即成乳扇，可生食，也可煎煮。大理有句民谣："喜洲粑粑鹤庆酒，大理姑娘带不走。"喜洲粑粑是一种色、香、味均佳的麦面烤饼，发面用古老的"老发面"发酵方式，加适量的土碱，反复揉透，分层撒上各种作料，用炭火烘烤而成。三道茶是大理白族招待贵宾时的一种饮茶方式，独特的"头苦、二甜、三回味"的茶道，成为一种至高的礼仪。三道茶既是一种饮茶的方式，也是一种生活的艺术，其中蕴含的人生哲理代表着三种人生境界。

## 七、住屋形式

白族有句俗话说："地不平，天平；天不平，心平。"正因如此，即便再小的空间，白族人民都会用它来尽展心中的诗意，于是便有了与美丽的苍山洱海和谐交辉的青砖白墙的白族民居。

白族祖先因属水稻农耕民族，因而极为注重住房的牢固和舒适，平坝地区的居民建筑周正精巧，高寒山区的住房普遍以"垛木房"为主。居不在大，有庭院为佳，再狭窄的空间，也要建造出一方天井，天井中有水、有花、有草，即"家家流水、户户养花"。庭院具有采光、聚会、通风、绿化的作用，真实地反映了白族人民对生活的热爱和对美的追求。

白族民居青瓦白墙是主色调，"三坊一照壁""四合五天井"为布局，其建筑均为独立封闭式的住宅。一座端庄的民居院落主要由院墙、大门、照壁、正房、左右耳房组成。一般的建筑形式是"两房一耳""三房一照壁"，少数富户住"四合五天井"，即四方高房，四方耳房，一眼大开井，四眼小天井。此外，还有两院相连的"六合同春"，楼上楼下由走廊全部贯通的"走马转阁楼"等。不过这种古老而又造价昂贵华丽的住宅如今已不被当地白族人采用了。现在多是一家一户自成院落的二层楼房，但雕刻、彩绘仍不减当年，而且有所发展。

雕刻一般均用剔透和浮雕手法，多用于格子门、横披、吊柱等部分，层层刻出带有神话色彩和吉祥幸福的白鹤青松、鹭鸶荷花、老鹰菊花、孔雀玉兰以及几何图案。门窗的表面上还涂有褚红色的油漆，显得光滑明亮、古朴典雅。现代的白族彩绘基本上沿袭了20世纪的工艺，但所使用的材料更加多样化。白族的建筑彩绘，用其独具特色的色彩、图案装饰房子的同时，还赋予它驱邪避灾、祈祥求福等寓意。

## 八、传统节日

千百年来，白族与其他世居民族和睦相处，在共同的追求中传承着自己的民族文化，并在历史的长河中形成了富有地域特征和民族风情的节日。以"赛马、唱歌、做买卖"为主题的三月街，有"东方情人节"之誉的绕三灵和剑川石宝山歌会，有狂欢的火把节，有栽秧节、蝴蝶会、耍海节、祭祖节等。白族众多的节日，从年头到年尾，隔三岔五，总会在不知不觉中走进人们的生活里。这些节日按时间轴有"大过年"（大年初一到十五）、朝山会（农历正月初一至十五日）、青姑娘节（农历正月十五日，剑川县甸南、羊岑等地的白族妇女都要参加活动）、白族接三公主（每年农历二月十三日）、清明节（每年农历三月清明日是白族祭祀祖先的日子）、三月街、蝴蝶会、绕三灵（农历四月二十三日至二十五日）、端午节、火把节、石宝山歌会（白族地区盛大的民族传统节日，从农历七月二十六日至八月初一）、中秋节、重阳节、冬至节（农历十一月冬至）、辞年节（传统节日，农历腊月最后一天晚上）、抢头水（大年三十）。

"三月街"又称"观音市""观音街""祭观音街"，是大理白族盛大的节日和街期，每年农历三月十五至二十日在大理城西的点苍山脚下举行，会期7～10天。最初它带有宗教活动色彩，后来逐渐演变为一个盛大的物资交流会。明清时期，甘肃、青海、四川、西藏以及江南各省都有商人到此贸易，以骡马、山货、药材交易为大宗，农民也在会期购置耕畜、农具，以备春耕。今天的三月街，物质交流已不再重要，千古不变的是人们对三月街的那份情结。所以，三月街来临的时候，到月街上看赛马、听歌，买些中药材，吃顿永平黄

焖鸡，感受一下车水马龙、人山人海的节日气氛。

绕三灵，是每年农历四月二十三日至二十五日，大理白族为求雨祈福、祭祀本主而举行的全民性节日盛会，已有一千多年的历史。"三灵"指的是三个具有神灵地位的宗教场所，第一天在大理古城崇圣寺附近绕"佛"，第二天在喜洲庆洞绕"神"，第三天在海边绕"仙"。

蝴蝶会，是每年农历四月十五日为了纪念传说中的白族男女青年霞郎和雯姑坚贞爱情的一个民俗节日。"蝴蝶会"不但有一个美丽的传奇故事，而且有一个美妙的奇观。苍山云弄峰下蝴蝶泉边时值百花盛开的季节，每年都有成千上万的蝴蝶来此聚会，首尾相连，从树上直垂到泉中，形成奇观，于是就有了一年一度的蝴蝶会。

火把节，是每年农历六月二十四日，白族人民在秋收前夕预祝丰收和祈祷安康的祭祀活动。一进六月，大人们就开始准备节日用的火把，以八尺许长的小松木或易燃杂木劈成细条捆扎成火把晒干备用。节日当天，白族民众大集会杀牲祭龙王，各户大家宰红、白大公鸡祭献雷神，以求风调雨顺，无病虫害，六畜兴旺，五谷丰登。晚上，家家户户门前点火把，村寨一片光亮。群众打起火把到田间游巡，以示烧灭虫害，庄稼苗壮成长秋来丰收。

石宝山歌会，是白族地区盛大的民族传统节日，会期从农历七月二十六日至八月初一。剑川、洱源、大理、丽江、兰坪等地的白族群众从四面八方会聚到此，唱曲对歌，观光游览。弦歌之声，夜以继日地飘荡在山间林中，不管男女老少，只要上得山来便会尽情舒展歌喉。老年人认为，在歌会上唱白曲，可以得到吉祥，或者是平日里在家已向神灵许下心愿，为保清吉平安，会期便一定要上石宝山唱上百十个调子，于是在歌会唱调子便成了还愿之举；中年人借歌会抒发怀感，表现自己的歌才；青年男女则多数以歌为媒介，寻找知音伴侣。曲调均为流行于大理州西北部地区的剑川白族调，以龙头三弦或吹树叶伴奏，唱词均为白族诗歌"三七一五"的传统格式。

**九、娱乐活动**

大理白族民间娱乐活动丰富多彩，种类繁多，多数娱乐活动都掺杂在各节日活动中，有赛马、荡秋千、耍麒麟、泼泥赐福、跳花盆、跳山羊等。

## 第三节　大理白族民俗文化的传承和保护

大理白族民俗历史悠久，形成了类型多样、内涵丰富的民俗文化。民俗文化具有民间性、大众化、习俗性的特点，其外在表现为参与者多、影响深远、根基牢固。经过时代的传承与发展以及不断地创新，其中众多民俗文化都蕴含着白族人民乐观向上、不畏艰难、感恩自然、勤劳勇敢与团结合作的精神内涵，这是白族民俗文化的价值所在，也是与社会主义核心价值观息息相通的内涵所在。

**一、要以社会主义核心价值观引领大理白族民俗文化的传承和保护**

社会主义核心价值观是社会主义核心价值体系的内核，体现社会主义价值体系的根本性质和基本特征，反映社会主义价值体系的丰富内涵和实践要求。大理白族民俗文化在传承、保护与创新的进程中，受到一些不良社会风俗的影响，还存在着一些低级的、庸俗的内容。所以，新时期大理白族民俗文化非常需要社会主义核心价值观的正确引导，从而促进大理白族民俗文化能够远离假、恶、丑，追求真、善、美，在发展内涵中不断枝繁叶茂、繁荣昌盛，从而更科学地发挥其道德教化的作用，更加科学地推动社会主义核心价值观的创新发展。

**二、大理白族民俗文化的发展在"一带一路"建设中走出一条独特模式"白创模式"**

在"构建'南北丝绸之路（复兴）经济文化带'合作战略"中，大理以自身独有、不可复制的千年历史文化底蕴，成为中华民族伟大复兴中西南实践的一个亮丽的篇章。大理具有文化基础、人才优势、地理位置、城市发展、旅游规划也好，要对当下有危机感、责任感，积极探索 NDS 发展思路模式规划（"三建设，一传承"，即民生建设、生态建设、人才和教育建设及文化传承）。8 世纪至今，大理的知名度及世界的影响力，是基于其独有特色而不可替代和复制的厚重历史以及人文生态系统的，如果因城市的急速扩展、过度发展，受过度功利性思维和极度的"现代"思潮影响，将大理独有的文化遗产、精神氛围、自然生态系统等 7000 万年至 5000 年来天地和祖先所缔造的无价之宝撕裂、粉碎、毁灭，那么大理将成为一座重病缠身的"死城"，最终被遗弃，成为人类历史上的又一座"楼兰"。

# 第二章　大理汉族民俗文化

## 第一节　大理汉族概况

　　汉族是中国的主体民族，是世界上人口最多的民族，是上古时期黄帝和炎帝部落的后裔，炎黄子孙。《诗经》云："维天有汉，监亦有光。"汉族旧称汉人，是因中国的汉王朝而得名，汉朝以前称"华夏"或"诸夏"。汉族的形成不是一蹴而就的，它经历了夏、商、周、楚、越等族从部落到民族的发展过程，又经历了夏、商、周、楚、越等族及部分蛮、夷、戎、狄融合成华夏民族的阶段，最后形成于汉代，这个漫长而复杂的三个历史阶段。在春秋战国时期民族融合的熔炉中铸成的华夏民族是一个分散的、不统一的民族。随着，生产力水平的进一步发展和提高，秦始皇用十年时间统一了六国，结束了诸侯割据纷争，建立了中央集权的"大一统"封建国家——秦王朝。在"大一统"中，华夏民族也从分散走向了统一。秦王朝国运短暂，但汉承秦制，在"大一统"思想的指导下，政治上，汉武帝创设了刺史制度，把全国分为十三州部，同时实行编户齐民制度；经济上，汉武帝接受桑弘羊建议，颁行均输法、平准法，以京师为中心，建立了全国范围的商业网，商品流通大大发展；文化思想上，汉武帝接受董仲舒"罢黜百家，独尊儒术"的建议，使儒学取得了占统治地位的优势，并且成了正在形成的汉民族共同心理素质一个重要部分。所有这些，表明西汉时中央集权"大一统"封建国家更集中、更强大，使统一成了中国历史发展的主流，使华夏民族完成了向汉族的发展和转化。而汉王朝从西汉到东汉，前后长达 400 多年，为汉朝之名兼华夏民族之名提供了历史条件。汉王朝国力强盛，在对外交往中，其他民族称汉朝的军队为"汉兵"，汉朝的使者为"汉使"，汉朝的人为"汉人"。于是，在汉王朝通西域、伐匈奴、平西羌、征朝鲜、服西南夷、收闽粤南粤，与周边少数民族进行空前频繁的各种交往活动中，汉朝之名遂被他族称呼为华夏民族之名。吕思勉说："汉族之名，起于刘邦称帝之后。"（《先秦史》，上海古籍出版社 1983 年版，第 22 页。）吕振羽则说："华族自前汉的武帝宣帝以后，便开始叫汉族。"（《中国民族简史》，生活·读书·新知三联书店 1950 年版，第 19 页。）总而言之，汉族之名自汉王朝始称。汉族的族称，得名于汉朝。汉朝以"汉"为国号，是因为其开国皇帝刘邦曾被封为汉王，王巴、蜀、汉中，都南郑。由此可见，"汉"的初义是国名，其范围约在当今四川省及陕西省南部、湖北省西北部，以后衍变为朝代名称和民族名称。究其原，"汉"的本义是水名，指漾水。载籍所见，秦汉时名漾水者有二：一是"漾水出陇西相道，东至武都为汉"（《说文·水部》漾条），此漾水又名西汉水，流入嘉陵江，汇入长江；二是"蕃冢导漾东流为汉"（《尚书·禹贡》，蕃冢山在今陕西宁强县），此漾水又名东汉水，时又称沔水，即今汉水，亦汇入长江。汉族以"汉"为族称，并不意味着汉族的文化中心在古汉国或汉水流域。诚然，巴蜀文化和楚文化都是构成汉文化的两支极重要的古文化，但汉族的文化中心区域在很长时间里都是在关中平原和黄河中下游平原。以此为主源流，汇合了长江流域、珠江流域及东南沿海各地方文化，在秦汉时代，形成统一的汉文化。

汉族在其形成和发展的历史过程中，形成了齐鲁、中原、燕赵、关中、巴蜀、荆楚、吴越、岭南、滇黔、闽台、松辽、徽赣等各具特色的区域文化，其中大理地区的汉族文化主要属于滇黔文化。

随着中国历史的变迁，汉族发生了大规模迁移，不断从中原地区向四周迁移。这些汉族起初被当地人称为"客家人"。客家人继承了当时中原汉人的文化传统，比如说古语。大理地区的汉族最早可追溯到公元前 221 年，川滇之间修"五尺道"，开始有内地与四川的汉族零星迁移到云南大理，主要居住在现在宾川一带。南诏、大理国时期，天宝战争中被俘或溃散的将士，大多是陕西、河南、河北等地的汉人，在大理留了下来。225 年，诸葛亮是曾这样的描述："如今夷汉一家，天下太平，百姓可以过自己的安生日子了。"829 年，南诏王嵯巅等撕毁和唐朝的盟约，数次发动掠夺战争，先后从四川成都、雅安一带掠回汉人妇女和良工数万人。咸通元年至乾符元年，南诏两次攻陷广西和邕州，一次攻打黔之会州，四次攻打越南、成都等地，先后掳掠汉人近 10 万人。明清时期大批汉人进入大理地区，并实行"军屯"，如今在大理州很多地方都有"卫""所""屯""营""哨"的地名，就是那段历史的遗留。同时，有大量汉人进入大理经商，并定居下来。新中国成立后，为了支援边疆建设，大批的南下干部、支边知青、知识分子、科技人员、部队转业退伍军人、教师、医生等汉族人来到大理并定居下来。

在漫长的历史发展进程中，各统一王朝中央政府为了加强西南地区的统治，不断强化政治经济文化的治理，大量朝廷官员、军队以及百姓迁移到西南边疆地区，其中大理就是成为重要的聚居地。到了明朝，很多中原儒生、学士进入大理，大理已经成了中原汉文化传播到西南地区的重要。到了近代，人口的迁徙和移居已经受诸多因素影响，和我国其他热点地区一样，大理汉族人口的来源和组成变得多样化。

## 第二节　大理汉族传统民俗

### 一、经济生活

历史上大理汉族的经济是以农业为主，兼营家庭副业，是一种典型的男耕女织的自然经济。二十四节气是汉族农历特有的重要部分，它的创立和形成与古代汉族劳动人民的农业生产习俗密切相关。随着一年四季气候的变换，农事活动内容也随之变化，二十四节气名称本身的含义就反映了这一点。至今汉族农民仍按二十四节气进行农事，安排农活。与尚农风俗相关的是汉族对土地神的崇拜。《白虎通义》云："地载万物者，释地所以得神之由也。"土地神崇拜的形式是"社祀"，土地神被称为社神或社主，祭土地神的地方称社。《礼记·郊特牲》云："壮、祭土，而主阴气也……壮，所以神地之道也。"

### 二、日常礼仪

从尊祖延伸而来的敬老习俗在汉族的观念中根深蒂固。《诗经·大雅·既醉》云："孝不匮，永赐尔类。"意即孝子敬老的孝意无穷无尽，势必经常感化影响整个家庭，乃至整个民族。汉族民间敬老习俗相沿至今，是值得发扬光大的优良传统。

尊祖敬老是大理汉族的千古遗风。尊祖即对祖先的崇拜。商代时即信上帝与祖先合一的一元神，周代则信上帝与祖先分开的二元神，而崇拜祖先神是更为重要的传统。汉族的祖先崇拜主要祭有功绩的远祖和血缘关系密切的近祖。崇祖习俗直到近现代。民间尊祖的祭祀活动仍十分隆重，有时祭、堂祭、节祭、岁祭、房祭、祠祭等。逢年过节有的还要瞻仰历代祖宗遗像，以表不忘祖宗，并与祖宗共享喜庆或求祖宗赐福保佑。汉族供奉祖先的地方叫祖庙或宗庙，祖庙、宗祠遍布各地，新近以来，宗庙和宗祠已经比较少见了，大部分汉族家庭会在堂屋正中或专门辟出一间房来供奉祖先牌位，称为"家堂桌"，上方悬挂"天地国亲师"的挂幅，每逢节日或纪念日均在家堂桌前摆放鲜花祭品等，以示纪念。与尊祖习俗相关，汉族喜聚族而居，常定期纂修宗谱。随着时代变迁，现在很多农村里面，子女成家后就小夫妻独立出去自己住，俗称"分家"，以前儿女众多，家里长辈会在自己还健在的时候就召集全家，公平公开地把家业划分到各个子女的名下，一旦儿女成家，就独立成支。如今家庭形式虽趋向小型，独生子女居多，也就不存在分家了，三代同堂的家庭较普遍。

大理地区的汉族非常重视家庭教育，"孝顺"成了重要的家庭道德规范，父母本身也很注意自身的修养，在教育子女时候言传身教，做出榜样，和颜悦色，动之以情，晓之以理。不孝顺的子女会被邻里众人看不起和不信任。但如今的"孝顺"已经不是过去的父父子子的那套"愚孝"，也不主张子女必须事事听父母的话，而是倡导一种子女尊重、孝敬、赡养父母，父母关心、爱护、教育自己的子女，营造一种健康、和睦、民主向上的家庭氛围。

妇女怀孕，汉族俗称为"有喜"。在大理小孩出生第二天要做"三朝"。小孩出生后，大都紧闭双眼，到三朝（即三天）或三朝以后才睁开。按旧俗，孩子睁开眼后要先看父亲，后看母亲，然后再看其他亲友，以示永远孝顺父母。这时来探望的亲戚朋友往往馈赠鸡蛋、红糖、小孩衣物等礼物进行祝贺。其中把鸡蛋染成红色，称为"红蛋"，因是贺喜，故也称"喜蛋"。还有用沸水煮出来的荷包蛋，放入红糖和用大米膨化而成的米花，招待来朝贺亲友。满月，称为"弥月"。旧俗要给孩子理胎发，俗称"剃头"，办酒席庆贺，但在一些地方则是办"百日宴"。小孩子出生满 100 天，已经可以稳稳地竖起头，逗时已经会咯咯咯地笑，非常可爱。一般在百日前的小孩只有个小名，小名一般由孩子的父母随便取一个，叫着顺口好听就行。百日后，就需要取个大名，也叫学名，通常要由家族中德高望重、有文化的长辈来取。对于讲究的家庭，姓名里面是分辈分派的，一般用几句家训，依照顺序辈分其中取一个共同的字作为这一辈人的辈字，还是很讲究和有韵味的。有的地方规定农历四月初八为新生儿的"剃头"日。现代汉族对小孩的满月已视为常事，但农村有些地方还比较重视，往往要请满月酒。周岁，是小孩从出生以来最为隆重的日子。古俗，在孩子周岁这一天要测试其前途。方法是男置弓矢纸笔，女则刀尺针箦，以及各种食物、衣服于桌，让孩子自取，取中者为其前途之预兆。现代汉族对小孩周岁普遍较重视，不管是城市还是农村，一般都要给小孩拍照留念，做新衣服、吃鸡蛋面条以示祝贺。经济条件较好的家庭有的还办生日酒，款待亲戚朋友。

在禁忌文化方面，大理地区汉族禁忌文化具有明显的地域特色和民族特点。汉族群众忌用筷子敲击锅、盆、碗、碟，忌用有裂缝的碗碟、茶具；给客人盛饭菜或沏茶时忌用单手给长辈端送接东西。不能反手和用左手舀饭、添菜、夹菜，不能边吸香烟边端饭菜、添茶水；忌在客人面前走路；忌和客人谈话时打喷嚏、打呵欠，以及在客人、亲戚面前打骂孩子。对水源十分爱护，讲究清洁，不能在井边、泉边洗脏物。蒸酥盘、酿造和油炸食品时，忌讳生人撞入厨房。在长辈或上级面前不能跷二郎腿、仰躺而坐，妇女坐时须两腿并拢。同桌就餐时，不能迫不及待地抢吃、抢喝；坐在上席的长辈未动筷子时，下席忌先动筷子；不能从劳动工具、衣帽和人身上跨过去。短裤晾晒不能挂在人的迎面处。忌讳从窗户递碗筷。忌把筷子插在米饭上，因为这是祀鬼神的方式。一双筷子不能长短不齐。忌用筷子掏牙齿。忌在别人夹菜时，伸过去夹另一盘菜，或夹菜时用筷子翻来翻去、挑食或大口贪吃。忌讳与客人谈话时随意打断或插话。吃饭时忌讳脱鞋、摸脚趾、伸懒腰，忌暴食暴饮。宴席中有隔席不说话、不问酒和不迟到的讲究。忌在卧室和厨房里吐痰、擤鼻涕。到人家走访或做客忌在堂屋中居中座位，忌把脚跨坐或站在别人家的门槛上。忌随便翻主人家的物品。探访病人时忌开破口和带梨子、柿子这类的水果；情侣或夫妻忌在生人或长辈面前有亲昵的举动；在大理农村地区，晚上走夜路不能大声说话、唱歌和做一些一惊一乍的举动。

### 三、语言文字

大理汉族的语言为汉语，文字使用汉字书写，使用简体中文。汉语属汉藏语系，按学术界较常见的划分方法，可分北方方言（官话方言）吴语、湘语、赣语、客家话、闽语、粤语七大方言。大理地区汉族的方言在不同县域，甚至不同乡镇都可能有所不同，虽然大理地区汉语方言较为复杂，但是主要区别在语气词、语调和一些固定用词上的不同，比如下关和大理城区汉族群众说汉语时候的典型特点就是平舌和翘舌不太区分，"zhi"和"zi"的发音差不多，还有就是前后鼻音也区分不大，例如"eng"韵发音比较明显。很多词语有地方特色，儿化音明显但被地方化，比如"钱"读作"钱儿（上声）"，去的意思用"课（音）"，与粤语有相似之处，凳子在一些地方被称为"位儿"，碗被称为"碗儿（上声）"，鞋子被称为"haizi"，但总体来说，并不影响交流。而且由于汉字的高度统一，大理地区汉族在交流时没有任何问题，一些日常用语中也多采用了当地民族的特点称谓，主要体现在地名和一些特点物品的叫法上。

最初，汉族的姓、氏是有区别的。原始的姓是母系氏族公社的族号。"姓"字是由"女"和"生"字合成的，许多古姓都有"女"旁，如姜、姚、姬等。氏是姓的分支。由于子孙繁衍，一族分成若干支，散居各地，每一支都有一个特殊的记号作为标志，这就是氏。后来，姓和氏就没有多少差别了。

称呼习俗。汉族传统的辈分观念长期存在，以自己为中心，上有四代长辈，下有四代晚辈，形成了"高祖、曾祖、祖、父、本人、子、孙、曾孙、玄孙"的"九族"血亲关系。如果把旁系的血亲关系和姻亲关系联系起来，便形成了一个庞大的亲属系统。亲属称谓是以辈分划分的，不受年龄限制。亲属称呼也用于社会上邻里之间或素不相识的人之间，以表示亲切和尊敬。一般地说，注意层次，掌握角度，在称谓的运用中十分重要，年龄层次不同，称谓也不同。生活中，为了表示对人的尊敬，也有不注意层次的特殊现象。如：某家有一位受尊敬的长者，家里晚辈称之为爷爷、奶奶、阿爷、阿婆等，街坊邻里不分男女老幼，可能都称其为爷爷、奶奶、阿爷、阿婆，不过称谓前常常冠以姓名。如张阿爷、李奶奶等。有时在称谓前加上"他（她）"字，如：他阿叔，有时候加上我字，例如我爹，我哥（guo）等。对于年纪小于父母的长辈，则男的可称"耶耶"，女的叫"嬢嬢"。

### 四、传统服饰

汉族有自己华美绚丽的民族服饰，即汉服。汉服是世界上历史最古老的民族服饰之一，从传说中的黄帝一直延续到 1644 年清军入关。1644 年清军入关后，清朝统治者下令全国剃发易服，引起各族人民的不满和抵抗，随后清王朝进行武力血腥镇压与屠杀，汉服逐渐消亡。在经历清朝两百多年的统治后，今日的汉族成了世界上唯一没有自己民族服装的古老民族。今天人们看到的"唐装"和旗袍、长衫马褂都不是汉族的民族服饰，而是满族的民族服饰。

古代汉族服装有裙装、袍服、襦裤服等。汉服历经秦、汉、魏晋、唐、宋等朝代的不断演变，各朝各代均有一些特点和变化，总的来说，一套完整的汉服通常有三部分：小衣（内衣）、中衣、大衣。大衣分为领、襟、衽、衿、裾、袖、袂、带、祓等部分，穿戴时男子通常戴帽子或头巾，女性则会配以一些彰显身份的小饰物。到近现代，汉族服饰出现较大改变，古代服装几乎被完全淘汰，代之而起的是：男子穿简化了的长衫和马褂，头戴呢帽、皮帽、毛线帽，也有的穿西式礼服、戴呢帽；女子最初穿简化了的上衣下裙，以后流行穿改良的旗袍，也有的以连衣裙作礼服。公职人员和知识分子穿中山装，城乡男女则穿对襟和大襟式的衣服。20 世纪 50 年代，城市男女多穿蓝干部服，男女服装的区别只在于领口不同和衣袋的多少，进入 20 世纪 80 年代以后各地流行起西服、夹克、风衣、运动衫、呢大衣、羽绒服等，特别是女青年的服装款式更加新颖多样，她们追逐着服装时尚的新潮流。到了全球化的今天，总体来说，汉族已经没有较为典型和区分度明显的专属服饰了。

### 五、传统婚俗

大理汉族传统婚礼习俗流程主要分为三个阶段。一是婚前礼，就是现在所说的"订婚"；二是正婚礼，就是指与"结婚"相关的礼仪，以前称为"昏

礼"，也就是说在日暮时行礼，意指那是吉时。三是婚后礼，这些就是婚后的事了，主要还是以前二礼为主。

汉族婚礼的起源主要来自周朝的"六礼"，分别是：纳采、问名、纳吉、纳徵、请期、亲迎。但这六礼一般都是一个概念的，实际上只有（纳采、纳吉、纳徵、亲迎这四礼。后来又进一步简化，改为三礼：纳采、纳吉，纳征与纳吉合为一礼）亲迎。纳采：就是男方准备好礼物，请媒人去女方家里提亲。问名：就是在女方同意男方的提亲后，男方要托媒人去请问女方的出生年月日，准备结婚的仪式。纳吉：就是男方选好了日子后，准备好礼品让媒人去通知女方家人，初步商定婚期。纳征：男方选定一个吉日到女方家里举行订婚大礼，就是俗话说的"过大礼"。请期：就是择吉日完婚。亲迎：就是婚礼当天，男方带迎书亲自到女方家里迎娶新娘。除了这"六礼"，还有"三书"。三书分别是：聘书、礼书、迎书。因此以前的人，整个婚礼习俗讲究的便是这"三书""六礼"了。农村以前也把这些程序简称为"三回九转"。

一般结婚的日子多为双月双日，尽量避开三、六、十一。三有散音，六指半世姻缘，十一月含不尽之意。在婚礼前数天，就要选一吉日，然后选一个"好命人"将婚床抬好，在新床上铺好床单婚被，然后撒上喜果，如花生、百合、莲子、红枣、桂圆等，寓意新人百年好合、早生贵子。安新床的时候，要将床置放正位，不能与桌子、衣柜等任何家具的尖角相对。正婚头天，女子是不能到男方家的，更不能进新房；结婚头晚，男方家会在本族亲戚中找寻一个健康、聪明、乖巧、上进的小男孩与新郎在新婚大床上睡，叫"压床"，取早生贵子的寓意。新娘子结婚当天所穿的礼服、婚纱、鞋子等都要是全新的，且不能有口袋，意指口袋会带走娘家的财运。传统礼服的颜色一般是红色，寓意喜庆。新娘出门的时候新娘的嫂子是不可以相送的，因为"嫂"字有"扫"字的谐音。新娘出门的时候，由伴娘撑起红伞护着新娘，取其开枝散叶的意思。

## 六、饮食习俗

大理地区的汉族主食以稻米为主，辅以面食、蔬菜、肉食、奶制品和豆制品。稻米的吃法以米饭为主，另有粥、米粉、米糕、汤圆、粽子、年糕等吃法；麦类则有馒头、面条、花卷、包子、饺子、馄饨、油条、春卷、炸糕、煎饼等吃法。汉族讲究并善于烹饪，不同地区的汉族以炒、烧、煎、煮、蒸、烤和凉拌等烹饪方式，做出不同的地方风味。大部分地区的汉族是一日三餐的饮食习惯，但也有部分地方汉族有夜宵的习惯。一日三餐中主食、菜肴、饮料的搭配方式，既具有一定的共同特点，又因不同的地理气候环境、经济发展水平、生产生活条件等，形成一系列的地方特色，由于大理地区不同宗源的汉族分布，形成了不同的菜肴风格，其中尤其以各种各样的早餐类型为多。

茶和酒是大理汉族的传统饮料，大理盛产茶叶，大理汉族也喜爱饮茶，汉族还有以茶代礼的风俗。汉族人饮茶，注重一个"品"字。凡来了客人，沏茶、敬茶的礼仪是必不可少的。当有客来访，可征求意见，选用最合来客口味的茶叶和最佳茶具待客。以茶敬客时，对茶叶适当拼配也是必要的。主人在陪伴客人饮茶时，要注意客人杯、壶中的茶水剩余量，一般用茶杯泡茶，如已喝去一半，就要添加开水，随喝随添，使茶水浓度基本保持前后一致，水温适宜。在饮茶时也可适当佐以茶食、糖果、菜肴等，达到调节口味和食用点心之的目的。平时大理汉族饮茶年轻人以泡茶为主，老年人则喜欢喝烤茶，用小瓦罐把本地大叶茶放到里面在火盆边慢慢烘烤，待到茶叶已经发出焦香味时注入沸水，茶香溢满整个屋子，箆出茶叶，兑入开水，众人分而饮之。茶文化在汉族的生活中，非常重要。

在汉族的重要节日中，酒是不可或缺的必备品。汉族有句俗话："无酒不成席。"酒可以助兴，也可以增加欢乐的气氛、至今还在不少地区饮酒时流行"猜拳""酒令""酒曲"等活动，既是一种饮酒习俗，又是一种娱乐活动，体现出民间智慧，它具有活跃气氛，增加雅兴等功能。酒是汉族在日常生活中传达感情、增强联系的一种媒介，随着健康的理念和生活习惯深入人心，已经不提倡大量饮酒。

节日食品是丰富多彩的。它常常将丰富的营养成分，以赏心悦目的艺术形式和深厚的文化内涵巧妙地结合起来，成为比较典型的节日饮食文化。一是用作祭祀的供品。在旧时代的宫廷、官府、宗族、家庭的特殊祭祀、庆典等仪式中占有重要的地位。目前成体系、有组织的祭祀在大理已经非常少见了，只是在一些地区，某些特定场合，还残存着一些象征性的活动。二是供人们在节日食用的特定的食物制品。这是节日食品和食俗的主流。例如春节大理汉族过年的家宴中往往少不了鱼，象征"年年有余"。端午节吃粽子的习俗，冬至节的雪精灵吃糍粑，端午节吃煮大蒜，中秋节吃月饼、新鲜核桃、板栗、花生，这是大理独有的节日习俗中的特殊的食品和具有特殊内涵的食俗。

大理汉族有一些饮食禁忌，如过去一些地区的汉族妇女怀孕期间忌食兔肉，认为吃了兔肉生的孩子会生兔唇；还有的地方禁食鲜姜，因为鲜姜外形多指，唯恐孩子手脚长出六指；忌食狗肉，认为狗肉不洁，而且食后容易招致难产等。忌食各种野味，怕沾染不干净的东西，和小孩子生出来不好养；忌食公鸡肉，容易导致孕期不顺；忌食羊肉，说是怕娃娃生出来得羊痫风。有一些忌食是有一些道理的，有些则纯粹是以谬传谬。不过，孕期妇女不能乱吃东西的理念是没错的。

## 七、住屋形式

居住在大理的汉族，其传统住房多为砖木结构的平房，院落多为简化了的四合院式，传统民居的共同特点都是坐北朝南，注重室内采光；以木梁承重，以砖、石、土砌护墙；以雕梁画栋和装饰屋顶、檐口见长。大理地区汉族建筑特点在多年前还保留着一些特点，主要体现在汉族客籍和当地民族杂居的地方，过去曾有这样的俗语流行：说白族人是"大瓦房，空腔腔"，客籍人（移居过来的汉族）则是"茅草房，油香香"，意思是白族人节衣缩食到了倾其所有也要建造起结实舒适的住宅，而客籍人即便是住在简陋的茅草房里，吃食却毫不马虎，茅草房里经常油味飘香。但近年来由于社会发展和建筑材料、方式的大众化，大部分民居建筑呈现出"土洋结合""古今结合""木混结合"的特点，带有白族民居特点的小洋楼开始流行。住房大多以家庭为单位自成院落，在功能上要具有住宿、煮饭、祭祀祖先、接待客人、储备粮食、饲养牲畜、房前屋后还多有菜地和养花的地方。

过去，大理大部分地方的普通汉族人家建房还就地取材，墙体大量采用土墼，就是将田泥搅拌上铡成寸许的稻草，放入长方体的模具中晒干而成的土坯，屋顶则采用山草或稻草扎成束铺盖而成，成本很低，备料过程可由建房主人慢慢完成。官宦之家、书香门第多建瓦屋四合院，商贾店铺多建临街瓦房为门面，农村小康之家也建起瓦房。瓦房屋面覆瓦室内糊棚或吊顶，冬暖夏凉，冬不扫雪，夏不漏雨，优点多但造价较高。瓦房的地基、墙体与平房基本一样，屋架、房顶与平房有较大差异，建造比平房复杂。

农村汉族住宅讲究离水源近，以位于河流交汇处的高台上为最佳，最好后面有高地，寓意有"靠山"，而且防风。住宅坐北朝南以避风向阳，免受风雨的侵扰。重视"坐北朝南屋，住着好享福""坐北朝南，冬暖夏凉""屋朝南，人向阳"的原则。集市住宅讲究阳面、顺路、顺眼、人流量高。建房奠基，民间俗称"打地基"或者"下石脚"，一般要在墙基上砌一块奠基石，讲究的人家还在上面刻上吉利的字句。树柱和上梁，这是建房最隆重和关键的环节，一般是已经按照要求榫卯连接好的 16 根柱子分为 4 大架，由主人家请来的众相邻用粗绳拴好，辅助以木梯、高凳，在掌墨师傅的指挥下，一架一架的立起，然后由木工用红绸或红棉布包起横梁；起梁时间大多选择在正午时分，石、瓦、木、锯四匠齐集，左邻右舍都来捧场凑热闹，在掌墨师傅的口令下，由四个木工小伙用新绳索将房梁向上提升到位，牢固的固定在已经竖好的柱子上部。在场的人们兴高采烈，房主放鞭炮，撒喜糖。待客摆酒，农村土木结构的房子。奠基和树柱这天要摆酒，款待匠人和帮工者，一日三餐，餐餐佳肴，盖房子需要耗费很多财物，大理农村汉族起房盖屋都有个说法"盖房子不差账只等倒，讨媳妇不差账只等老"，形容的就是这个意思。

### 八、传统节日

春节，农历正月初一，俗称过年，传统上从岁末除夕、新年正月初一持续到正月十五。其间，农历正月间宾川县群众会上鸡足山拜佛游山。

农历正月初九，松花会，又称龙华会，相传这天是玉皇大帝的圣诞，大理地区的各族人民群众都要到当地的玉皇阁朝拜玉皇大帝，其中以巍山玄龙寺和大理中和寺的松花会最热闹。是日两县的各族群众都要去游览玄龙寺和中和寺，烧香许愿，祈求吉祥，赏景观光，尽情娱乐玩耍。

灯节（弥渡），也叫上元节。

朝山会（巍山），又叫洞经会，每年农历二月初一到二月十五，历时半月，缘起于道教。清明节，农历四月五日，祭祖、扫墓。

端午节，农历五月初五，又称端阳节，主要活动吃粽子。

七夕节，农历七月初七，又称星期，也是中国爱情节、情侣节，神话传说中牛郎织女鹊桥相会之日。

中元节，农历七月十五，又称盂兰节，俗称七月半、鬼节，有祭祀祖先、祈丰收等民间习俗。

中秋节，农历八月十五举家团圆节，主要活动赏月、吃月饼。下关地区的将军洞庙会，主要在大理市下关将军洞，庙会上有唱乡戏、民歌，上刀杆等活动。

重阳节，农历九月初九，敬老节，并有其他多种主题。

2017 年 9 月，首届博南文化节在永平县举办，目的在于继续挖掘永平悠久的历史文化，充分展现永平秀美的自然风光、淳朴的民族风情、独特的舌尖美味、良好的生态环境，打造可持续、可深化、可升级的本土文化品牌，打响"千古博南·味道永平"靓丽名片，不断扩大永平的知名度和美誉度，节日中一项重要内容就是品尝以"永平黄焖鸡"为主打的永平美食。

# 第三章　大理彝族民俗文化

## 第一节　大理彝族概况

彝族是大理州历史最为悠久的世居民族之一，全州各县市都有分布。其中，在南涧彝族自治县（以下简称南涧县）、巍山彝族回族自治县（以下简称巍山县）、漾濞彝族自治县（以下简称漾濞县）和9个彝族乡、1个傈僳族彝族乡境内分布较为集中。

### 一、源流

彝族历史悠久，源远流长，但史籍缺乏系统记载，目前大多数学者所认可和接受的看法有两种：一种观点认为，彝族是以古羌人为基础，融合了金沙江两岸众多的部落、部族，随着社会经济的发展而形成发展起来的。其源流主线是：古羌人中向西南游弋的部分，在迁徙过程中没有碰到比其更强大的民族的阻碍，因而一路南下，游牧到金沙江两岸乃至滇池、洱海地区，形成了"六夷""七羌""九氐"等族属（《华阳国志》），这些都与后来的羌语支、彝语支各族存在渊源关系。到了西汉，西南地区各民族统称为"西南夷"，是"西夷"和"南夷"的合称。从族系上看，西夷的主体民族"嶲""昆明"属于古羌人的后裔所形成的族群，二者实际上属于同一民族群体，其活动范围也大体一致。魏晋以后，经过了长时期的历史发展，出现了"乌蛮"这个族称。到了隋唐之时，"乌蛮"这个族称泛指除了白族以外的彝语支各族的先民，但也用它专指彝族先民。唐时的"乌蛮六诏"以及统一六诏之后建立的"南诏国"的主体民族之一便是乌蛮。元代，出现了"罗罗"这个族称，尽管各地、各支系彝族仍然有着不同的自称和他称（这主要由彝族内部的发展不平衡和地区差异而导致的），但在作为一个民族整体被指称时，都被称为"罗罗"。

另一种观点认为，在西汉以前，大理至保山一带，即哀牢山地区，彝族主要的族群为未东迁的"昆明"人。大致在西汉中、晚期，这些"昆明"人和当地族群融合形成"哀牢夷"。至东汉初,"哀牢夷"逐渐东迁,进入洱海地区,并逐步强大,至唐初形成"南诏乌蛮",并建立了统一地方政权——南诏国。后来形成滇西至滇西南地区的彝族。

**二、大理州彝族支系和分布情况**

大理州境内彝族,按其自称,分腊罗、罗罗颇、聂苏、诺苏、葛泼、里泼、罗鲁颇7个支系,各支系分布情况是:

腊罗支系是7个支系中人口最多,也是州内最古老的世居民族支系之一,主要分布在巍山、南涧、漾濞3个自治县。

罗罗颇支系主要分布于南涧、弥渡、巍山、祥云、鹤庆的部分地区,也是大理州最早的彝族支系之一。

聂苏支系自称"尼苏"或"罗武"。该支彝族在州内聚居于云龙县团结彝族乡、永平县北斗彝族乡、漾濞彝族自治县富恒乡、双涧乡(今漾江镇)和洱源县西山乡团结村委会境内。

诺苏支系聚居于云龙县、洱源县、剑川县、鹤庆县、漾濞县的高寒山区,诺苏支系原居住在四川凉山和云南宁蒗一带。

葛泼支系主要分布在鹤庆县六合彝族乡境内,原居住在昭通一带,从华坪、永胜一带迁入鹤庆。

里颇支系主要分布在宾川钟英、力角,鹤庆黄坪一带,明清之际由楚雄州大姚、姚安迁入大理。

罗鲁颇支系分布在祥云县普淜镇南部,由南华县五街区迁入,南华县五街区原属姚安县,1958年划归大理州。

表3-1 大理彝族支系称谓及分布表

| 支系名称 | 自称 | 他称 | 主要居住地区 |
|---|---|---|---|
| 腊罗 | 腊罗、腊鲁、罗罗、利泼、迷撒泼 | 土家、蒙化 | 巍山、漾濞、南涧、祥云、永平、大理、洱源、宾川、弥渡、鹤庆 |
| 罗罗颇 | 罗罗颇、罗颇、咯卧泼 | 白彝、倮倮 | 鹤庆、南涧、弥渡、巍山、祥云、 |
| 聂苏 | 聂苏泼、罗武 | 罗武、土里、花彝 | 云龙、永平、漾濞、洱源、巍山 |
| 诺苏 | 诺苏泼 | 黑彝、彝家 | 剑川、洱源、云龙、漾濞、鹤庆 |

续 表

| 支系名称 | 自称 | 他称 | 主要居住地区 |
|---|---|---|---|
| 葛泼 | 葛泼、河多泼 | 白彝、甘彝 | 鹤庆 |
| 里泼 | 里泼 | 梨族、栗族 | 宾川、鹤庆 |
| 罗鲁泼 | 罗鲁泼、南山苏 | 密岔、麦插 | 祥云 |

## 第二节 大理彝族传统民俗

### 一、经济生活

大理州彝族主要分布在山区、半山区和高寒山区，森林、矿产、水资源、野生动植物资源丰富，但交通不便，人口分散，资源开发和市场发育程度低，经济以农、林、牧、副业为主。

（一）农业生产

21 世纪以来，大理彝族农业实施了二次创业，强化农业基础设施建设，兴建小水窖等"五小"水利工程，不断改善生产条件。在粮食生产中大面积推广优良品种，苞谷生产推广了大窝塘点种、地膜覆盖种植、育苗定向移栽等新技术，水稻生产推广了薄膜育秧和湿润育秧、浅水栽秧、拉线条栽、中层施肥、化学除草等新技术。同时还加大产业结构调整，合理安排粮食作物与经济作物的种植比例，发展特色农业，培植了烤烟等新的支柱产业，发展了白芸豆、马铃薯等特色产业，大理州彝族的农业生产正向着新的目标迈进。

（二）林业生产

大理州彝族山区的林业以核桃、华山松、梅子、花椒、梨等经济林木为主。核桃、梅子、梨是大理州彝族山区优势林果产业，其中核桃种植面积和产量占全州的 70% 以上。漾濞县被誉为"中国核桃之乡"，提高了漾濞的知名度和美誉度。永平彝族地区盛产白木瓜，漾濞、永平、宾川、祥云彝族山区出产板栗。梅子在洱源、云龙、漾濞、鹤庆的彝族地区种植比较多，其中以洱源县松鹤乡、南大坪等地种植比较集中，产量也占很大比重。梨是巍山、漾濞、洱源、鹤庆、永平等县彝族地区的重要林业产业，有玉香梨、冬雪梨、黄皮梨等优质品种。南涧县、巍山县、弥渡牛街彝族乡、永平水泄彝族乡是全州茶叶主产区之一。

（三）畜牧业

彝族山区草场广阔、饲料资源丰富，有发展畜牧业的良好传统和条件，养殖主要以羊、鸡、鸭、鹅、牛、马、骡、驴、猪等，一般家庭养殖的大牲畜以劳役畜（耕牛、骡马）和繁殖母畜为主。小家畜多为猪、羊。在诺苏支系彝族地区牛、羊、马等养殖在整个生产和经济收入中占一半以上，在其他彝族支系地区，畜牧业生产在整个生产中占有重要地位，饲养牲畜直接为农业生产服务。近年来，大部分彝族地区被列入国家、省、州、县畜牧业基地，已涌现出一大批养殖大户，出现了养殖专业户、专业村，生产出大量的畜牧产品，不但丰富了当地城乡市场，提高了群众的生活水平，而且向外地市场进军，增加农民的经济收入。

（四）商业服务业

由于交通条件的改善和产业结构的调整，彝族地区的商业活动越来越活跃，农村经济呈现出新的发展格局。各地彝族中从事商贸、服务、运输、建筑、农副产品加工、食品加工生产等行业的人越来越多，商业活动向纵深领域拓展。经营产品有农、林、牧、副产品，饮食文化产品，纺织、机械、工业产品等。从业人员既有不离开农林牧副生产的兼营者，也有离开农业生产的专营者，还有劳务输出人员。商业活动呈多样化，活跃了市场，增加了收入，提高了民族竞争和发展能力。

## 二、日常礼仪

大理彝族是一个讲究文明礼貌的民族。长幼之间，谁长谁幼，谁大谁小，不仅论年龄，还依据父家谱牒或母系谱牒的长幼来定，不许喊错。在特殊的公共场合里，就座排位要以辈分大小排列，长辈在场时发言不准抢先。彝族有"客人长主三百岁"之俗话，凡有客人来，必须让其坐于最上方，并且要用烟茶招待。

每个民族都有自己的禁忌，大理彝族生活禁忌主要表现在行为禁忌、语言禁忌、饮食禁忌等方面。

（1）行为禁忌。忌孕妇来往于他人婚礼中；不准用脚蹬锅庄石和从火塘上方跨过；忌用粮食在手中抛玩；灵牌是祖灵的化身，禁止外人挨近或不洁之物摆放在灵牌周围；火把节时，忌在田地中间随意走动，认为如此会招来虫灾；到彝家做客，不能坐在堆放东西和睡铺的下方和左方。

（2）语言禁忌。忌翁媳和兄媳之间随意开玩笑；忌在家人外出时说不吉利的话；忌在人有病时说死伤之类的话；忌无故恶语咒骂他人等。

（3）饮食禁忌。忌食搅拌时筷子折断的食物；拉羊到堂屋备杀时，忌羊突然叫；忌吃粮种；鸡跳过的饭菜忌食；男子忌食推磨时磨轴折断的面粉；孕妇忌吃兔肉；禁小孩吃鸡胃、鸡尾、猪耳、羊耳；忌烧荞面粑、苞谷粑时从火塘右侧（客位方）放入、取出等。

### 三、文学艺术

彝族文学分口头文学和书面文学两类，而以口头文学表现形式为主。口头文学有口耳相传的神话、传说、故事、歌谣、谚语、谜语等多种形式，表现的内容则涉及彝族社会生活的方方面面，具有鲜明的民族特色和浓郁的乡土气息。

（一）口头文学

口头文学分神话、传说、寓言、歌谣（含童谣、打歌词、牛歌词、山歌词）谚语、谜语等。以民间故事为主要形式。故事，彝族民间称之为"古本"，讲故事就叫"讲古本"。彝族民间有许多"讲古本"的能手。

1. 民间故事

彝族民间故事有人物故事，包括反映英雄人物、机智人物、反面人物等故事。英雄人物故事中，最有代表性的有《火把节的来历》《九隆神话》等。

2. 民俗传说

民俗传说在彝族民间故事中为数较多，凡有关衣、食、住、行、婚、丧、节庆，几乎都有相关的传说。

3. 动物故事和寓言

动物故事和寓言也是彝族民间故事中饶有情趣的一类。如《老鸹为什么是黑色的》，该故事说的是喜鹊和老鸹原本都是白色的，它们觉得不好看，便约着互相为对方画羽毛。先是老鸹给喜鹊画，喜鹊并不挑剔，老鸹怎样画它都接受。后是喜鹊给老鸹画，老鸹十分挑剔，这样画也嫌难瞧，那样画也说不好看，几天过去了都没画成，到最后，把喜鹊给惹火了，将一碗黑颜料劈头盖脸浇到老鸹身上，从此，老鸹就变成黑的了。

4. 歌谣

彝族能歌善舞，唱歌、吟谣是他们表达思想感情的重要方式。彝族歌谣包括有专门曲谱的打歌词、山歌词、牛歌词、抒情长调歌词以及没有曲谱的童谣、民谣等韵律文体。彝族歌谣的句式比较多，有四字句、五字句、七字句等规则句式，也有长短相间的不规则句式。一般来说，打歌词、山歌词以七言四句为多多，间有七言二句；牛歌词以长短句为主，童谣和民谣则四字句、五字句、七字句都有。这些歌谣，不乏对偶、排比、双关、比喻等各种修辞手法，表现力和感染力均很强。其中用专门曲谱演唱的歌词，有彝语的，也有汉语的，分别称之为"土调""汉调"。按歌谣的内容，则可分为劳作歌、情歌、盘歌、叙事歌几种类型。

童谣和民谣，以韵律性强、易学易记为明显特点，不仅能表达更多的深刻含义，而且能使人从中获得教益或感受到某种意境，别有情趣。

5. 谜语

彝族谜语在艺术表达形式上具有比喻出奇、画面活跃、结构精巧等特点，还多具有浓厚的幽默和诙谐色彩。如猜用旱烟袋吸烟的"你嘴逗我嘴，我手捏你腰，你的屁股着火烧"等。

6. 谚语

彝族谚语，是彝族人民各种生产生活经验的总结和升华。其形式短小，语言简练，形象生动而内容丰富、寓意深刻。凡生产、生活、自然、时政、社交、事理、修养等诸多方面，都可见到相关的谚语。

（二）书面文学

彝族的书面文学，最早可以追溯到南诏时代。当时，王室成员学汉字、写唐诗蔚然成风。至元、明、清，以巍山左氏土司为中心，形成一个作家群，创作了不少诗歌。至中华人民共和国成立前多有佳作，但流传下来的作品极少，且仅限于吟诗作对。近年来彝族文学新人不断涌现，在漾濞、巍山、弥渡、永平、云龙、南涧、大理等地形成了一批作者群，所创作的诗歌、散文、中短篇小学等作品，发表于各种报刊上，有的还出了诗文集、传统文学选，使彝族创作文学的发展跨入了新的发展阶段。

（三）音乐艺术

彝族有着丰富多彩的民间艺术样式。

1. 民族舞蹈

彝族每个支系都能歌善舞，以腊罗、罗罗颇、白依、黑泼为主，腊罗支系彝语称"阿汽"，汉语通称"打歌"（旧称"踏歌"），可见这是一个擅长歌舞的民族。彝族打歌源远流长，现今巍山巍宝山龙潭殿内还保存着一幅清代彝族打歌图，图中人物个个神态欢愉，步调一致，栩栩如生。腊罗支系的"打歌"载歌载舞，热情奔放，活泼欢快，富有节奏感，给人强烈的艺术感染力，是一种有独特风格的为各民族群众喜闻乐见的民族民间舞蹈。巍山、南涧打歌队多次到省外、国外表演，赢得各种荣誉。

2. 音乐

彝族音乐大体可分为舞曲、叙事长调曲、小调和器乐曲几类。舞曲即打歌时用以演唱打歌词的曲子，这类曲子节奏明快，韵律感强，旋律变化不大。叙事长调曲则是给叙事长调词配的曲谱，一支叙事长调有固定的词和曲，这类曲子旋律变化较大，吟唱性强，多与歌词风格相配合，有的轻松、有的沉重。小调包括山歌曲子、牛歌曲子，其曲调特点为高亢激越，悠扬明快，抒情性强。器乐曲中，以唢呐调最为广大彝胞所熟悉。鹤庆六合彝族乡的白依人个个都是吹唢呐的能手，彝族唢呐艺人不断走入各种文艺队伍，经常为大型活动表演，当地红白喜事中也缺少不了他们的身影。唢呐调以唢呐吹奏为主旋律，大筒、长号作和乐伴奏，起到烘托气氛，增强乐曲感染力的作用，特别是在吹奏丧葬礼乐曲调、演奏迎宾曲时，更显出庄重热烈的气氛。唢呐调可以分成喜调与忧调两大类。喜调就是在喜庆场合、婚嫁佳期、迎宾礼仪、设席开筵之时演奏的乐曲。其主要特点突出一个"喜"字，热情欢快，活泼明朗，吹奏喜调时，乐器上系红绸，表示喜庆，更增添欢乐的气氛。主要曲牌有"小开门""蜜蜂过江""大开门""将军令"等。"忧调"专指丧葬时吹奏的礼乐，其特点突出一个"忧"字。曲调大多是悲伤、忧郁的，如泣如诉，增加丧礼的悲哀气氛。是否有礼乐参加丧葬活动，是丧葬规格高低的主要标志，在丧葬活动中如有数队礼乐队参加，须有主从之分，不能喧宾夺主。演奏更要求精益求精，容不得滥竽充数。忧调曲牌在不同的地区有不同的名称，大致是依照丧礼的规定程序进行吹奏，每一程序有一支相应的曲子，不能错乱。唢呐曲有自成体系的乐曲，民间艺人一般的说法是共有三十六个"大调"，七十二个"小调"，但由于千百年来徒从师学都是全凭心记，一代一代流传下来，目前尚未进行过系统的收集整理。

大理彝族的乐器大多用以演奏流行曲或自度曲，只有小三弦有自己的专门曲子，可惜流传下来的不多。现今流传在漾濞龙潭一带的也仅有"密支那山调""羊街调""顺宁调""游定山"等数曲。通观流传下来的几支曲子，都是小三弦独奏曲，节奏舒缓轻慢，旋律幽清婉约，感染力很强。

（四）工艺美术

彝族民间工艺美术以其质朴多姿的造型、绚丽明快的色彩而独具特色。其中以刺绣最具代表性。彝家女凭着聪慧的头脑和灵巧的双手，用娴熟的技艺绣出多姿多彩的图案，这些刺绣图案构思精巧、布局合理、用色谐和。这些刺绣多用在女装和童装领口、袖口、围腰、飘带、鞋面以及被面、枕套上。刺绣针法有平绣、挑花、镶绣、纳花、链子扣等多种。童帽、裹背就是彝家刺绣的代表作品。

**四、传统服饰**

彝族传统服饰，各支系风格各异、款式多样。

腊罗巴支系的未婚女性传统服装，常由一顶凉帽、一件配以马甲（俗称

"领褂")的上衣、一方围腰（围裙）、一条裤脚绣花的长裤、一双绣花鞋组成。凉帽又称"勒箍帽"，用布缝制，滚边绣花，镶有鼓钉桂花。上衣为前摆短、后摆长的斜襟衣，边角镶以缎带或手工绣花镶边。围腰同样绣有精美的花卉图案。裤筒的镶边也为缎带或自绣。花鞋的图案别出心裁，艳丽夺目。妙龄女郎穿一身民族服装，愈加显示出服饰的精心设计和鲜明色彩。已婚妇女除用包头替换凉帽外，其服装的搭配与上述差不多，只是上下装、内外装的色彩多为黑白、黑蓝、蓝白等搭配，显得端庄典雅。包头，俗称"首帕"，色调以青（黑）蓝为主。传统男装式样是青（黑）蓝布小包头、布扣对襟短上衣外罩领褂、宽筒裤，整体色调以蓝、白、黑为主。幼儿期（0～3岁）的娃娃帽是一顶很有特色的工艺帽，圆筒形的帽身用蓝布或黑布缝制，帽檐镶边用手工绣成或用缎带，帽顶是一块精心绣制的龙虎图饰。缝制成后帽子上还要钉上银饰，帽耳也是精心绣制的。幼儿戴上这顶帽子，又温暖又漂亮，同时寄予了大人们希望这顶帽子上的龙虎图案发挥驱邪的作用，保佑自己的小宝宝平安、健康、顺利成长。彝家人背小孩用的裹背，也是一件精心缝制的精美工艺品，其整体造型颇似一张虎脸。

聂苏、罗罗颇支系女性服饰与腊罗巴支系的大同小异，唯银质饰品用得较多；包头外缠三至五圈银链（或珍珠链），盘发用银簪，胸前饰物与"腊罗巴"相差不多。

诺苏支系服饰与四川、云南丽江宁蒗县的大小凉山同，总的体征是女性服饰缝工精细，色彩鲜明，配件饰物多而精巧。男子缠包头，披披毡，更显得粗犷豪放，体现出男性的阳刚之气。

自称"罗罗颇"的彝族支系，年轻姑娘头戴桂花帽，系用青布带缝制，帽檐镶嵌七颗银制桂花，帽顶中间插一条樱须扎成的绿红小花；已婚妇女头上缠青布头布，头巾上绣有多种色彩花纹的图案，边沿有紫红璎珞，头巾于头上缠成荷叶状，颇似华盖；年轻姑娘和已婚妇女都身穿用绿色、蓝色缎料制成的右襟衣，前短后长，袖口、肩上均有花纹和环道；腰系有绣花头围腰，再加上白色或蓝色腰带一条；脚穿绣花鞋；青年男子头戴麦秸草帽，上插四至六根野鸡尾毛，下拖数根彩色飘带，身穿黑色或蓝色对襟衣，配上紧身短马褂，下着青布大裆裤，脚穿布筋草鞋；男女都穿羊皮领褂。

**五、传统婚俗**

彝族传统婚俗礼中有提亲、定亲、讨亲、认亲、回门几个环节。

（一）提亲

提亲即说亲。男女青年相爱后（旧时多奉父母之命），告知父母，在过去要经占卜、看鸡卦，认为属相合适者，由男家请族中一位长辈做媒，上女家提亲，也有不请媒人直接由男方携带糖、酒、烟、茶等礼物上女家提亲的。只要女方家收下礼物，就说明联姻有望。提亲后的一段时间内，为双方作慎重考虑的时间，一般在一两个月内，女方如果不愿联姻，可退回礼物。若礼物未被退回，则男方家可准备进入下一程序。

（二）定亲

定亲，俗谓"定鸡酒"。定亲须择逢双吉日，通常由男青年本人、父亲、叔或伯、媒人同去，携带肉、米、糖、烟、酒及大红公鸡一只、"奶母布"二丈六尺或三丈六尺，一起去女方家。女家则备好数桌肴馔，请来本族中的亲戚数人作定亲见证。男青年须在女家的家堂香火前行礼并将带来的大红公鸡宰杀，交厨中烹煮后再在家堂上祭献。男女青年在媒人或叔伯长辈主持下喝定亲酒。喝了定亲酒，双方家长已成亲家，双方家庭即根据各自与对方的情况筹办婚事，准备择日完婚。

（三）讨亲

讨亲，即迎娶，又叫过门。定亲以后，男、女青年可随时自愿到婚姻登记机关进行婚姻登记，从法律上确定婚姻关系。而讨亲时须有钱、米、酒、肉等彩礼，数量之多寡，视男方家庭经济状况由双方家庭（或经媒人）协商而定。无论是男方家的迎亲人还是女方家的送亲人，在人选要求上有一个共同的特殊要求：若是已婚者，必须是婚姻家庭完美者，即一是夫妻双方均健在，二是中年以上夫妇必须生育过并且儿女都健康成长，以求吉利。

腊罗支系彝族新娘进门后，行拜天地、拜祖先、拜高堂等礼俗，与汉族大致相同。部分地方还有"退喜神"的仪式。

（四）认亲

讨亲的次日上午，进行认亲礼俗。新娘拿出早已备好的认亲礼物（多为一双鞋），在姑或嫂陪同下一一认过男家直系亲属，被认亲属须还以红包。

（五）回门

讨亲的第三日回门。一般情况下，新婚夫妇回门不在娘家过夜，路近者须在当天日落前回到夫家。因而回门之日新娘娘家的晚餐特别早。回门之日，男方家仅新郎新娘同往，女方家则邀亲友数人作陪。至此，婚姻礼俗全部完成。

六、饮食习俗

彝族生活中，主食有大米、玉米、小麦，辅食有豆类、薯类、各种杂粮。副食与周围的汉族、白族无异，肉类主要有猪、牛、羊、鸡；油脂主要为核桃油、菜油及猪油；蔬菜为常见之属以及野生菌类、野菜。传统饮料主要为茶、酒及用蜂蜜、糖调制的其他饮料。

饮食方法多样。大米常见为每日正餐蒸、煮成饭或制作饵块、卷粉作早点、夜宵。玉米过去多磨成粉，蒸制成"面面饭"食用或粉碎成米粒般大小，称为"包麦砂"，掺米煮饭或单独煮饭。小麦过去多磨粉作粑粑，或作"麦疙瘩"蒸成饭，如今多制成面条食用。豆类在青荚时多作蔬菜，干籽则制成豆腐、豆粉以及豆豉、酸豆、豆瓣酱等多种食品。

居住在高寒山区的诺苏支系彝族以粑粑、燕麦炒面等干粮作主食，蔬菜多在新鲜时烹食，一些菌类、野菜、野味及肉类除鲜食外，也制成干品或腌品存贮。肉类的食法也有蒸、煮、炒、炸、红烧、凉拌等多种。其中，彝家人的粉蒸肉制法与常见的做法稍有差异，是用带骨瘦肉、茴香嫩苗、自制米粉及多种调料蒸制成的，风味独特；"火烧羊"（现通称"烤全羊"）则是一道制作精细的佳肴。

彝家饮的酒，主要为家庭自制的甜白酒和酒坊酿制的烧酒。酿甜白酒的原料主要为糯米、糯苞谷、苦荞、高粱等，烧酒原料多为玉米、高粱、大麦、苦荞等。除直接饮用外，还有泡制果酒、药酒、鸡脚酒的传统。

彝家人，特别是老辈人喜欢喝烤茶，旧时家家火塘边都备有烤茶用的小陶罐，将茶叶置罐内用火烤黄发香后冲入沸水，芳香四溢，味道极酽。若将盐粒用火烧红后氽入茶中，就成为"飞盐茶"，具清凉、解毒、驱暑之效。

用蜂蜜和糖调制的饮料，常见的有蜜茶、核桃刨花茶、米花茶、木瓜茶等。蜜茶是用烤茶汤冲调蜂蜜而成的；核桃刨花茶是用姜糖水冲调核桃刨花制成的，其中核桃刨花是用特制工具将核桃仁刨成极薄片（也有手工用刀切成）；米花茶是用糖水或姜糖水冲调米花而成的；木瓜茶则是用红糖或冰糖煮成酸甜适度的木瓜水。

不同居住地的彝族，还有一些各具特色的风味食品。有些是以当地的土特产制作的，诸如柿饼、干板栗、泡柿子、泡橄榄、茶果、油鸡枞等；有些则是以当地的特殊方法制作的，如酸豆、酒制腌肉、风干野味等。

### 七、住屋形式

（一）村寨

彝族村寨大多坐落在地势较为平缓的山坡或山间平台上。除诺苏、里泼支系居住较分散外，村落规模的大小，视地理条件而定，大理、祥云、弥渡、南涧、宾川、巍山、洱源、永平等市县的腊罗支系大多数村子比较集中，有的在 100～200 户，一般在 10～30 户，只要地理条件允许，喜欢聚族而居，单家独户较少。村寨内住宅的排列方式，依地形自然分布的居多。地形条件许可的村寨，也可见较为规则的排列，如宾川海稍、祥云香么所、大理后山、巍山有矢村、洱源松鹤等村的房屋就很规则地排列为"上一栏、下一栏、中间一条街"的形式。

（二）住房

腊罗支系聚居区住宅院落格局视地形条件及经济能力而定，有"一院两对面""三坊一照壁""一大一小""一正一耳"等布局形式。不论何种布局形式，均有围墙、大门，有的还有侧门。传统上，"腊罗""里泼"支系多住土木结构的茅草房或"厦片房"，罗鲁泼较多住平顶的土掌房，诺苏、白依、聂苏支系多住"垛木房"。"厦片"是以松木片当瓦用，"垛木房"则是以圆木或方木交错叠置成墙体的房屋，其屋顶有的盖草，也有的盖厦片。在脱贫攻坚过程中，彝族地区实施了异地搬迁和垛木房、茅草房改造等安居工程，特别是聂苏、诺苏、白依、里泼支系聚居区盖起了土木结构的瓦房，有些地方还出现了砖混、钢混等新型建筑，有的农家建有沼气池，安装了太阳能热水器、卫星地面接收站等，居住环境不断改善。

不论是茅草房、垛木房、厦片房，还是瓦房，虽然各有布局，但都有一间主房，称为"正房"。正房一般分为三格，居中一格称"堂屋"。腊罗支系在堂屋后檐墙正中供奉"家堂"香火，用朱红纸写成供奉的牌位，居中为"天地君亲师"位，左侧为"灶君"位，右侧为祖先位。堂屋的功能类似于现代住宅中的客厅。正房的左侧一格，一般为家庭中辈分最高者所居；旧时，彝家人视之为家庭的象征的火塘，即设置于此格内。火塘有简、繁之别，简易者，就地起火，置一铁三脚；常见者，筑一土台，铁三脚置土台上，讲究者，用木架盛土，铁三脚置其上。火塘上空悬挂一块篾笆，称"炕笆"，一方面用以存放火柴、茶叶之类防潮物品，另一方面也可充分利用火塘热能，将一些需要及时烘烤的小物品进行烘烤。也有的家庭堂屋和左侧一格不分隔，连为通间，但其作用区分有序，不能混淆。

## 八、传统节日

彝族除春节、清明节、中元节、中秋节等与汉族基本类似的节日外，传统节日主要有三个。

（一）火把节

农历的六月二十四日或二十五日，是各地彝族的盛大节日——火把节。关于火把节的来历，较为流行的说法有两种：第一种说法是，在遥远的古代，彝族的先民们受到另一个部落的攻击。面对强敌，首领处变不惊，想出了退敌之策。他令部下在山顶上烧起熊熊篝火，所有人手持火把，牵着战马，顺山围着篝火不停地转圈，边转边舞刀耍火把，同时高声歌唱，山下的追兵看到山头上火光冲天，打着火把的兵马过了一队又一队，本以为应该是胆战心惊的敌方竟又唱又跳，既弄不清虚实，又怕援兵赶到遭夹击，只好连夜退兵。首领又令部下趁对方退却之机发起攻击，此时闻讯前来的援兵也恰好赶到，齐心合力，彻底击败敌方。这一天恰好是农历的六月二十四日。战争结束后，首领为纪念这一次的脱险得胜，便把这一天定为节日，并命名为火把节。另一种传说是，远古的彝族先民们，不会养牲畜，不会种庄稼，不会使用火，更不会唱歌跳舞，以野果野菜充饥，还随时遭受猛兽攻击，毒虫叮咬。天神"阿巴嘎几嘎迭"看到这种情形后于心不忍，便下凡来帮助人们，教人们养畜种庄稼，用火驱赶毒虫猛兽和烤熟食物，还教人们唱歌跳舞取乐。教会人们生产生活技能后，他便回到了天上。为了纪念这位天神，人们便把他下凡的日子定为节日，每年的这一天加以祭献，举行各种活动。

（二）二月八节

农历二月初八日为"二月八节"，巍山、大理、弥渡等地的彝语称之为"密枯节"。漾濞腊罗支系在"二月八节"这一天，有的女青年要到山上采青（花或草），归途中还要在一个固定的地方插下一束青叶，因此有的地方名字就叫"插叶子（处）"。一些地方的彝族，在这一天祭献"阿玉别"（生育神）神，用通草芯（一称大灯芯草）编成圆形，供奉在屋角墙壁上。二月八节的特色食品是煮食宰年猪时留好的猪头、心、肺，有的用桃花和米粉面煎粑粑吃。巍山、弥渡、南涧彝族地区二月八节前一天要用栅栏封堵各路。据说"密枯（主司六畜的神）"长相丑陋，不愿被外人看见，过节当天不许外人进村。按家族轮流坐庄，一家主办一年，杀猪、鸡祭密枯，"打拼伙"。

（三）娃娃节

娃娃节的时间是农历三月初三日，为"诺苏"支系独有之节日。在节日当天，全寨彝胞将孩童集中到一家，各凑米、肉"打拼伙"。饭后到各家向老人问安，尔后踏青游春。

诺苏支系和祥云罗鲁泼支系还保留彝族传统的太阳历"十月年"，节日时间在公历 10～11 月间，届时杀猪、羊或牛祭祖。

## 九、娱乐活动

（一）彝族打歌

大理彝族舞蹈式样繁多，最具代表性的是浑厚古朴的具有群众自娱性的集体舞蹈"打歌"，也称"踏歌"。打歌以弥渡、南涧、巍山、漾濞及其他彝族聚居区为主，彝族同胞每逢婚丧、建房、庙会、节庆都会举行打歌活动。打歌

是彝族人民喜爱的一种娱乐活动，是彝族先民流传下来的传统文化，也是彝族人民共享其乐的音乐舞蹈，彝族的不同支系都有打歌这一古老的娱乐形式。

彝族打歌，一直在传承，历史悠久。彝族打歌，具有鲜明的民族特色，能反映出彝族人民奔放、明朗、乐观、好客的性格，以及健康生活的情调，因此长盛不衰。

（二）民间体育活动

彝族民间体育活动项目很多，常见的有摔跤、拔腰、扳手劲、顶头、扭扁担、打陀螺、赛马、射箭、打秋千、打磨秋等。其中最具特色的是赛马和磨秋。

每当一年一度的春节来临之际，居住在澜沧江、漾濞江流域的彝族腊罗支系的青年都要开展一种传统的、别开生面的体育活动——打磨秋。赛马是彝族一项传统体育活动，尤以诺苏支系为擅长，剑川、洱源、云龙各县的诺苏支系，村村有跑马场，不分男女老幼，技术超强。他们多次参加三月街民族节赛马，并代表州赴省、国家参加民族传统运动会，为全州争光。

南涧、巍山、弥渡一带彝族腊罗支系则在正月初九打秋千，秋千架有的地方长久竖立，有些地方则家族间轮流坐庄负责竖立秋千架。

巍山、南涧彝族地区还普遍喜好打陀骡比赛。

## 第三节　大理彝族民俗文化的传承与保护

一个民族的民俗文化的产生和变迁与民族融合、战争、迁徙和自然灾害等息息相关。

### 一、大理彝族民俗文化受地方文化的影响

民俗是民族生存发展过程中的重要文化现象，是一个时代民族精神和社会生活面貌的直接反映，是民族文化的不可缺少的重要组成部分，具有民族性、地方性、集体性、约束性等特点。大理彝族在各项社会活动中形成了独具特色的民俗行为和民俗艺术，其中以文化和风俗作为主体，内容十分丰富庞杂。

### 二、大理彝族民俗文化的发展现状

由于大理彝族民俗在发展过程中发生了较大的变化，而且在社会变迁过程中，乡风民俗所依存的基础也发生了变化，这就导致大量民俗文化在历史发展过程中逐渐消亡，具体发展现状大致可以归纳为以下几个方面。

（一）同质化严重

彝族大多分布在相对偏远的地区，与外界交流较少，传统的习俗文化可以得到很好的保留，但是随着大理民族风情旅游资源的大力开发，许多具有本民族特点的传统民俗文化在多种因素的作用下逐渐消失，被别的民族和地区的文化所取代，同质化严重。

（二）商品化的过度开发

各地彝族的传统民俗文化独具特色，在旅游开发中成为一项重要内容。在巨大的商业利益推动下，民俗文化被当作一种旅游资源过度开发利用，并以此来向游客出售。这就使民俗文化变成了一种商品，失去了原本的意义，也在一定程度上制约了民俗文化的发展。

（三）民俗文化的庸俗化

民俗文化作为一种旅游资源，在具体开发过程中，为了存在能够更好地迎合游客的需要，不仅宣传中存在一些夸大现象，而且表现形式存在简单和生搬硬套的情况，无法将民俗文化的淳朴性和民族性有效地表现出来，导致民俗文化变味。

（四）传承工作出现断层

彝族民俗文化作为旅游开发资源，在具体开发过程中存在生搬硬套的情况，加之在旅游开发过程中，许多世居民族的易地搬迁，导致民俗文化的原生土壤受到破坏，民俗文化的传承与保护面临严峻的形势。

（五）民俗文化认同感的弱化

民俗文化的发展依赖于人们对该文化的认同，而在旅游开发的过程中，一些民众受外来文化的影响，加上受商品意识和市场观念的影响，使得民俗文化的认同感在不断弱化。

### 三、大理彝族民俗文化的传承与创新策略

（一）政府需要整合和协调各方力量，促进地方彝族优秀民俗文化的传承与发展

首先，针对彝族民俗文化发展的现状，政府需要加大对优秀民俗文化传承和发展的经费投入，通过提高传承人的待遇及改善民间艺人的传承环境，以此来激发全民对民俗文化的传承和保护意识。其次，重视组建人才队伍。民俗文化的传承创新离不开专业人员的指导，需要重视民俗文化专业人才队伍的建设工作，以此来为民俗文化的传承创新提供智力支持。再次，加大对传统村落的保护力度。传统村落作为民俗文化根植的土壤，一旦传统村落消失，不仅大量农耕文明的物质见证将会泯灭，而且大量优秀的民俗文化也会随之消亡。因此

当前政府部门需要加大对传统村落的抢救力度，为民俗文化的传承创新提供肥沃的土壤。最后，要充分发挥优秀民俗文化的教育功能。政府要督促各级图书馆、文化馆、博物馆、科技馆等公共文化机构积极开展对民俗文化的传播和展示。教育部门和各级各类学校要逐步将优秀的、体现民族精神与民间特色的民俗文化内容编入有关教材，开展教学活动。

（二）传承人要坚守文化传承理念，不断进行创新

彝族民俗文化与彝族人民生活息息相关，最宝贵的就是活态。其传承应以传承人为核心，以持续传承为重点，特别是作为民俗文化传承的重要主体民间艺人，要以自己的思考和体验赋予民俗文化新生命，把厚重文化内蕴与现代理念有机融合，产生既有传统文化内涵，又融入现代人文元素的艺术精品，从而既解决生存的物质基础问题，又推动民俗文化的传承与发展。

（三）做好对民俗文化的合理开发

民俗文化的生成和传承带有明显的分散性、自发性和民间性的特征，如进行适度地商业化开发，把蕴藏在民俗文化中的智慧和文化资源进行挖掘和整合出来，依靠民俗文化的自身价值从而获得持久性的传承。民俗文化越是与时代同步，有鲜明的时代感，具有当代民众日常所需的实用性、审美性和本位性，其生命力就越强。

（四）民间社团要积极主动参与民俗文化的保护和传承

彝族民俗文化作为彝族的宝贵财富，全体公民都具有传承和弘扬民俗文化的义务。在当前民俗文化保护和传承过程中，民间社团组织需要发挥其积极作用，致力于民族文化的传承，以保护和传承优秀民俗文化作为己任，以此来促进我国文化的发展和繁荣。

# 第四章　大理回族民俗文化

## 第一节　大理回族概况

回族，自称"回回"，以 13 世纪迁入的中亚各族人、波斯人和阿拉伯人为主，包括 7 世纪以来侨居东南沿海商埠的阿拉伯和波斯商人后裔在内，在长期发展中吸收汉族、蒙古族、维吾尔族等成分逐渐形成。其先民在唐宋时被称为"蕃客"，元明以来称"回回"。

1253 年，元世祖忽必烈率蒙古军、西域"回回"军 10 万人攻占大理，大批"回回"人就开始进入大理。1274 年，云南行省平章政事赛典赤·瞻思丁及其子纳速拉丁等"回回"官吏及将士来滇进行屯戍，其部属及后裔也随之落籍于滇西。此后，大批"回回"军人多次征缅，屯垦滇西。明洪武十四年（1381 年），朱元璋任命傅友德为征南将军，蓝玉、沐英为副将军，率 30 万大军征讨尚处于元朝梁王统治下的云南。平定云南后，随其入滇的大批江南回族定居云南，云南回族人口迅速增加，回族分布的地域更趋广大。在大理地区的回族主要分布在巍山彝族回族自治县的永建镇、大仓镇，永平县的博南镇，大理市的凤仪镇、喜洲镇，洱源县的右所镇，弥渡县的红岩镇，漾濞县的苍山西镇。

## 第二节　大理回族传统民俗

### 一、经济生活

回族是一个善于经商的民族，而各种文化的结合部都是开展商业贸易的理想空间，回族多聚居在城镇及交通沿线一带，有利于从事商业贸易、手工业和远途贩运。居住在农村的回族以农业为主，兼营工商业；居住在城镇的回族以经营工商业为主。早在元初，入滇的大批"回回"军士就已开始在驻防地区进行军事屯垦，但是由于从事屯垦的"转业军人"们完全不熟悉锄头和镰刀，特别是云南的稻谷耕作技艺对于这些回民来说尤其陌生，所以入滇回族先民最终找到了一条最适合自己生存的经济生活方式，即半农半商、亦工亦农、工商兼顾。

元代回民的经济特征基本定型之后，到了明代又有了进一步的发展。明代云南回民手工业发展引人注目，他们大都分布在滇中、滇西、滇南一带。明代，瓷器中有"回青"，为云南回民所特制，其特点是在这种瓷器之上制作上阿拉伯文字和几何图案。同时，云南回民中专业、半专业性质从事贩运的马帮开始不断增多。内地商贾如欲进入越南、老挝、缅甸贸易，多委托回民马帮转运；省内商贩辗转各州县之间，也普遍雇用回民马帮。当时，云南商道主要有六条：一是昆明至贵州威宁驿路；二是昆明到广西田州驿路；三是昆明经丽江进入西藏驿路；四是昆明到四川的宁远府驿路；五是昆明到师宗再至南宁府驿路；六是大理至保山、腾冲出缅甸驿路。可以说，在当时云南商贸的主要通道上回民马帮起到举足轻重的作用。清代回民起义领袖杜文秀在谈及此事时说："明代回回眼观四方，手操百业，善赶马贩运，大理至八莫、进罗、欣都，贵州至昆明，昆明至百色，昆明至成都，昆明至大理，大理上西藏诸路通达。常年赶马家有盈余者卖田地购骡马以骡班。故有小曲唱道：'卖田赶马田走路，大铃一响田上坡'。"可见当时在大理地区的回族马帮运输业的繁荣。

大理回族在长期的历史发展进程中，同各民族一道，开发边疆，建设云南，保卫祖国，对云南和祖国的政治、经济、文化发展做出了巨大贡献。

### 二、日常礼仪

伊斯兰教在回族的形成和发展中始终起着不可忽视的作用，在回族形成后，各地回族一直延续着这一信仰。回族的礼仪习俗包括人生仪礼和生活礼节两大部分。人生仪礼，主要是指从生到死之间的若干重大阶段的礼仪。如中国回族自形成以来主要有诞生礼、命名礼、满月礼、百日礼、抓周礼、割礼、婚礼、丧礼等。生活礼节主要是见面礼、待客礼等。

回族把出生视为一种大礼，现在仍保留着许多传统的风俗习惯。在孕育期，通常称妇女有孕为"有喜"。回族认为，孩子出生后，谁先进入产房，孩子的气质、性质就像谁。这是回族人民一种美好的祝愿和希冀。

接生婆接完小孩以后，主人要给她红包，有的还给买一件衣服。在孩子出生三天的时候，回族叫"三洗"，也叫"洗三"，要用热水洗掉孩子身上的污垢。孩子满月后，还要举行满月礼，也叫贺满月。孩子到了一百天，有的还举行"百日礼"，回族也叫"赶百路子"，祝福孩子一生中走宽阔的道路，奔远大的前程。

　　回族在婴儿诞生的当天或三天之内，必须请一位阿訇给婴儿举行命名礼，即起经命。命名礼首先由家庭主人把孩子抱到门槛里边，阿訇站在门口或门槛外边，先对着小孩的右耳低念"班克"，即在清真寺宣礼塔上召唤教民上寺礼拜的宣礼词。再对着小孩的左耳念"杀麦体"，即教民汇聚到清真寺后准备礼拜的招呼词。

　　如果是男孩便在左耳里慢慢吹一口气或轻轻咬一下，如果是女孩则在右耳朵里吹一口气。回族除以伊斯兰教经典上的圣贤人的名字命名外，有的还以婴儿的生日命名。有的以次序或排行命名，有的以动物命名，还有的根据祖父母的年龄、数字命名。

　　抓周礼也叫岁礼，回族俗称抓岁，这是回族当中较为普遍的一种礼仪。举行抓岁礼时，主人要放一个大红桌子，桌子上喜欢摆上钢笔、毛笔、笔记本、《古兰经》和用纸制作的小飞机、小轮船、刀、剑及其他玩具等，由母亲或父亲把小孩抱到桌子前，让小孩任意抓。

　　回族无论男女老少，他们见面相互问候时，通用一种祝安词，也叫见面语。这一礼俗文化源于阿拉伯。这种祝安词原带有宗教色彩，但经长期沿用，回族群众已经把它看成是正常的祝安问候语，相当于汉语的"您好"和"您也好"。回族在相互说"色俩目"时，同时还握手。有些地方的回族在致"色俩目"时，右手置抚胸前，腰微微前躬，表示从内心敬重对方，衷心地祝愿。

### 三、文化艺术

　　宗教音乐是信徒们对其所信仰宗教的一种赞颂，不需要传统的演奏乐器，只需要在朗诵经文时以特殊的读法和音调进行表达，从而形成了一个特殊的音乐体系，回族人民基本上都是伊斯兰教徒，所以回族文化中宗教音乐是其重要内容。

　　如今我们听到的具有异国韵味的伊斯兰音乐，多流行于回族较集中的地区，而且与这些地区穆斯林的宗教及民俗活动分不开。回民们经常以极为丰富多彩的歌唱性音调来吟咏《古兰经》和赞颂真主。在这些诵经音调中，除继承了伊斯兰音乐传统外，还在某些方面结合了中国回族的习俗而有所创造和发展，曲调因教派、地区不同而有所不同。

　　有些传入的伊斯兰宗教音调也因语言和审美习惯不同而中国化或地方化了。中国回族伊斯兰宗教音乐是中亚、西亚伊斯兰音乐与回族民间音乐相融合的产物，是同源异流的关系，同时具有较多的中国化音乐特色。

　　回族受伊斯兰音乐影响较深，这和回族的本源和宗教信仰有关。相当一部分的回族男子从小诵读《古兰经》和赞主诗词，他们的启蒙教育是从阿文和经

文开始的。唱念经常伴随着各种宗教和民俗仪式。

阿訇根据伊斯兰音调教唱、领唱，穆民们跟着大声唱诵。但由于受生活习俗、方言声韵、演唱习惯的限制，便很自然地把他们所熟悉的地方音调糅了进去。所以他们的唱诵音乐，既保留了伊斯兰音调中的原汁原味，又注入了新的地方性音素和回族民间音乐成分，形成了以伊斯兰音乐为主调的音乐变体。

伊斯兰音乐是伊斯兰经典赞词诵读乐调。在吟诵《古兰经》和各种赞词时一般没有乐器伴奏，其音调抑扬顿挫、纯朴清雅。它的主要内容是"唤拜词"，这是宜礼员在每日五次礼拜前，召唤大家礼拜时吟诵的。吟诵《古兰经》，早期的诵读者只是带有简单的曲调朗读。在发展中，朗诵越来越接近歌唱，出现了曲调的起伏和乐律的渲染，并渗入了阿拉伯音乐的音调。唱诵者没有标准的文字乐谱，全靠口授心传。赞词由简单的音调连串在一起，对比唤拜词、《古兰经》吟诵的旋律，更为丰实、活跃和富于音乐感。

回族民间工艺源于伊斯兰文化艺术，它具有回族的民族传统及特点，每个民族都有着自己独特的民族文化，而回族的民族文化反映了回族人民探索、追求完美生活的理想。

回族人民由于受伊斯兰艺术的影响，早在唐宋时期，从阿拉伯、波斯来中国经商、传教的穆斯林不仅带来了阿拉伯、波斯等地的琉璃、牙雕等精美的工艺品，还带来了伊斯兰艺术。在大理民间已有回族人制作的陶瓷花瓶、盘碟、玻璃画、箱框画、香炉、盖碗、地毯、刺绣、纺织以及回族房屋建筑的砖雕、木雕等等。回族的工艺美术源于伊斯兰文化艺术，具有本民族的传统和特点，表达了回族人民对艺术的感受和思想，反映了回族人民探索、追求完美艺术境界的理想、观念和方法。

### 四、传统服饰

回族服饰有鲜明的民族特色，在大理地区回族聚居区中，回族群众依然保持着中亚人的传统穿衣打扮。最显著的特征便是回族特点的穆斯林服饰——男子多带小白帽，女子带各种花色的头巾。

因伊斯兰教崇尚白色，因此回族视白色为最洁净、最喜悦的颜色。回族男子戴的无檐小白帽，亦称"回回帽"或"礼拜帽"，是一种以白色、黑色为主的无檐小圆帽。回族在礼拜磕头时，前额和鼻尖必须着地，戴无檐帽行动更为方便，遂发展成为一种民族文化和服饰习俗。"回回帽"从颜色上看，通常有白、灰、蓝、绿、红、黑等颜色，有的是纯色，也有很多带伊斯兰风格花边或图案、文字的，可根据季节和场合的不同选择。一般春夏秋季戴白色帽最多，冬季戴灰色或黑色。最寻常的还是以白色为寻常帽式，结婚的新郎多戴红色帽子，以示喜庆。

"回回帽"一般用的确良、涤卡、棉布等布料制作，也有用白棉线钩制的。黑色是用的多为平绒、棉粘毛毡、花达呢等材料，用毛线钩织也可。此外还有用牛羊皮革制作的帽子也很受人欢迎。

除了白帽外，有的回族群众不戴帽子，而用白毛巾或白布裹头。清真寺里的阿訇、满拉和笃信宗教的回族老人也喜爱戴缠头。

回族妇女的衣着打扮也很讲究。一般都头戴白色圆撮口帽，搭盖头。戴盖头的习俗，源于阿拉伯国家，受伊斯兰教的影响。在阿拉伯地区，风沙很大，水源缺乏，为了防风沙，讲卫生，妇女们自己缝制了能遮面护发的头巾。久而久之，逐步形成了回族妇女戴盖头的习俗。盖头通常有绿、青、白三种颜色。一般少女戴绿色的，嵌金边，上绣素雅花草图案；已婚妇女戴黑色的，只披到肩头；上了年纪的老年妇女戴白色的，披到背心处。戴绿盖头显得清俊娇丽；戴黑色盖头显得素雅端正。戴白盖头显得干净持重；回族妇女的"盖头"，讲究精美，大都选用丝、绸、乔其纱、的确良等高中档细料制作。回族妇女还喜欢在盖头上嵌金边，绣风格素雅的花草图案，看上去清新、秀丽、明快、悦目。如今随着时代的发展，有些青年回族女性的盖头也有了一些样式、色彩的变化，显得更加活泼和大方。

### 五、传统婚俗

回族传统的婚礼仪式中，必须请清真寺阿訇证婚，用阿拉伯文写证婚词。在中华人民共和国成立以前，回族婚礼不放鞭炮，不贴红喜字，不吹唢呐，也不用烟酒宴客。从订婚到结婚，他们都有一套既定的习俗礼仪。

随着社会的发展，男女自由恋爱的当下，回族依然保留着他们请媒人说媒的礼俗。不论男女双方是自由恋爱还是相亲认识都无一例外地要请媒人去女方家里说媒。媒人一般是两人，分别代表男方女方。由媒人带着男方准备的四色礼（茶叶、糖果、核桃和枣）去女方家提亲，交代男方的基本情况，女方接受四色礼。女方若是觉得合适了，就请己方的媒人带着回礼去男方家回话，俗称换手礼，好比古时候的定情信物。女方若是不回礼，则表示在考虑当中。女方若是不同意则要还回男方媒人送来的四色礼。

订婚是男方要拿聘礼和聘金（古兰经里把聘金称作"麦哈尔"）给女方家里。送聘礼的当天，男女方家里都要设小宴招待叔伯姑舅姨等近亲的亲属，还要过"尔麦里"。"尔麦里"是一种宗教仪式，要请阿訇或较有威望的伊斯兰教信徒诵读《古兰经》有关章节，其余人则要认真聆听，意为平安顺利。"尔麦里"过后，男女双方家人一起赴宴，商定结婚的大致日期。

送大礼是具体的结婚日期确定下来以后，男方要给女方送为她购置的化妆品、饰品、衣物等。男方还要给女方的近亲（叔伯姑舅姨）准备四色礼，给女方的长辈说"色俩目"，感谢他们把女儿嫁给自己。

娶亲是在婚礼的当天早晨。新郎在清晨去女方家里，请阿訇给新郎新娘念"尼卡哈"，房屋正中放四方桌，上席坐阿訇，左边坐男方父母，右边坐女方父母，阿訇正对的座位上新郎新娘跪着听阿訇的教诲，阿訇诵读《古兰经》中的有关片段，大意为两人应担负起作为夫妻的责任和义务等。

男方来迎亲的时候要为女方父母再拿一份四色礼，还要为新娘的母亲准备"谢娘衣"。接亲的车不可去得太早，大概在新娘家宴进展到一多半的时候才可以去，但需要在中午之前把新娘迎娶回家。新郎迎亲车队返回时，不可以走来时的路，意为不走回头路。闹洞房结束后，新郎要给新娘一个红包，表示夫妻恩爱同甘共苦。

婚礼后三天，新郎要准备礼品陪同新娘回门，看望岳父母及亲戚，男方的父母也要一同前往，意为亲家相认。岳父母家也要事先准备好，款待亲家及女婿。婚礼后七天，新娘的父母要带着礼品去看女儿，回礼。

回族青年男女结婚一般都选择星期五为婚期，因为这一天在回族的习惯中认为是吉利的日子。同时，回族规定斋月期间不得举行婚礼。

### 六、饮食习俗

回族的饮食丰富多彩，特别是在调料的运用上，具有鲜明的民族特色。回族的饮食结构是主副结构搭配。主食以面食为主，辅以玉米、豆类等杂粮；副食以牛、羊、鸡肉为主，辅之以禽蛋、蔬菜和干鲜调味品等。油脂是植物油类和牛羊油（脂）。日常饮食的一些特点是喜食面食且花样较多；喜食牛羊肉，肉类食物偏多；对甜食也有所偏爱。

伊斯兰教教义规定的禁食食物，回族是坚决不饮不食的。

回民最喜爱的传统饮料是茶。茶既是回族的日常饮料，又是设席待客最珍贵的饮料。回族人还把盖碗茶作为待客的佳品，每逢古尔邦节、开斋节或举行婚礼等喜庆活动，或者家里来了客人时，热情的主人都会给客人递上一盅盖碗茶，端上馓子、干果等。如果家里来的客人较多，主人会根据客人的年龄、辈分和身份，分出主次，先把茶奉送给主客。

喝盖碗茶时，不能拿掉上面的盖子，也不能用嘴吹漂在上面的茶叶，而是左手拿起茶碗托盘，右手拿起盖子，轻轻地"刮"几下，其作用一是刮去浮起的茶叶等物，二是促使冰糖融解。刮盖子很有些讲究，一刮甜，二刮香，三刮茶露变清汤。每刮一次后，将茶盖呈倾斜状，用嘴吸着喝，不能端起茶盅接连吞饮，也不能对着茶碗喘气饮吮，要一口一口地慢慢饮。主人敬茶时，客人一般不要客气，更不能将端上来的茶一口不饮，那样会被认为是对主人不礼貌、不尊重的表现。

大理地区回族的饮食在保持传统清真饮食的基础上，较多地、有选择地融入了其他民族的饮食文化，从而使回族饮食具有显著的"兼容性""丰富性"特点，显示着勃勃生机，焕发着独特魅力。

### 七、住屋形式

回族建筑是回族文化的重要组成部分，具有鲜明的民族特点和地方特色。

大理回族房子的造型有土木结构平房、前后两坡砖瓦房、前坡砖瓦房、二层楼房等。

回族建筑采用的符号是"拱"。"拱"是从伊斯兰建筑的新月、穹顶、门窗造型中提炼演变而来的。"拱"作为建筑符号，虽然不是回族建筑所独有的，但却是回族建筑普遍具备的一个特征。传统回族建筑常用的"拱"的形式有弧形拱、半圆拱、三心拱、"S"形尖拱、等边尖拱、马蹄拱、复叶形拱等。

回民盖房动工之日，一般都选择主麻等吉祥的日子，有的还要干"尔埋里"，然后才动工。在支梁之日，回民要请阿訇用红纸写一段《古兰经》的经文贴在大梁上，房子盖成后也不轻易去掉，以求吉祥。

大理地区的回族有90%以上的居住在城镇及平坝地区，少部分居住在山区。几百年来，回族始终保持着自己的民族文化特性，其建筑也一直保持着传统的四合院样式。其民居庭院布局呈封闭式内向性，善于利用建筑空间，使房屋各部分既连接又延伸，相互渗透和呼应，庭院空间具有围而不死、封而不闭的特点，清洁卫生和环境优美是回族民居的共同特点。

### 八、传统节日

回族传统节日具有交流学习、贸易等文化特点。回族在节日期间，一般以清真寺为中心，在会礼前后，他们会从四面八方汇集在一起相互交流感情，畅叙情怀。近些年，随着商品经济的发展，回族同胞还通过节日互相交流经济信息等。古尔邦节、开斋节、圣纪节是回族三个重要节日。

"古尔邦"，阿拉伯语音译"尔德·古尔邦"，意为"牺牲""献身"，故亦称"宰牲节""忠孝节"。古尔邦节源于《古兰经》和"圣训"里的故事。

开斋节，是阿拉伯语"尔代·菲吐尔"的意译。按伊斯兰教规定，回历每年九月为斋月。斋月期间，穆斯林只许在每天日出前和日落后进餐。穆斯林白天戒绝饮食。斋月的开始和结束，均以见新月为准。斋月有时二十九天，有时

三十天。于伊斯兰教教历的十月初开斋，故称开斋节。

圣纪节，是纪念伊斯兰教先知穆罕默德的诞辰和逝世的纪念日，又称"茂鲁德节"。节日这天首先到清真寺诵经、赞圣、讲述穆罕默德的生平事迹，节日活动多由清真寺主持，届时要穿戴整齐，到清真寺沐浴、更衣、礼拜、听经。之后，自愿捐赠粮、油、肉和钱物，并邀约若干人具体负责磨面、采购东西、炸油香、煮肉、做菜，进行会餐等，勤杂活都是回族群众自愿来干的。他们把圣纪节这一天义务劳动视为是行善做好事，因此，争先恐后，不亦乐乎。

除了上面三个重要节日，回族还有阿术拉日、登宵节、白拉台节、盖尔德节、法图麦节、亡人节。

法图麦节，又称作"女圣纪""法蒂玛节"。法图麦节在每年的斋月十四，即伊斯兰教历九月十四日。

亡人节，又称"舍希德节"。清代咸丰、同治年间，为了反抗清统治者的民族压迫和宗教歧视，西南和西北地区先后爆发了各族穆斯林的武装起义，结果遭到清军的残酷镇压。1872年清军集重兵猛攻大理城，杜文秀为拯救军民率先献身就义。城陷后，清军纵兵屠城，血洗了城内外回族军民。为了纪念清末杜文秀起义失败，城破之后惨遭清军屠戮的回族先民，每年以农历十二月十一为"亡人纪念日"。亡人节当天，回族人民要集体到清真寺诵念《古兰经》、祈祷、游坟、施舍财物，并讲述殉难者的英勇事迹，悼念殉难者，祈祷安拉赐他们以"舍希德"的荣誉，永享天国幸福。比如在大理市银桥镇鹤阳村，就设有回民万人冢、回民抗清起义殉难碑。每年的亡人节，都会举行纪念活动，讲解这个活动的目的和意义，告诫大家珍惜眼前的幸福生活，要民族团结，热爱国家。

# 第五章　大理傈僳族民俗文化

## 第一节　大理傈僳族概况

　　"与云南众多少数民族一样，傈僳族也是优秀的猎人，小小男孩就挎起弓箭，手上还提着各色各样的猎物，他们是群温和的丛林人……"这是美国国家地理学会探险队的约瑟夫·洛克于 1926 年对金沙江、澜沧江和怒江考察时，在其文章《神奇的原始山谷》中对傈僳族人民的描写。目前，国内傈僳族主要聚居在云南省怒江傈僳族自治州，其余分布在云南的丽江、迪庆、大理、保山、德宏、楚雄、临沧、普洱等州、市，四川省少数县市也有分布。

　　傈僳族是大理州 13 个世居少数民族之一，分布呈分散状态。云龙县则是大理州傈僳族文化积淀最深、人口最多的地区，主要居住在苗尾乡、检槽乡、白石镇；宾川县，主要居住在钟英乡、大营镇；鹤庆县，主要居住在黄坪镇、西邑镇、松桂镇、草海镇；永平县，主要居住在北斗乡、龙街镇；祥云县，主要居住在东山乡等地。其他县市均有少量傈僳族人口分布。

　　傈僳族是一个历史悠久的民族，远古时代属氐羌部落，1～3 世纪，傈僳族先民生活在今四川雅砻江和川滇交界金沙江两岸的广大地区。唐代樊绰《蛮书》称"栗粟两姓蛮"，是史籍中第一次出现傈僳族的族称。唐代，傈僳族处于"居山林，无室屋，无事产业，常带药箭弓弩，猎取禽兽，其妇人则掘取草木之根以给日食；岁输官者，唯皮张尔"的狩猎采集的原始生活阶段。15 世纪以后，傈僳族人民不堪战乱和兵丁劳役之苦，在氏族首领括木必的率领下，于16 世纪中叶离开金沙江进入兰坪，随后往西南迁徙到怒江沿岸（今怒江州、保山、迪庆等地），其中一部分落籍于云龙县澜沧江两岸苗尾乡的表村、科立、早阳、茂盛、松坪、天灯等地。云龙县苗尾乡茂盛村上松坪自然村如今仍是典型的傈僳族村落，全村傈僳族占全村人口 90% 以上。鹤庆县、宾川、祥云县等地的傈僳族则大约在明末清初从丽江永胜等地迁徙而来。

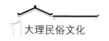

## 第二节 大理傈僳族传统民俗

### 一、经济生活

1. 农业生产

在过去漫长的历史发展进程中，由于自然条件恶劣、对外交流困难，加之受民族、阶级压迫，傈僳族农业生产仍处于铁器与竹木农具并用水平，耕作技术落后，没有严格的节令和历法，农作物产量很低。傈僳族地区的主要农作物有玉米、荞麦、籼米、旱谷、小麦、大麦、豆类及少量水稻，居住在半山和高山地带的，还播种青稞或燕麦。经济作物有火麻、兰花烟等，如云龙县苗尾乡天灯村的晾晒烟在当地小有名气，曾经一度作为卷烟厂的配料烟。傈僳族人民积累了丰富的生产生活经验，总结出了许多生产生活规律，形成了各种独具特色的农谚，如：业冉普布可波哇（山雀欢叫春来到），布谷们啦咱登海（布谷鸟叫栽种粮），色卓允仕刮夸尼（鸡嗉子花红撒荞子），贡中全仕咱耍隔（山上树叶红了要收粮），你色啦哇唯尚行（霜雪铺地催猪月）。

2. 采集、狩猎、捕鱼

历史上，由于居住地区自然条件恶劣，粮食产量低，傈僳族群众必须依靠大自然，通过采集、狩猎、捕鱼等获取更多的食物来补充生活所需，采集、狩猎和捕鱼因此在傈僳人民经济中占有相当大的比重。大多数傈僳族同胞很擅长采集、狩猎和捕鱼。采集种类有野山药、菌类、竹叶菜、野竹笋、树头菜、葛根等。狩猎季节为每年8～12月，狩猎工具有猎枪、弩箭、刀、木棒、绳扣等，猎取对象主要有各种走兽和多种飞禽。狩猎方式有集体围猎、单独出猎。集体围猎主要靠成群的猎狗撵、追、赶，猎人围堵，用大弩弓和铁头毒箭放射，或在箐沟、垭口上置长网，将野兽赶入网内。单独出猎主要采用置暗弩毒箭，设置陷阱、扣子，造栅关捕等猎术。有条件的傈僳族人民，每年从开春至9月都要从事捕鱼活动，捕鱼方法有竹竿钓捕、长绳钓捕、下扣钩捕、手网夹捕，河里采用细孔篾箩堵捞、鱼叉镖取、分河岔排水堵捞等。

狩猎理念深深融合于傈僳族民族精神之中，猎人成为他们敬仰之人。随着傈僳族地区经济发展，生产生活条件的改善，家庭收入增加，加之国家保护自然力度的加大，狩猎、捕鱼已渐渐淡出傈僳族人民的生产生活。

3. 家庭手工业

在历史上，傈僳族的原始经济特点很突出，小手工业和小商业虽已出现，但处于家庭手工业阶段，主要有麻布纺织，竹器、木器、石器加工，小农具加工等。纺织麻布是傈僳族妇女的主要手工业之一，一个心灵手巧的妇女，每天约可织 16.7 厘米宽的麻布 200 厘米，每年能织 100 米左右，可供 5 口之家穿用。织出的麻布还用于制作被单、麻布袋、麻布包、麻线渔网等。傈僳人民很擅长编织竹器和制作木器，在生产生活中普遍使用背箩、背篓、竹筛、篾溜索、竹筒、竹矛、竹箭、竹笛等竹器，以及木锄、木犁、木桶、木柜、木板、纺织工具、弩弓、刀匣、箭匣、独木舟等木器。20 世纪初，傈僳族中开始出现少数小铁匠，加工生产小铁锄、小条锄、砍刀、斧头等小铁农具和铸造小犁头。云龙县苗尾乡表村的傈僳族过去还进行手工造纸，主要生产祭祀用纸和食品包扎纸等。所生产的纸张在当地还很畅销，该地区的造纸技艺被列入大理州非物质文化遗产名录传统手工艺类。

### 二、日常礼仪

傈僳族人民有着世代相传并形成一定体系的道德传统和礼仪，用来调整人们相互间的关系，并成为全民族自觉遵守的行为规范，有效地促进全民族和地区的团结和谐。

傈僳族有尊老爱幼的传统美德，青年人对长辈说话要和气，声调要低，不能大声吼叫；长者坐的上方位不能随便去坐，向长者传烟递茶要用双手捧上，路遇老人要侧身让路。傈僳族有互帮互助的良好传统习俗，如遇婚丧娶嫁、修盖房屋都要互相帮助，从不计酬不讲价，对缺乏劳动力的老弱孤寡和穷困者家庭，村里人必须帮助代耕，所以傈僳族中没有乞丐，偷盗现象也很少。外出打猎获得猎物时，不论人多人少，见者都有一份。过傈僳年时，凡家境贫困而没有杀年猪的家人，全村家家户户都要向他们送去一块肉，或请吃一餐饭，共同欢度节日。出门上路如遇干粮匮乏，可以到同族家里借食，不论相识与否，都会受到主人的热情款待。傈僳族认为拒绝帮助别人，等于断绝别人对自己的帮助，那样自己也会孤立无援，尽显傈僳族人民朴素品质。

日常禁忌。月亮圆时不能下种，怕虫吃庄稼；七八月间不上山砍树，不织麻，怕触怒山神龙王而引起各种灾害；不能打死蜘蛛，相传蜘蛛教给人们织布技术。不准在高山湖边高声说话，更不能向湖里投掷石头、木棒，否则会激怒龙子龙孙而喷发大雨，引起山洪暴发；火塘上的三脚架不能用脚踩，或随便移动，否则会死人；到傈僳族家里做客，不能把脚放在火塘里的铁三脚架上，否则这种行为被认为是对火神不尊。傈僳村寨在进行原始祭祀时，未经允许不宜观看。在过去傈僳族的社会生活中，长刀、背板及狩猎工具占有重要地位，一般不准妇女摆弄，更不能跨越，以示尊严。

### 三、文学艺术

自古以来，傈僳族以高山为伍、与峡谷为伴，是一个能歌善舞的民族。无论在什么年代，在什么地方，傈僳族的歌和舞从来都没停止过。他们用勤劳和智慧创造了自己的语言文字，发展出独特丰富的文化艺术，形成了独具魅力的民族文化。傈僳族先民汪忍波创制的音节文字意蕴深刻，傈僳族歌舞粗犷豪放。

傈僳族民歌。傈僳族民歌无论是长歌大调，还是短歌小曲，都有自己独特的音乐旋律，有"摆时""优叶""木刮""知多吾"等；从性质可分为"阳调"和"阴调"两大类，每类又分为十二个调式，"阴阳"两大类共二十四调。阳调旋律欢快优美，曲调及句型格律有多种形式，可在访亲会友、谈情说爱、起房盖屋、节庆聚会时演唱，不分年龄辈分、男女性别，年长者往往席地而坐，围成一圈，年轻人则搂肩搭背，排成两行对唱。"摆时"，意即"放声唱出要说的话"，是一种"多声部无伴奏合唱音乐"。云龙县傈僳族"摆时"，如"知多吾"，意为"喝酒时的说唱词"，无论在田间休息、野外相逢、访亲会友，还是在过节、办喜事时，"摆时"都可以即兴演唱，一般是有两三个人起歌对歌后，围观的人们在歌声的感染下，自觉不自觉地向歌手围拢，肩搭肩转成一圈。"摆时"可以坐着演唱，更多的时候是站着演唱，演唱者右手握耳，左手搭在另一人肩上，一面对歌，一面随节奏来回摆动下肢，向顺时针方向缓缓行进。阴调曲调低沉、哀怨、委婉、深沉、感伤，多用来缅怀往事，演唱生死别离、悲欢离合的生活故事，多用于丧事。演唱时多是两人对唱，众人帮腔。如"木刮"，被称为"古歌""老人唱的歌"，傈僳语"木"是指老，"刮"意为理、律，指伦理、律法，多在严肃的集会场所对唱，由一个或两个老年歌手领唱，其余合唱，形成"一人领唱、众人合唱"的演唱形式。云龙县表村一带傈僳族丧葬仪式上亦多用此调式，称"诗术木刮"，音乐凄楚悲切，歌词哀婉动人。

傈僳族舞蹈。俗称打歌，傈僳族语称之为"瓜七七"。傈僳族舞蹈可分为两大类，一类是反映生产生活的舞蹈，如"栽秧舞""洗麻舞""猜拳舞""赶早饭舞"等；另一类是模拟禽兽形态的舞蹈，如"马踢脚""牛吃水""鸡打食""斑鸠捡荞子"等。傈僳族的舞蹈变化复杂，往往以足踏地为节，节奏感强，欢快跳跃，充分体现傈僳族质朴豪爽的民族性格。生活在云龙县苗尾乡早阳村的傈僳族，长期传承着原始古朴的舞蹈，他们将喜爱鸟兽、爱惜生灵的情结融入舞蹈中，如"斑鸠捡吃亏荞子"表现的是斑鸠在山地里找食的情景，在傈僳族四弦琴三拍子、四拍子配合的音乐声中，舞者围成大圆圈，逆时针方向轻快地跳跃转动，上身前俯后仰，有节奏地点头，做出斑鸠捡食的动作，时而前进、时而后退，舞蹈往往通宵达旦。宾川地区的傈僳族舞蹈种类丰富多彩，号称有 72 套跳法，有"嘎期城""赶街""三托""嘎卡唛""背荞子""日烟高""纺麻线"等，有些跳法已失传。近几年，大理州傈僳族舞蹈多次参加省州组织的演出活动，深受观众喜爱好评。傈僳族舞蹈被列入大理州非物质文化遗产名录传统舞蹈类。

### 四、传统服饰

傈僳族的服饰因地而异。云龙县的傈僳族妇女不穿长裙，不戴头饰，其服饰为上衣右衽，着长裤，腰间系一块围腰，用青布或黑布包头，显得十分朴素和雅致。宾川县的傈僳族或缠花布头巾，或以珊瑚、料珠串缝为帽。鹤庆县傈僳族妇女的服饰较为复杂，打套头，大多数时间穿自己用土布缝制的短衣、筒裙和大帕子，节日庆典时才穿长衣。傈僳族男子一般以黑布或蓝布为包头（称"屋特"），这是傈僳族男子的的基本头饰，一般用 1 丈 6 尺长的黑布盘绕头部，在右上额留有 5 寸长的布头，便于紧急情况时一拉就散，紧急情况下可作防身武器缠绕对方的刀棍，也可将包头拉散当被盖，捕获到猎物时可将包头拉散捆背猎物，攀崖上树时又可当绳索用。上身穿贴身对襟麻布短衫，外穿麻布长衫，上开大襟，无扣，无领；腰系线织布带，有的缀有海螺片、贝饰；下身着宽大麻布裤，长至膝下。傈僳族古时多以狩猎为生，成年男人都要左腰配长刀，左斜背"勒谢"，右腰挂一个用兽皮和竹子制成的箭筒，身背弩弓。傈僳族服饰具有区别身份级别、氏族图腾、表达观念信仰等文化符号功能。

过去，傈僳族衣物多为自织的麻布，颜色崇尚黑色，后逐步变换成各种鲜艳色彩的呢、绒、绸、缎、棉布、化纤布料，传统的民族服装除部分老人还保留外，平常都改穿流行款式。

### 五、传统婚俗

傈僳族婚俗至今还沿袭着一些古老的传统习俗，但也渐渐发生着改变。

傈僳族青年男女在婚前享有社交自由，一个村寨的男女，凡年满十岁至婚前，就要分别寄宿于寡妇、鳏夫家或富裕人家的空闲房屋里，或夜宿于父母专为他们在自家房前屋后建造的单间房（傈僳语称"核隔多亥"）中，两三人一床，四五人或六七人同室，邻近村寨的未婚男青年经常相约在夜间到女青年的"核隔多亥"串玩。傈僳族能歌善舞，子女从五六岁起，父母就教他们学唱山歌情调。逢年过节时的"阔时嘎邓"（傈僳语意为年节玩乐地）、秋千架周围，或逢婚丧、修建房屋时，男女共处对歌、跳舞，为未婚青年男女自由恋爱、选择对象提供条件。

男女相爱后，双方愿意结合了，就互赠信物，并由男方请媒人到女方家中说亲，女方父母同意并征得舅舅同意后，方可商议彩礼数额和择定结婚的日子。订婚当天晚上，女方家宰小肥猪一口，劈成两半，一半请媒人带给男方家，一半用来招待求亲人员和村里的亲友。宾川地区的傈僳族过去在订婚日，媒人将姑娘接至男方家，在院中栽一棵松树，然后以铁链将男左手、女右手绑于牛架担上，以寓"稳妥、扎实"和"万古长青之意"，同时由家族中的长辈喂以酒肉饭菜。

在过去，订婚后，男女双方到了 16 ~ 18 岁时，由男方选择吉日举行婚礼。如今，傈僳族未婚青年大多以自由恋爱为主，其他订婚和结婚习俗也发生了变化。

### 六、饮食习俗

玉米瓣稀饭。玉米瓣稀饭是傈僳族最喜爱的一种特色食品，制作方法为将玉米瓣淘净后放入土锅或大钵盂内，放入适量的水，掺上四季豆、干菜或干萝卜丝，大火煮开后改用小火煮，多次搅拌煮熟后即可食用。这种食品香气四溢，营养丰富，软糯可口，吃时配以漆蜡、核桃仁、辣椒、水豆豉等佐料，味道更香甜鲜美。云龙县傈僳族将这种玉米瓣稀饭称为"肯沙俄勒"或"肯沙拍入"。

漆油鸡。漆油炒鸡，这是傈僳族独具特色的名菜。首先用漆油（由"漆树"果籽炼制而成）将伴有盐、辣子、花椒等佐料的鸡肉炒至略黄，然后把白酒倒入鸡肉中（一般为自酿苞谷酒或米酒），煨火炒至黄熟并给烈酒点火，迅速盖紧锅盖，盖上五分钟左右即可食用。此时酒浓肉香，令人垂涎欲滴。由于漆油鸡具有一定药效，傈僳妇女坐月子时多喜爱吃。多数傈僳族居住的地区，漆树、核桃树多，傈僳族人民喜用漆树籽提炼漆油（漆蜡），炒鸡肉、羊肉、鸡蛋、杵酒，其味道鲜美。

籼米粑粑。籼米粑粑是体现傈僳族风土人情、图腾崇拜的风味食品。主要做法是将籼米蒸熟做成籼米粑粑，晾干贮藏，食用时用火烤或油煎，它既是祭祀时的主品又是过年的主食。

呷啦。每逢秋后，傈僳族家家户户都要煮酒。一种是用玉米、高粱、鸡脚稗、青稞、大麦、花荞混合或单独酿出的烧酒，傈僳语叫"布汁"；另一种是用玉米瓣和天仙米混合、高粱和鸡脚稗混合或分别酿制的"杵酒"，傈僳语叫"楞知"或"牒知"，味道甜美醇香。像傈僳族尤其喜欢饮用"呷啦"，即用剁碎的飞禽肉、鸡肚杂、牛脾猪肝，用漆油炒黄后放烧酒煮成的肉酒。

### 七、住屋形式

千脚落地房是历史上很长一段时期云龙县傈僳族的基本住房形式。一般建在能避免山洪和泥石流灾害的山凹台地和向阳坡上。建造时在斜坡下和左右两边，竖几十根坚硬耐腐的粗长木柱，坡上竖短柱，与坡下柱子对等；在坡下长柱离地 2～3 米与坡上短柱成平行处绑架横木，保持平面，上铺木板或篾笆为地板，四周围以竹篾篱笆为墙，房顶盖茅草或松木板。其优势不必是平整地基，依地势建房起屋，省工省料，适用方便，每隔六至八年修盖一次。这种房屋空气流通，防潮避湿，冬暖夏凉，适应当地气候特点。改革开放后，这种房屋逐渐消失。

木楞房（垛木房），又称垛木房，即圆木垒墙房。建房时，将圆木从四面榫槽相接，依次垒放，垒至十一二级时，横放一排圆木，上铺木板，与下层分开，再往上四面垒放十三四级圆木，支上人字木架，系上木椽数十根，覆盖杉木板或松木板为顶，即成上下两层的木楞房，人住上层，下层关牲畜。较大的木楞房可以隔为大小各一间。有的就地垒木，只建一层，以地基为地板。这种房屋具有坚固耐用、温暖、防潮、防湿、防震和便于拆迁的特点。其缺点是耗用木材多，不防火。宾川地区有的傈僳部以篾笆围墙，顶盖木板为屋，有的下半截筑墙，上半截立木架，顶盖茅草或瓦。

### 八、传统节日

#### （一）"阔时节"

有傈僳族居住的地方就有"阔时节"，傈僳语的"阔"和"时"，分别为"年"和"新"意思，交换其位置，就是"新年"。历史上，傈僳族群众以对自然物候的观察来择定"阔时节"举办时间，一般在农历十二月初到次年正月上旬樱桃开花时。从准备过年到结束，需要一个月左右，因此把这个月统称为"过年月"。近几十年来，大多数地区的傈僳族将过节时间固定下来，如云龙傈僳族将每年公历 12 月 20 日定为"阔时节"，宾川的傈僳族将时间定在每年农历正月十六。

每年到这个时候，傈僳人要做上最好吃的饭菜，好酒好肉以庆祝节日，家家户户都要酿制杵酒和烧酒，宰杀年猪，春糯米或籼米、制作糯玉米粑粑。为祈求来年风调雨顺与粮食丰收，六畜兴旺，要将第一块春出的粑粑放少许在桃、梨果树上，并先盛一小碗饭给狗吃，表示对狗"给人世间带来谷种"的回敬（傈僳族传说）。阔时节一般要过 12 天，表示一年有 12 个月。有的只过几天，并按男九女七的习惯，第七天为女性休息日，这天女子不背水不做饭；第九天为男性休息日，这天男子也不背水不做饭。节日期间要组织"上刀山下火海"、射弩比赛、打歌、对歌、荡秋千等各种民族文艺体育活动，各种物资交流活动也伴随着举行，给傈僳族的年节增添了浓郁的节日气氛。

（二）祥云拼伙节

"拼伙节"是流传在祥云县东山彝族乡小庄子村老里么傈僳族群众的一个传统民族节日，至今已有几百年的历史。相传老里么傈僳族祖先为逃避战乱，以及不堪忍受外族的欺压，官府的苛捐杂税，跋涉千里辗转来到老里么定居，由于族群人少，加之生存环境恶劣，每当族人狩猎到猎物，必定于后山拼伙分食，男女老少各得一份，年年如此。如今不再上山狩猎，但为了纪念这一传统，每年农历二月初八，各家各户都会拿出自家的食物，到后山拼伙聚餐，这种习俗渐渐演变为传统节日拼伙节。

大理的傈僳族还与其他民族一样，也过清明节、端午节、鬼节、中秋节等中华民族传统节日。

**九、娱乐活动**

傈僳族是一个敢上刀山、敢下火海的民族，是火一样热情奔放、勤劳勇敢，充满自信的民族，有傈僳族居住的地方就有"阔时节"，也就有上"上刀山、下火海"活动。"阔时节"期间，傈僳族人民在宽阔的地方竖起两根龙竹或木柱，绑上数十把锋利的长刀，刀刃向上，然后傈僳汉子赤脚踩在锋利的刀刃上一步步往上爬，直至顶上并进行简单的动作表演。晚上，傈僳人民燃起熊熊篝火，待栗木烧成红通通的火炭后，傈僳男人就在温度超过 100℃ 的火炭上赤脚踩来踩去，他们可以在通红的火海中通行自如，火星四溅，却毫发未损。锋利的刀刃、通红的火炭傈僳汉子就敢踩，让人看得心惊肉跳。"上刀山、下火海"被列入大理州非物质文化遗产名录传统民俗类。

## 第三节　大理傈僳族民俗文化的传承与保护

历史总是向前发展，傈僳族是云南省"直过民族"之一，中华人民共和国成立特别是改革开放后，在党的民族政策的指引下，通过几代傈僳人民的共同努力，傈僳族地区经济社会和生产生活方式发生了深刻变化，摒弃了那些不适应时代发展的生产生活习俗，如狩猎、捕鱼等，取而代之的是产业结构的深度调整，农业种植技术和水平不断提高。如今傈僳人民的居住条件发生前所未有的改变，过去的垛木房等建筑形式已成为历史的记忆，进入傈僳村寨，偶有的垛木房、千脚房等留存，只为满足人们对民族文化情感的需求。信息时代的快速到来，自媒体迅速走进人们生活，傈僳人民已经悄然融入了市场经济大潮中，很多人加入电商大军中，将傈僳族地区的生漆、漆蜡、蜂蜡、黄连、贝母等土特产品和手工艺品源源不断地送出大山，销往全国各地，很多傈僳地区的农副产品已成了消费者认可的原生态产品。

过去一度被人遗忘的民族文化也得到挖掘、保护、传承和弘扬。"上刀山、下火海"是傈僳族特色民俗文化表演节目，如今已经家喻户晓，世人皆知。聪明的傈僳人民对傈僳打歌进行了创新，把傈僳打歌搬进了校园，让傈僳小孩从小学习，成为傈僳族聚居地区校园内的一道风景线。各地的傈僳族群众纷纷成立傈僳族协会，致力于民族文化的传承、推动民族地区经济发展，推进了傈僳族民俗文化的创新发展。

傈僳族人才辈出，傈僳族干部、民间艺人以及各行各业的人士，不断推进傈僳族聚居区经济发展和民族文化的传承与保护，进一步增强了傈僳族人民的文化自信和民族自豪感。

# 第六章　大理苗族民俗文化

## 第一节　大理苗族概况

苗族是大理白族自治州 13 个世居民族之一，主要分布在永平、云龙、巍山、南涧、鹤庆、漾濞、祥云、宾川 8 县、23 个乡、36 个村民委员会的近百个自然村内。

苗族最初是从湘西陆续向西南迁徙，逐渐迁入云南境内，唐朝时期云南文山已经有苗族在当地定居。苗族迁入大理的时间大约在清朝康熙至道光年间，从滇东、滇东北一带进入大理。大理州苗族虽历经长期、频繁、远程的迁徙，且进入大理州的时间较晚，但仍保留着较为完整的民族习俗。苗语属汉藏语系苗瑶语族苗语支，苗族有东、中、西三大方言，大理州本地苗族使用西部方言。

## 第二节　大理苗族传统民俗

### 一、经济生活

苗族进入大理地区，远者不过二三百年，近者则只有半个多世纪。近代的大理，社会经济基本形态早已是封建地主所有制，苗族迁入，只好居住高山、河谷，受雇于当地汉、彝族地主，借地生存，刀耕火种；在地租、高利贷等经济剥削和劳役等超经济强制下，垦田力作，劳苦倍而收获半。

苗族以农业为主，耕地主要是山地，有少量水田。山地、水田主要种植稻谷、苞谷、粟米、荞、麦、豆、园地、麻塘地种植麻、烟叶等经济作物。蔬菜主要有白菜、萝卜、南瓜、洋芋、芋头等，耕作方法一般采用砍烧、锄挖或牛耕。由于游居游耕、经常交换土地，耕作方式粗放，烧荒点种，即不施肥也不锄草，广种薄收，亩产只达百十斤。

苗族放牧方式及生产工具与当地各民族相似，生产工具主要有犁、耙、锄头、镰刀、刀、斧头等。大牲者有水牛、马匹等。畜禽有猪、鸡、羊、狗。猪、鸡为主要肉食来源，狗则是过去苗族打猎的主要工具。过去大多数家庭都置有石磨、木碓，用以磨面舂米。

由于苗族居住在高寒山区，活动于丛山深谷中，在过去靠微薄的农业生产不能维持最低生活，采集和狩猎是其主要副业。户户都有猎具，重视猎狗饲养，男子从小就锻炼成猎手，惯用弓弩、网、扣、火枪。打猎方式分个人和集体两种。集体狩猎时，兽皮归第一个射中猎物的人，兽肉则大家分，路遇者也有一份。个人捕猎主要用"游子"网捉野禽，用扣子捕野兽。

苗族采集活动的内容比较丰富，挖野生药材、香蕈、树花及时鲜野菜等。苗族还从事一些简单的林业生产，种桃、李、梨等经济林果，自食为主，绝少上市交易。特别喜欢栽竹子，房前屋后，广植竹木，并编制簸箕、筲箕、背篮等生产生活用具。

种麻织布是苗族生产生活的内容之一。苗族家家户户都有麻塘，能自制织布机，织麻布。麻布有两种，一种较细，通常用来做衣裙；另一种较粗，多用来做麻袋，还可以织花毯子。织麻布是一种工序较为复杂的手工劳动。将麻匹拧纺成麻线，用灶灰水煮，然后在清水中漂洗，反复3次，麻线变成白色。再用蜡与羊油浸，最后才织成布。织成布后还要用灶灰水煮、漂洗3次，用棒槌锤敲，布料才变得柔软光滑。勤劳的苗族妇女在放牧时、劳动途中、田间管理时都手摇纺具纺麻线，可以说是朝暮无休，织成一匹布经久耐用的麻布。技术娴熟的苗族妇女，一天可织两叶麻布。习惯的计量长度单位是"方""叶""件"，换算标准是3方等于1叶，3叶等于1件。随着经济的发展，苗族同胞的生活发生了质的变化，麻布衣裙日益减少，纺织麻布仅作生产生活之用。

苗族群众中有从事手工业的铁匠、木匠、石匠。铁匠可以打制锄、刀、斧、勺、马掌等农具、器具。木匠能制作一般的农具及生活用具，如木犁、木耙、掼斗、桌、凳、箱、柜等，还能制作织布机，少数木匠能竖房架。石匠可以打制石磨、石灶、石盐臼等。

过去，苗族家庭中男女有一定分工，男子通常负担制作农具、出门狩猎、犁田耙地等繁重工作。女多从事种麻、纺织和畜禽饲养。

### 二、日常礼仪

苗族十分注重礼仪。客人来访，必杀鸡宰鸭盛情款待，若是远道来的贵客，苗族人习惯先请客人饮牛角酒。吃鸡时，鸡头要敬给客人中的长者，鸡腿要赐给年纪最小的客人。有的地方还有分鸡心的习俗，即由家里年纪最大的主人用筷子把鸡心或鸭心拈给客人，但客人不能自己吃掉，必须把鸡心平分给在座的老人。如客人酒量小，不喜欢吃肥肉，可以说明情况，主人不勉强，但不吃饱喝足，则被视为看不起主人。

苗族讲究真情实意，非常热情，最忌浮华与虚伪。主人路遇客人不抢走第一步，不走在前面；交谈中用敬语称呼；迎客要穿节日服装；对贵客要到寨外摆酒迎候；客人到家门口，男主人要叫门，告知在家的女主人，女主人要唱歌开门迎客；在客人面前，女主人不登高上楼。

苗族日常生活规范很多。大年初一不喜欢他人到自家串门，每人要自觉早起不让别人叫，妇女不做针线活，不吃汤泡饭，不能吆鸡，老鹰飞来不叫喊。从初一到十五不能借给别人东西。年前借出去的，腊月三十日前要收回。初一到十五吃饭不能骂孩子，不许吵架。每逢"戊日""破日""土五日"，不动土，不下地做活。若猪羊进了别家，要去"消灾"。家有产妇，门上悬挂草帽一顶，外人不得入内。如有不慎而入内者，出门时留下一只鞋子，几天后来取，否则会踩干产妇奶水。

苗族请客吃饭，忌客人坐在屋中心，把猎获到野味招待客人。忌讳客人说吃够了，要说不够吃，吃完饭把碗反扑在地下，预示主人家以后还能扣到很多猎物。苗族罗姓不吃动物眼睛，杨姓不吃动物心脏，李姓不吃动物脾脏。夫妻同行，路遇年轻异性，不得主动前去搭话。妹妹不准进哥哥房间。过节宴客及欢聚场合，菜肴不吃八碗和十碗。认为八碗是叫花子吃，八（扒）大碗。十碗即十足（食足之意）。祭献"泰山王"时，全家只能讲民族语言，不能和外族人讲话，也不喜欢外族人到家中。火塘之火不能熄灭，烧火添柴时根部要朝前。近年来，随着生活水平提高和科学文化的普及，苗族的很多不合时宜的规矩逐渐被淡化与废除。

苗族每人有三个名字，小孩出生时取奶名，到了读书年龄取学名，此外，还取苗名。苗名也称祖名或老名，在已婚夫妇生下头一个小孩的第三天，由男方父母或长辈为两夫妇取苗名。取名之日要举行仪式，杀鸡献祖并办宴席招待，于席间商量选一个上几辈人用过而这一代人未用过的名字赐给夫妇俩。通常是长孙和爷爷的苗名相同。苗名只在本族内部称呼。已取苗名者，别人就不再叫他的奶名了。取苗名包含三层意思，已当爹妈了，不能忘了祖宗；取了苗名，祖宗会保佑他们的孩子快长快大；同龄人称呼起来也显得有礼貌。苗名是两音，例如丈夫学名杨会群，奶名米顺，苗名波抓，其妻苗名则叫顺抓。

### 三、语言文字

据文献的记载，苗族曾有文字，后因战乱、搬迁等原因失传。20世纪初，英国传教士伯格里为滇东北次方言苗族创造了"坡拉字母"苗文。1916年镇雄发达的苗族杨明清仿照滇东北次方言苗族文字，创造了川黔滇次方言苗族文字，即所谓的老苗文。两套文字都未被大理地区的苗族群众接受使用。大理州苗族大多数使用川黔滇次方言，少数人使用滇东北次方言。不同方言之间，小有差异。中华人民共和国成立后，党和政府为苗族创造了一套比较完整的拼音文字，但未在大理地区推广使用。

汉语是苗族与其他民族进行交流沟通的主要语言。小学教育阶段既学汉语，又在讲解中辅以苗语，进行双语教学。

### 四、音乐舞蹈

（一）歌曲

苗族的歌曲可分为飞歌、游方歌、风俗歌、叙事歌、祭祀歌等几种。飞歌是苗族音乐中极富特色的歌曲，多在山岗林野和田间地头演唱。特点是音调高昂，气势雄浑，节奏舒广自由，旋律起伏大。一些地区分男声飞歌和女声飞歌，并分为高腔和平腔两种腔式。飞歌，多用在喜庆、迎送等大众场合，见物即兴，现编现唱，歌词内容以颂扬、感谢、鼓动一类为主。在过苗年、划龙舟等节日喜庆活动时，一般要唱飞歌。飞歌题材极为广泛，堪称苗族歌唱艺术中的瑰宝。

（二）乐器

苗族乐器最著名的要算芦笙，其他有芒筒、唢呐、大号、直木鼓、铜鼓、皮鼓、大筛锣、大箫、竹笛、口弦、古瓢琴、二胡、四胡、木鼓、铜鼓、皮鼓、大锣、包包锣、大镲、小镲、木叶等。根据功能，苗族器乐曲目可分为风俗仪式性和生活性两大类，前者由多种乐器组合演奏，后者则多为独奏。

（三）舞蹈

在苗族中，芦笙舞是一种流行最广最具特色的舞蹈形式。芦笙舞多在节日中表演，多以集体舞为主，也有一人或数人表演的，有的芦笙舞表演者能做出许多惊险的高难度动作。芦笙舞集舞蹈、杂技、体育和音乐为一体。鼓舞也是苗族中比较流行的舞蹈，尤其以松桃一带的花鼓舞最为著名。有男子舞、女子舞、男女混合舞、单人舞、双人舞、四人舞、八人舞等形式。从乐器数量看，则有单面鼓、双面鼓、四面鼓等。舞姿可表现社会生活的各个方面。大理州最具代表性的苗族传统歌舞是"嘎蒙卡兜"，它被称为"蚩尤之舞""葛天舞"，传承至今已有400多年的历史，具有广泛的群众基础。其舞蹈节奏起伏变化，时而舒缓，时而紧凑，错落有致，苗族男女携手共舞，两组舞步交叉，以转身为基本动作。嘎蒙卡兜舞白芦笙吹奏者领舞，适合节日、庆典、婚丧等场合。

舞蹈不受性别、年龄、人数限制，老少皆宜，舞蹈节奏时而舒缓，时而急迫，变化起伏，错落有致。舞步以转身为基本动作，其中"邀约""苍蝇搓脚""滚松球""结疙瘩""解疙瘩""阉鸡（锦鸡）摆尾"为舞蹈动作精髓。舞蹈服饰色彩斑斓，由生麻纺织而成，全套服饰重达 14 千克左右。伴奏乐器为手工制作的芦笙，音乐质朴清新、节奏明快、优美动听；舞蹈奔放活跃，热烈大方，体现了安吉苗族对生活充满自信、坚强乐观的精神状态，具有较强的地域性、民族性和观赏性。

### 五、传统服饰

苗族有自己的传统服饰，布料主要是麻布、棉布和绸缎。

男装有包头、对襟衣、领褂、围腰和裤子。包头，用约 13 米长的黑布，一剖为二，两头连结，盘绕于头上。对襟衣衣身是白麻布，衣袖用各色棉布与挑花布相拼。领褂用黑、蓝棉布缝制，角边有白线挑花。围腰用麻布挑花而成，系于腰，长至膝。老年人穿摆裆裤。青年人的裤子与汉族相同。

妇女服饰花样颇多，通常是头戴头饰、上身穿窄袖大襟或右襟衣领褂、腰系围腰、上配三角巾、腰后拖长飘带、下身穿百褶裙、两小腿缠绑腿。头饰有圆盘花帽和包头。圆盘花帽重十多斤，用约 26 米长的黑布，一分为二，再叠为三，平面盘绕成圆形如车轮状。盘绕时，边缘逐渐上翘，盘好后，用各种饰物装饰，吊有玻璃串珠少则 100 串，多的可达 300 串，每串约有 50 颗，颜色有红、黄、绿三色。边沿钉有钯子花、闪光片、民族花边和数个响铃。有的还在圆盘花帽左右侧拖上红、绿、黄等色做成的四个毛线缨须。包头的制作和穿戴与男子包头相似。领褂多为青、蓝、黑三色，也有用花布拼制的。围腰约 1 米长、67 厘米宽，有的在细白麻布上挑花缝制；有的用各色棉布或绸缎布相拼而成；也有用挑花布与花布拼合的。女裙，又叫百褶裙或花裙，用约 6.6 米长的细白麻布，横向打若干皱褶缝制而成。缝制三角巾时，在细白麻布上精心挑绣各种花卉图案后，订缀上数串玻璃珠和钱币、纽扣等饰物。三角巾既小巧玲珑，又花团锦簇。有的系一块，有的系三块。系一块者歪着系于前面或后面，系三块者分左、中、右系在后面。飘带，对折系在腰后，拖至脚跟。通常系一至四根。每根飘带约 1.6 米长、0.6 米宽。用麻布、花布、挑花布一道接一道拼连起来，两头饰有花红缨须，缀有响铃数个。绑腿，用布料 6.6 米多，一剖为二，相连接后再分成两节，分别裹扎在两腿上。

苗族妇女着装，喜佩戴各种饰物，两耳坠银耳环，胸前佩银链子，手戴银镯头。还将银花、银泡、小珠子、缨须、海贝、钱币和花边等缝在头饰、领褂、围腰、飘带、兜肚、领口上，以此美化自己。

苗族服饰中制作工艺较为独特的是麻布和挑花。纺麻织布是苗族的传统工艺。苗族妇女擅长挑花，她们仅凭构思在白麻布面上数纱挑绣，正面看反面挑，严格按布面经纬线逐一挑绣，将诸多的动植物形象用几何图形表现出来。苗族姑娘从六七岁就开始学挑花，不论走到哪里都是针、线随身，有空就挑绣。其图形由鸡脚花、草果花、狗脚杆花、纽子花、蝴蝶花、九龙花、螺丝花、海氾花、瓣花和斜线组套而成，常以淡蓝或红色为基调，绿色或黄色点缀其间，图案紧凑饱满。

### 六、传统婚俗

苗族婚姻有许多限制，同姓同宗不婚，辈分不同者不婚，过去只在本民族内联姻，与其他民族通婚往往受到父母及亲戚们的反对。近几年，与其他民族联姻的越来越多。

过去苗族包办婚姻较多，由父母做主。自由选择婚姻，青年男女往往以对唱山歌倾吐爱慕之情，通过交往，若双方情投意合，即以"表哥""表妹"相称。缔结婚姻要举行说亲、订婚和婚礼等仪式。

说亲：男家父母请两个媒人到女家说亲，有的地区媒人须背一把弯把伞，背时弯把向下，其意是来说亲的，也表示对女家尊敬。媒人到女家，立即将伞挂在正堂上，休息一会便说明来意。女方若同意这门婚事，就拿出生辰八字交给媒人，放入伞内拴好。媒人返回男家后，即忙着看两人八字是否相合，相合了请媒人再到女家商量订婚日子。若不相合，这门婚事就告吹了。

有些地区在过去说亲时，男方请两个媒人带两对鸡（两只公鸡、两只母鸡），几斤酒，一斤草烟。到女方后，媒人用鸡献过女家祖宗牌位后交给女家人，并依次给女方在场的人抓一撮草烟，并敬上酒，女方父母敬双杯，其他人敬单杯。大家接过酒作揖还礼，一饮而尽。女方父母又给媒人敬酒还礼。大家围桌吃饭看鸡卦，婚姻成功与否取决于鸡卦的好坏。

订婚：有的地区由两个媒人带礼物到女家，有的地区男青年和媒人同去。礼物通常是两丈布，白酒数斤，红糖一盒，鸡一对，600元或800元的奶母钱。女方把三亲六戚请来家里吃饭，把女儿婚事告诉大家。媒人和女方父母商定结婚日期和彩礼数目。

婚礼：婚礼大多在农历腊月、秋收完毕后择吉日举行。迎亲队由新郎、陪郎、媒人等组成，少则七人或九人，多达几十人，但一定要单数，其中少不了一对夫妻，这对夫妻可以是新郎的大爹、大妈，也可以是叔婶或哥嫂。他们带着少则一头牛，多则两头，外加奶母钱，针线钱若干，大米百十斤、猪肉五十斤、酒二十斤、茶叶二三斤等彩礼前往女家。不论路程远近，都要在半路上敬喜神，也叫"打杀气"，祈求喜神保佑大家安康幸福。敬喜神时把带去的饭、鸡肉、猪肉、酒拿出来，烧一堆火，将食物烧烤一下，各人拿着食物自选两棵树敬客神，然后抢着把食物吃光，说些吉利话。到了女方村寨，女方父母和亲朋好友早已迎候在门口，请迎亲队进屋入座，喝"开门酒"，喝茶、喝糖水、吃清水煮熟的猪肝。迎亲队推举出一个调子唱得好的人唱"谢酒调"。女家亲朋与迎亲者坐在一起，彼此相互轮换敬酒。媒人则到女家祖宗牌位前敬献祖宗，告之婚姻由来。接着迎亲者当众将彩礼交给女家，女家端出三大瓶酒，瓶口插几根麦秆，边饮酒，边打歌、闲谈，直至夜深人静，才各自休息。

第二天吃过早饭，女家抬出嫁妆，当众清点给男家。嫁妆通常有新娘的一套衣服、柜子一个、箱子一个、行李一套。生活较富裕的家庭，给女儿陪嫁一头牛。媒人谢过新娘父母，迎亲和送亲队伍即出发。送亲的人多半是新娘的弟妹、婶婶、大妈、嫂嫂和好友、姊妹们，人数也为单数，这样来时单，回去便成双成对了。有的地区新娘出嫁骑马，也有的新娘打伞与伴娘同行。走到半路，举行敬喜神仪式。

队伍到了新郎家门前，一定要从东边路上走进大门。男家热情款待送亲者，敬酒、敬茶、递烟、送糖水和姜水，唱感谢调子。男家还用食物敬献祖宗，告之媳妇已娶回家。晚饭后，青年男女纷纷跳芦笙舞，对唱山歌，通宵达旦。

### 七、饮食习俗

苗族以苞谷、大米、小麦为主食，辅以荞子、洋芋、豆类、红薯等杂粮。酸食是他们饮食的一大特色，由于他们世居深山峻岭，山高路遥，交通不便，极不容易吃上新鲜的鱼肉和蔬菜，为适应日常生活的需要，家家户户便设置酸坛，制作酸鱼、酸肉、酸鸡、酸鸭、酸菜等食物。

酸鱼的做法是将鲜鱼用清水洗净，剖开去其内脏，撒上辣椒面、盐，再与生姜、大蒜、香料拌匀，过三四天后，放入酸坛。放时，一层糯米饭、一层鱼，压实、封顶、盖紧，并在酸坛坛口的凹槽内，放进适当的水，让坛内与外界空气隔绝，保证坛内的酸鱼不被氧化变质。三四个月后，生吃，煮吃，味道俱佳。

制作酸肉时，把猪肉切成块，在自家设置的酸坛里，放一层肉又放一层盐的方法，层层压实，待盐溶化后，把肉取出，在每块肉上均匀地搓上糯米饭和酒后，另加入一些香料和辣椒面，再放进酸坛，盖严。这样做的肉，不但味道鲜美，而且可以保存一年到两年。

加工酸汤菜，即把青菜、白菜、韭菜、豆芽菜、辣椒、黄瓜、萝卜等放进酸坛内腌制好后，与芥菜、白菜等煮沸再一起放进酸坛，加进一些酸醋和香料，经过一些时日即成。做酸菜汤时，加入辣椒粉、盐、豆豉或味精等调料，就成为酸、辣、咸三味俱全和非常可口、促进食欲的美味佳肴了。

大理巍山苗族还有婚后杀双月猪的习俗。苗族儿女一旦结婚，就另起锅灶，是年家中饲养的母猪生仔后，养至两个月，挑选一头宰杀，将猪身糊以稀泥，放在火上烤烧，至香气溢出，将其刮洗干净，切成碎块，放入锅中炒吃。吃双月猪要请所有亲戚，且要一顿吃完。他们认为，这样家中才会六畜兴旺，五谷丰登。

### 八、住屋形式

苗族居住较分散，相对集中的有二三十户，三五家或十余户住在一地的最为普遍，也有一些单家独户的。村寨多建在山梁的向阳平坡上。

中华人民共和国成立前，苗族住房十分简陋。不少人家搭"杈杈房"居住，且经常迁徙，屋内不分间，无家具陈设，架木为床，垫草作席，扎草墩及木头作凳，居住缺乏稳定性，游耕游牧，有的住一代或二代就搬迁。中华人民共和国成立后，苗族逐步定居下来，住房不断改善，以散片房和草房为主。近年，随着经济社会的快速发展，大部分苗族建盖起宽敞的瓦房或砖房，村寨面貌大为改观。

### 九、传统节日

#### （一）苗年

苗年是苗族祭祀祖先和庆祝丰收的节日，无统一固定日期，一般是在农历十月的第一或第二个卯日，也有的地区在寅日、丑日或亥日过。苗年包括"小年""大年"和"尾巴年"三个时段。小年一般不走亲访友，过得较为简单。大年持续三至五天，有的地区持续十多天。其活动内容包括：家家户户持大红公鸡到村边路口迎祖先"魂灵"回家，然后祭祖，全家欢聚酒宴。入夜守岁时，众人围在火塘边，吟唱古歌、酒歌、谈新论旧。从第二日起，老人们轮流宴请宾朋，青年们收拾打扮，参加跳芦笙、斗牛、赛马、"游方"（谈恋爱）等聚会。

苗族的迎亲嫁女、建房造屋等活动，也喜欢选择在苗年期间进行，因而更增添了节日的欢乐气氛。许多地区还在苗年期间举行民间文艺会演或体育运动会。

#### （二）踩花节

踩花节是苗族人民的盛大传统节日，一般在每年农历正月初一、初三、初六这几天举办。凡有苗族居住的各县，这几天都要立花杆，举行隆重的踩花山活动。这既是苗族男女青年谈情说爱的好时机，也是苗族人民开展文体娱乐活动的重要节日。苗家男女老少，穿金戴银，从四面八方赶到花杆脚下，吹芦笙、弹响篾、跳脚架、耍大刀、斗牛、摔跤、斗画眉、爬花杆。

每逢踩花节，苗家的男女青年都要佩戴漂亮的首饰，穿上美丽的新装，云集花坡场唱情歌、跳芦笙舞，在边歌边舞中各自挑选意中人。苗家小伙抱着芦笙来到相中的姑娘身边，互相对歌表达爱慕之情。对罢情歌，双双离开花场到花场附近的石桥上走三遍，叫"踩桥"，表明两人的爱情如脚下的石桥一般牢固。直到夜幕降临，两人才依依惜别。每当婚丧嫁娶、赴集踩花之时，各地苗族特别是妇女们都要把她们经过多年辛劳纺织、刺绣、缝制而成的盛装穿上。

（三）祭鼓节

祭鼓节又称为"吃牯脏"，是苗族同胞祭祀祖先的传统节日，常在秋收后举行。苗族祭鼓活动有定期和不定期两种，不定期的规模较小，程序也较简单。定期的有三年、五年、七年、九年和十三年举行一次，其中十三年一次的最为隆重。祭鼓节到来之前，首先由群众选出本届"鼓头"数人，主持祭鼓事务。

祭鼓仪式的重要庆祝活动有斗牛和盛装歌舞。每个苗族村寨都喂养一条专用于比赛的大水牯牛。斗牛经过精心打扮，威武雄壮。斗牛时，铁炮震天，锣鼓齐鸣。获胜一方的村民要给水牛披红挂彩，以示庆贺。斗牛以后，即行祭鼓。各寨将早已备好的作为祭奠的牛当场宰杀，由主持人诵念祭祀祖先恩德的唱词，然后礼邀亲朋和过路行人、观光客人一同享用酒肉。

（四）乔迁

苗族除了与汉族、白民族一样有春节、清明节、端午节、火把节、七月半、尝新节、中秋节等节日外，一些地区的苗族在乔迁新居时举行"半夜搬家活动"。

搬家这天，邻居前来祝贺并帮忙把什物堆放在院内，小伙子们用锅烟把脸抹黑，老人换上麻衣裤，吹唢呐、芦笙、短笛，弹三弦、唱苗族调，众人围着家具什物且歌且舞。歌词大意是："世上就数我们苗家苦，世代搬家躲财主，过去住的茅草窝棚垛木房……现在政府合心了，翻了茅屋盖瓦房，穿的一色料子布，盖的缎面被窝热棉花……"唱完，老人喊："你们说好不好？"众人回答："好！"歌舞一停，主人忙着给客人敬酒，客人向主人讲吉利话。年轻人洗净脸上的锅烟，表示过去的痛苦和污垢已洗净，将开始新的生活。搬家开始，熄灭灯火，唢呐吹奏开路，两个披红挂彩的小伙子抬着麻布纺车跟在后面，摸黑走一程才点起几盏小马灯，走一程又摸黑往前走，然后换点松明火把，同样照一程、摸黑一程，后由几个小伙子烧好几盏汽油灯在路途照明。此时天已将亮，也到了新居。进入新居院内，家具什物摆好，大家换上新衣，舞蹈再起，众人围成五圈，中间一圈是小孩，第二圈是姑娘，第三圈是小伙子，第四、第五圈是老人，舞蹈结束，来宾互祝吉利贺词。小伙子先将挂着红布的纺车抬进堂屋中央放好，再安放其他什物，同时朝天放猎枪，随即全村人都朝天上放枪。太阳出来了，搬家仪式即告结束。

**十、娱乐活动**

每年农历五月下旬，居住在江湖流域的苗乡都要举办龙船节。相传，苗族英雄久保斩杀清水江上的恶龙，为民除害，后人为纪念这位英雄，制成龙船巡江游弋，以祝愿风调雨顺、国泰民安。

龙船由独木雕制的一只母船和两只子船捆扎而成，名为"子母船"，龙头长约2米，用水柳雕刻，除龙角外，还有一对巨大的牛角。参加龙船竞赛的人由鼓头、鼓手和水手组成。竞赛前，龙船会沿江接收鼓头亲朋好友赠送的鸭、鹅等礼品，并挂置在龙船颈脖上，以显示其亲友众多和富有。竞赛时，鼓乐喧天，热闹非凡。

## 第三节　大理苗族民俗文化的传承和保护

苗族在长期历史发展中，创造了许多优秀的传统文化，为丰富苗族人民的精神文化生活起到了积极的推动作用。为了使苗族的传统文化得到有效的保护和传承，大理州做了积极而有益的工作，在各级部门的帮助下建立起民族宗教苗族网，为宣传和展示苗族历史文化提供了平台，让关注苗族的人士，可以直接通过网络就能了解苗族的相关文化。

通过对苗族习俗的介绍，我们可以从中窥探到民族文化的瑰宝。苗族的传统文化蕴涵着许多符合当代经济、旅游、文化发展需要的内容。这些的内容能为苗族的发展提供充足的养料，比如他们多姿多彩的民族服饰，绚丽、典雅的挑绣工艺，风味独特的饮食，欢快优美的乐声和歌舞等都值得认真研究，并加以继承和吸收。当然，苗族习俗中也存在为祈求安康、生活顺利而进行祭祀、占卜等封建迷信的一面，但从深层的社会文化心态上看，却生动地体现了苗族人民对美好生活的想象和对幸福生活的追求，这是一种朴素的民间信仰，是少数民族文化在漫长的发展过程当中必然经历的一个阶段，但是在科学技术突飞猛进、文化向开放纵深发展的今天，我们应该大力挖掘汲取民族传统文化的优秀部分，为我所用，传统的民族文化就能焕发出新的光彩，通过实现民族文化的继承、延续、升华和再创造，从而推动民族地区社会经济健康、持续、稳定、协调的发展。

# 第七章　大理纳西族民俗文化

## 第一节　大理纳西族概况

### 一、族源、族称

大理的纳西族主要集中居住在剑川县双河行政村一带，其余则散居于大理市、宾川县、鹤庆县、洱源县等地。据史书记载，纳西族的先民为羌人的一支，古代生活在西北河湟地区（青海省黄河和湟水谷地一带），后逐渐南迁，大约2000年前就已生活在云南四川交界处的金沙江流域。汉代越巂郡的"牦牛种"，蜀汉汉嘉郡"牦牛夷"，晋代定筰县的"摩沙夷"皆为纳西先民。唐宋时期称为"摩沙蛮"，分布在磨些江（金沙江）流域，当时纳西族比较发达的地区已进入奴隶社会。元、明、清时期一般称之为"么些"，近代以来，称之为"么些""摩西""摩梭"等。中华人民共和国成立后，根据纳西族多数人的意愿，经国务院批准，统一定名为"纳西族"。

唐初，宾川县境内居住的越析诏部落即是纳西族先民"么些"建立的部落。樊绰《蛮书》卷三载："越析一诏也，亦谓之么些诏，部落在宾居，旧越析州也。"南诏建立地方政权之后，越析诏被迫向北迁移，渡过金沙江，迁移至今四川省盐边县境内的赶渔河两岸地带居住。后来，有一部分人迁回宾川居住，然后扩散至剑川、鹤庆、洱源等地。近代又有部分纳西族从丽江、维西一带迁入剑川县境内。中华人民共和国成立后至今，又有一部分纳西族由于工作关系或姻亲关系或经商等进入大理市、鹤庆县、剑川县等地。据民间传说，大理纳西族是"木天王"为了开矿，便于马帮运输和食宿方便，大约在1583年间，把丽江、维西的部分纳西族搬迁到大理定居，距今已有400多年历史。

纳西族自称纳、纳西（"纳"为黑之意，"西"为人之意，即为崇尚黑色的民族之意）纳日、纳恒、摩梭等。白族称纳西族为"摩梭"，彝族称纳西族为"米米濮"，普米族称纳西族为"娘米"，藏族称纳西族为"松旦娃"，汉族称纳西族为"摩梭"。

## 二、语言

纳西语属汉藏语系藏缅语族彝语支，分以丽江坝为中心的西部方言区和以宁蒗泸沽湖为中心的东部方言区。

## 三、人口分布

大理白族自治州的纳西族主要居住在剑川县、大理市，其余则散居在鹤庆县、洱源县、漾濞县、宾川县等。另外，散居于其他县市的纳西族主要是由于工作关系、姻亲关系或经商而来。

# 第二节　大理纳西族传统习俗

## 一、经济生活

大理纳西族的经济发展较之傈僳族、苗族、布朗族等相对要好一些，但是居住在剑川县双阳镇双河行政村一带的纳西族，与大理、鹤庆、洱源等县市的纳西族经济发展情况相比又稍差。到20世纪40年代末，纳西族聚居地区仍停留在封建领主经济向地主经济过渡阶段，加之居住地环境恶劣，气候寒冷，主要经济收入靠种植洋芋、蔓菁、玉米等，辅之采集石花菜、蕨菜、松茸和编制一些简单的竹器出售。封闭的地理环境，传统的自然经济，古朴的社会道德，造成了这些地方的纳西族商品意识不强。因此，当时的纳西族生活较困难、经济发展水平低。党的十一届三中全会后，家庭联产承包责任制的确立和纳西族居住地区林产品的开发，小煤窑经营的开放，特别是双河初级农贸市场的建立，传统的自然经济观念被打破，商品经济意识逐步建立起来，一些纳西族靠挖煤和运输先富起来，地区经济发展了。另外丽江、大理旅游业的兴起，也使越来越多的纳西族人走上经商之路，现在大理市、鹤庆县等县市居住的纳西族很大一部分人就是通过经商而来的。

## 二、日常礼仪

纳西族民风古朴、尊老爱幼。待人接物，讲求信义，好客多情。俗话说："皇帝爱长子，百姓爱幼子。"在纳西族中也同样如此，长子婚后通常会另立户头，与父母分居。父母则与幼子居住，家庭财产大部分由幼子继承。家中如果没有儿子，则一般留一个女儿招婿上门，招来的女婿有财产继承权。纳西族家庭一般由 2 代或 3 代组成，也有 4 代组成的。在纳西族的观念中，父母、子女双全的，被视为有福气，三四代人组成的大家庭则受到众人赞誉，所以在纳西族中许多人愿意和父母同住，并且保持着尊老爱幼、赡养孝敬老人的传统美德。另外，纳西族对舅舅、舅母也比较尊敬，家庭中发生的重大事件，如婚事，舅父母有较大的发言权。

纳西族在中华人民共和国成立前由于交通等极为落后，社会封闭，因而禁忌较多。如不能动大门旁边的"门神石"。不能手摸横在门上方的束有鸡毛草绳的松木叉——代表门神。不能打燕子。不准别人踩自己影子，以前是害怕别人下蛊，现在则认为别人对自己不尊重。不能跨过堂屋中火塘上的三脚架。不能坐在门槛上或在门槛上砍东西。祭天祭祖时不准打闹嬉笑、不准外人观看，否则认为对祖宗不尊重。神树不准任意砍伐。不能在神潭、山溪处撒尿。

### 三、文化艺术

"东巴文化"是纳西族的文化瑰宝。现在在剑川双河村的纳西族中进行的一些祭祀中仍使用东巴文字，另外纳西族民间音乐，舞蹈、民歌、民间故事也很丰富。

### 四、传统服饰

纳西族妇女身穿大襟长衫，外罩坎肩，腰系多褶围腰，背披黑色鸡心形"七星羊皮"。中老年妇女服饰的颜色较深，而年轻妇女穿的较浅、较艳。男子喜穿对襟汗褡，外套羊皮领褂，头戴羊皮毡帽。随着与外界交流的逐渐频繁，纳西族的服饰受邻近白族和汉族的影响较大，现在大多改穿汉装，本民族服饰一般在节日时才穿。

### 五、传统婚俗

纳西族的传统婚姻仪式一般要经过"定亲、请酒、结婚"3 个步骤。首先要"定亲"。男方家要请媒人到女方家说媒，如果女方家同意，则订好定亲日。定亲日当天，男方家要准备"四色礼"送至女方家（酒、米、红糖、茶叶等）。女方家则用男方家送的酒招待亲朋，从而表明接受男方之意。过后，女方家给男方家回礼，回礼较随意，带烟、茶、糖等即可，但酒是不能送的，否则表明不接受男方之意。"请酒"，由男方家请吃订婚酒，男方家送给女方家猪肉、衣物、首饰等，数量由家庭经济状况决定。订婚后一段时间即可举行婚礼。举行婚礼要搭彩棚、大宴亲朋。婚礼一般为 4 天，第一天搭彩棚，第二天道喜，第三天接亲，第四天回门。接亲这一天，新郎在 10 多个伴郎陪同下，由吹鼓手引导到女方家接亲。接亲队伍未进门之前，先由女傧相嘴里喊着吉利话泼水接入大门，再由新郎领新娘至新房"换新鞋"，到家坛祭祀祖宗。然后，到客堂向长辈敬酒。有的家庭还请东巴主持"额点酥油"之礼。晚上，歌舞通宵达旦。

### 六、饮食习俗

纳西族一般以小麦、大米、苞谷为主，兼食荞麦、豆类和马铃薯。肉类以牛、羊、猪、鸡为主。蔬菜以青菜、白菜、蔓菁、辣椒为主。善养奶牛和奶羊，乳制品以乳饼最出名。

### 七、住屋形式

纳西族房屋大多为砖瓦结构，仿白族"三方一照壁"式样和"一正一耳"式样居多，也有"格子房"。

### 八、传统节日

纳西族的传统节日包括春节、清明节、端午节、中秋节、火把节、东巴会、棒棒会、三朵节、三月会、七月会。纳西族以前实行阴历，现在实行阳历，也讲求物候。受周边白族本主文化的影响，村中的各家轮着办二月八本主会。现在、纳西族也和其他民族一样，春节极为热闹。每年农历六月二十五日至二十七日举行火把节。相传为纪念曾拯救纳西人的两位天将。在火把节的三天期间，人们要在白天赶街，斗牛、摔跤并对唱民歌；入夜，家家户户都扎好大火把摆放在大门前，或将火把高高插在粮架顶上或树上，火把上饰以花卉及果品，竞相媲美；在院子中央则点燃许多小火把，供小孩们玩耍与跳越。小孩子成群结队，手执火把四处游转，青年男女则以跳芦笙舞为乐。

## 第三节　大理纳西族民俗文化的传承与保护

大理纳西族的民俗文化深受到其他民族的影响，他们在秉承本民族传统的同时，还吸收大理白族文化。他们一般在与其他民族交往中能操白族、汉族、彝族、傈僳族等语言，但以白语、汉语居多，只有在本民族内部才用纳西语交流。受周边环境和其他民族的影响，其语音、语法等都发生一定的改变，但80%以上的语法、词汇与西部方言区的纳西族语言相通。在剑川由于受白族文化的影响，纳西族中很多人会讲白族语言，着白族服饰，信奉白族的本主文化，等等。

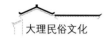

　　在长期的历史发展中，纳西族人民传承着富有本民族特点的灿烂文化，形成了自己独特的风俗习惯。生活不同地域的他们，在大理这块土地上，用自己的双手共同创造着丰富多彩的文化。

# 第八章　大理傣族民俗文化

## 第一节　大理傣族概况

傣族自称"傣""傣泐""傣那""傣雅""傣绷"。自中华人民共和国成立以后，统一称为"傣族"。傣族先民，是先秦时期生活在西南地区的百越族群。汉代称为"滇越""掸"，唐代称为"金齿""银齿""黑齿"；元代称为"白衣""百夷""白夷"，清代称为"摆夷"。

历史上由于大理州境内傣族人数较少，也少有人提及，相关文献记录也非常少。《滇系》中记载："僰夷……其在剑川者，言语侏离，所居瘴疠。棺如马槽，以板为之。以农业、陶冶是务。惧讼，信鬼。"民国《大理县志》中记载："（摆夷）阮正声《南诏野史》有水旱两种。水摆夷近水好浴，剃后发，蓄前发，盘髻如瓢，故又名瓢头摆夷。旱摆夷山居耕猎，又名汉摆夷，男青布包头，簪花；妇女不施脂粉，自然白皙，盘发辫，红绿包头，饰以五彩线须，衣五色衣，桶裙绣边。其俗贱女贵男，头目妻数百人，庶民亦数十，耕织贸易皆妇人任之。凡婚娶，男女相悦而议聘，一成匹配，不肃而产，如夫妇不睦，听夫付之一物为凭，然后改适。"

元末明初，部分百夷（傣族）在首领刀哀的带领下，往北迁徙至今大理州境内。明朝洪武年间，高大惠、普颜笃发动叛乱，刀哀父子率兵参加明朝平息叛乱有功。刀哀儿子被授予邓川州土知州，赐姓"阿"，取名"这"。永乐元年（1403年），阿这卒，长子阿子贤袭职，四子阿子敬升任云龙州盐课提举司，他率部分傣族人迁入云龙，居住大栗树。

现今，大理州境内傣族主要分布在大理市、云龙县和祥云县，在洱源、宾川、弥渡、永平等县也有零星分布。其中以云龙县傣族人口最多，主要集中居住在云龙县宝丰乡大栗树村。

数百年来，迁居住于大理州境内的傣族，因处于白族及汉族聚居区，长期与白族和汉族和睦相处，多个民族之间的文化自然地交流融合。故居住在大理州境内的傣族生产生活方式、宗教信仰、风俗习惯、饮食习惯、建筑艺术等大体上已与境内白族和汉族相同。

## 第二节　大理傣族传统民俗

### 一、经济生活

与云南省境内其他地区的傣族一样，大理州境内傣族亦喜沿河而居，大部分傣族聚居于河谷地带，故其经济生活主要以农业、林业和畜牧业为主。

自古以来，傣族主要从事农业生产活动。农作物以水稻、玉米、小麦为主，一般一年分为两季，分大小春。农业经济收入为傣族人民的主要经济来源。傣族种植的林木主要为茶树和核桃，傣族人民部分经济收入也来源于此。养殖方面主要饲养猪、山羊和牛等。随着社会经济以及城市化的发展，境内傣族一部分人员外出务工，一部分从事经营服务业等。现如今，傣族聚居地区经济发展越来越繁荣，人民生活水平越来越高。

### 二、日常礼仪

傣族自古以来就是崇尚礼仪的民族，傣族人民大多性格外向、好客。外来人员到傣族人家或者傣族村寨时，他们都会主动打招呼，端茶倒水，以美酒、美食款待远方的客人。无论男女老少，都十分注重待客之道，说话轻声细语，笑脸相迎。

尊老爱幼、孝敬长辈是傣族的传统美德。见到长者要主动打招呼，主动问候，给其让道、让座，主动端茶、递烟等。起床后的第一杯早茶要先敬给家中的老人。吃饭时要让老人坐上席，由老人先动筷子。在老人面前不说脏话，不跷二郎腿等也是傣族教育子女的优良传统美德。

因长时间与白族和汉族杂居，傣族跟白族一样认为火塘是个神圣的地方，不可以向火塘内吐口水和从火塘上跨过。火塘正中位置只有长辈才可以坐，女性及小辈是不可以坐火塘上方位置，如果女性及小辈坐了这个位置，会认为极其没礼貌。

此外，骑马的人要是经过傣族村寨或是傣族人们的家门口时必须从马上下来，否则会认为非常没有礼貌。如果骑马的人不从马上下来的话，傣族会认为此人非常傲慢，看不起别人，傣族同胞可能会联合起来将其打下马。

傣族人家的门槛也忌讳坐人，进门也不允许踩到门槛，傣族人认为门槛是门神居住的地方，这样做的话会伤害到门神。傣族男人所用的工具、衣服等，妇女忌从上面跨过。另外，女性的内衣裤等在晾晒或是悬挂的时候，也忌让家里的长辈看到，更不可以挂在家里长辈会走过的位置上方。

### 三、文学艺术

傣族有悠久的历史和文化，虽然迁居至大理境内数百年，但是在与其他民族交流融合的过程中也丰富发展了自己的文化，让傣族的文化在大理境内更加绽放光彩。

（一）语言文字

傣语属于汉藏语系壮侗语族傣语支，其文字为傣文。云南省内各地区的傣语有共同的语法结构，大部分临近区域之间方言发音差距较小，能与任何地方的傣族都能进行简单地交流。

大理州境内傣族因为长时间与汉族和白族杂居，傣族语言文字已经不再使用，既通晓汉语也通晓白语，通用汉字。

（二）民间文学

傣族在长期的生产生活中创造了丰富多彩的文学艺术。傣族的文学主要为民间文学，且大多数为口口相传的民间故事、山歌以及与生产生活相关的谚语等。

1. 民间故事

傣族的民间故事多来自傣族人民的生产生活之中，故事内容涉及农业生产、狩猎采集等多方面。民间故事的传承一般由村里的年长者通过口口相传的方式向年幼者传述。

2. 唱山歌

傣族唱山歌的文化主要受当地白族人的影响。山歌的唱法多种多样，内容多来源于傣族人民的日常生活，有年轻男女求爱时唱的山歌，有结婚时唱的山歌，也有抒发自身心情的山歌。山歌有独唱和对唱两种，其中对唱可以两个人对唱，也可以多人对唱。山歌在丰富人们日常生活的同时，也让傣族文化通过人们口口相传的方式更好地传承下去。

### 四、传统服饰

傣族同胞大部分人从事农业生产活动，所以傣族的服饰也大多是便于劳作的衣服。傣族男子下身服饰主要是裤脚较为宽松的纯色裤子或者大彩裤，上身为对襟衣，一般穿几件，外面的对襟衣会敞开。过去傣族男子喜欢在腰间挂腰刀。

傣族女性喜欢穿蓝色、绿色上衣，上衣一般前短后长，扣子往右斜扣。领口袖口上多有花边，内衬衣多为绿色或粉红色的，喜戴银耳环。裤子的颜色一

般多为深蓝或者黑色，比较宽松，适合于生产劳作。

现今社会发展，服装样式也越来越多样化，傣族男女也跟随时代进步穿各式各样的潮流衣服，不再遵循传统的穿衣方式以及穿衣风格，更多的是追求现代化的舒适感以及流行感。

### 五、传统婚俗

大理州境内傣族除了在本民族内部通婚之外，与附近白族及汉族通婚现象也比较普遍。傣族结婚一般要有订婚、办婚礼、回门三个流程。

#### 1. 订婚

傣族人在结婚之前，男方家要请媒人到女方家求亲，女方家若是同意的话，在过去会将女方的生辰八字交给媒人，媒人拿回去给男方之后就请专门的人给双方"合八字"。男女双方八字相合，男方就要正式下聘礼。聘礼的主要物品包括红糖、茶叶、衣服、酒、米、肉等。这些物品都要准备两份，有成双成对的寓意。下聘礼之后，男方需要到女方家接准新娘到自己家住上几日，同时要认男方家亲戚。举行订婚典礼当日，男方家亲朋好友要准备好酒水饮料、肉食蔬菜等去女方家，届时女方家会邀请亲戚朋友来家里吃饭，饭菜全部由男方家准备。订婚的主要意义在于双方互相认亲戚的同时宣示男女双方正式定亲。订婚之后双方家长即可见面，择良辰吉日举行结婚仪式。

#### 2. 婚礼

婚礼前一天，男方家要派专人将新娘衣服以及女方家长辈的衣服、首饰、洗脸毛巾、镜子、鸡、酒水、大米、肉（切成三刀四份）等物品到女方家。婚礼当日，迎亲队伍要去女方家迎接新娘，到女方家村子附近时要放鞭炮。男方家去接亲的人员必须是单数去，双数回，且必须要在吉时之内把新娘接进家门。新娘进男方家的时候，男方父母长辈要藏起来。按照当地习俗，若新娘与公婆直接见面，日后家庭可能会不和睦。

#### 3. 回门

在结婚后的第七天，新郎跟新娘要带上礼物去看望女方的父母以及亲戚。新婚夫妻在刚结婚的第一年春节期间，要准备礼品去看望女方家的所有亲戚，届时女方家亲戚需准备丰盛的饭菜来宴请这对新婚夫妻。在走亲戚认亲戚的同时，亲戚朋友也会教授人生道理以及夫妻相处之道给这对新人，并祝福他们婚后生活更加美满。

### 六、饮食习俗

傣族人民自古就种植水稻，大米是傣族的主食之一。傣族自搬到大理州境内之后受到当地地形条件的制约以及附近民族的影响，也种植玉米、小麦等。故境内傣族人民的主食为水稻、小麦以及玉米。

糍粑，用糯米制成。每年冬至，傣族就要做糍粑，做好切成菱形的糍粑在火上烤制，烤好之后再配上当地的土蜂蜜，就是傣族人的最爱。此外，稻米制品还有饵块、米糕等，这些都是傣族人的日常食用的美食。

豆腐肠，用猪油、猪血、豆腐加上调味品调制之后再灌入猪肠子之内。制作好的豆腐肠要经过差不多一个月时间的风干之后才能食用。食用方法一般是跟香肠或是风干的猪里脊肉一起烹煮之后切开食用或者炒食。豆腐肠本是白族当地白族的特色饮食，现今也成了傣族的主要饮食制品之一。

腊肉，每年寒冬腊月时节，傣族都要杀肥猪。宰杀好的年猪要按照不同的部位分割好，用盐腌制放在阴凉处自然风干，这样腊肉才能保存较长时间，可供一年四季使用。

鱼，傣族自古以来就喜食鱼。鱼的做法多种多样，既有烤制的亦有烹煮的。受附近白族的影响，大理州境内傣族多喜食味道浓烈的酸辣鱼。做法也与白族几乎无异，生津解暑的酸加上开胃祛湿的辣，也成了大理傣族餐桌上必不可少的一部分。

傣族先民居住的地方多为热带地区，虽然已搬入大理州境内，但还是保留了其原有的饮食习惯，偏好酸辣。傣族一般在三餐饭中喜欢有一道酸辣清爽的凉拌菜，在丰富餐桌菜品的同时可以增进食欲。除此之外，傣族人也特别喜欢吃用豌豆或者蚕豆作为原料而制成的凉粉，尤其到每年夏天，一碗酸辣的凉粉就是傣族人们的乡愁。

傣族人喜好喝茶，绿茶更甚。在云龙县，傣族男人一般早起之后会在瓦罐里放入一点茶叶，在炭火上烤过之后，放入沸水中再放在炭火上烤煮。一碗喷香扑鼻的瓦罐茶配上炭火烤过的粑粑就是傣族人美好一天的开始。除了早上的早茶之外，傣族会在午餐时也会喝茶。在亲朋好友来访时，傣族人也会泡上热茶迎客，客来敬茶是傣族最热情的待客之道。

酒是傣族人生活中必不可少的一部分。日常生活中，男子早晚两餐会饮酒少许。遇到节庆宴会等喜庆时刻，边饮边歌舞。傣族男子擅长酿酒，全用谷米酿制，味道香甜。用谷米酿造的酒一般度数都会在50度以上。

### 七、住屋形式

以前傣族的住房主要为"垛木房"，改革开放后随着地方社会经济的快速发展，傣族人民的住房也慢慢建成"瓦房"，而且这些房屋大多都是根据当地的地形而建的，房屋建筑样式主要是"一房两耳"或是"一房一耳"。"一房"指的就是正房，一般为两层，下层人们居住，下层中间的房间用作客厅，也叫"中堂"，两侧的房间主要做卧室用；上层中间的房间用来供奉神位，两侧的房间用来堆放粮食作物等，视具体需要而定。"两耳"指的就是在正房左右的两个耳房。大理的傣族一般跟临近的白族一样，将自己的房子围成一个小院子。畜厩在离生活区不远的地方，便于及时照看和管理。

现今，随着社会经济的越来越发达，傣族聚居区也有大部分人开始建钢筋混凝土式的房屋，新式房屋在傣族聚居区也越来越多。

### 八、传统节日

经长期的民族融合，大理州境内傣族庆祝的节日也已经与聚居在一起的白族和汉族几乎无差别。大理州境内傣族主要庆祝的节日有春节、清明节、中元节、中秋节等。

#### 1. 春节

春节可以算作傣族人民最重要的节日，每年的这个时候，在外的人都要回家跟家人团聚庆祝新的一年的到来。腊月三十这一天，傣族人家都要在自家门上贴红对联，在大门上贴上门神，以求辟邪和达到"封门"的作用。之后就是全家人围在一起享用团圆晚餐，在享用丰盛的晚餐前要放鞭炮以示庆祝。正月初一，傣族人家一定会早起，洗漱后全家一起享用元宵或者"糯米粑粑"。正月初一这一天，人们一般不互相串门，家里人之间也不允许争吵，因傣族人认为在新年的第一天吵架会预示着接下来的一整年里家里人就不太和睦、顺利。从正月初二开始，人们就会陆续开始走亲访友，互相祝福。

#### 2. 清明节

清明节就是傣族祖先崇拜的直接表现，每年的四月五日左右，傣族各家各户都会邀约亲友去扫墓。主要的祭祀用品就是公鸡、香火、纸钱等。除此之外的必备物品就是刚刚抽出嫩芽的柳枝，柳枝主要放在墓头。各家会在祭祀完并给逝去的亲人磕头之后在墓地旁野餐。

#### 3. 中元节

每年农历七月十五日为"中元节"，也叫"七月半"。傣族会在这一天给逝去亲人烧包和烧衣服。

#### 4. 中秋节

每年农历八月十五日为中秋节，全家人团聚在一起。晚餐后全家人围坐在一起赏月，吃月饼以及各种时令水果。受当地人的影响，大理境内傣族除了吃市面上常见的火腿月饼及水果月饼之外，还会吃"大红饼"。大红饼酥皮主要由荞面和小麦面粉制成，馅主要由豆沙制成。中秋节之际，傣族人都会买个大红饼让全家一起享用，寓意全家团团圆圆、家庭和睦美满。

5. 泼水节

泼水节也就是傣族的新年，在每年的四月份。每当节日期间傣族男女老少都会穿上盛装参加泼水节活动。大理境内的傣族因迁居至境内时间较长，受白族和其他民族的文化影响较多，泼水节的节日气氛不像西双版纳和德宏的傣族那样浓烈，但也保留了本民族的文化印记。泼水节的主要活动就是大家互相泼水，无论是认识的人还是陌生人都可互相泼水。傣族认为，水可洗尽人们身上的所有罪恶和厄运，互相给对方泼水会给对方带来好运和幸福。

6. 端午节

大理境内傣族也庆祝端午节。节前人们会到街上买好艾草和菖蒲，在节日当天挂到门两侧以求驱邪祛病。节日当天傣族人民会根据喜好制作各种馅料的粽子，有的人家还会蒸包子。此外，必不可少的还有煮蚕豆和煮大蒜。按照习惯，晚饭过后全家一起外出散步，也就是人们常说的"走百病"。傣族人认为，端午节当天晚饭后外出"走百病"，可以驱邪祛病，健康长寿。

**九、娱乐活动**

唱山歌为傣族的主要娱乐活动，山歌调也叫"白族调"，共有"花上花""合呢嗯""已是已""合呢合""已落堆""老利老""山呢山""细夭夭""滴滴打""雪勒勒"等三十六个韵，被称为"三十六性"。这些韵都是用每首山歌的第一句，起定韵和起兴的作用，现如今会唱这些"白族调"的人已经越来越少。

打歌调，打歌主要是在婚礼或葬礼上表演的民歌和舞蹈合二为一的一种表演形式。纯舞蹈性的打歌无伴奏无伴唱，只跳；走唱式的打歌以唱为主，以简单的步伐以及手势边走边唱伴；坐唱式的打歌就只是纯唱歌。

## 第三节 大理傣族民俗文化的传承和保护

民俗文化作为民族文化的精华，包括物质和精神两个层面，涵盖了普通大众生产生活、休闲娱乐的方方面面，其生命力在于与时俱进的自我传承和创新、适应能力。数百年的民族融合让大理境内傣族原有的文化"印记"越来越少，但是多民族聚居的交流融合也让傣族的文化更加具有包容性和多样性。境内傣族在与其他民族文化交流融合中对本民族的文化进行创新发展的同时，也积极传承和保护本民族的优秀文化，让本民族传统民俗文化在传承与保护中更显独特魅力。傣族在民俗文化方面的传承与保护主要表现在四个方面。

## 一、民俗文化传承与地域特色相结合

傣族人民凭借其得天独厚的自然条件，依托大理旅游资源的优势，将充满地域特色的民俗文化作为旅游资源进行开发，让更多的民俗文化在开发中不断得到传承与保护。例如：云龙县的傣族聚居区凭借其得天独厚的自然条件成了种植茶叶的优良场所，当地人开始按照农户分散种植、业主统一加工、统一品牌、统一销售的方式创立了云龙县的地标产品"大栗树"绿茶。"大栗树"绿茶不仅是傣族地域特色茶文化的代表，更是傣族民俗文化传承的载体。地域特色产品茶叶的商品化，在保留本民族悠久的茶文化的同时，让本民族茶文化在传承过程中更加丰富多彩，更加源远流长。

## 二、民俗文化保护与文化自信相结合

村落文化作为傣族文化的重要组成部分，是傣族传统文化中不可分割的一部分，随着乡村振兴战略的提出，乡村旅游也开始慢慢兴起，村落文化游逐渐成为乡村旅游的重点。傣族人民在重视旅游开发的同时也重视村落文化的保护，重视展示本民族的民风民情和优秀传统文化。傣族人民将村落文化保护与文化自信有机结合，在宣传本民族文化的同时有效地传承了优秀的传统村落文化，让本民族的文化更具有吸引力和影响力。在保证村落继续发展的同时，让村落更加焕发生机，吸引越来越多的人来傣族村落观光旅游。

## 三、民俗文化保护必须依靠人民群众

人民群众作为创造民俗文化的主体以及民俗文化传播过程中的重要参与者，在民俗文化传承与保护中起到了举足轻重的作用。民俗文化传承与保护必须依托人民群众的力量。例如：傣族端午节包粽子、饭后"走百病"等活动，不仅承载了傣族传统民俗文化，也展现了地方文化的特色。人民群众参与了节日活动，在成为文化主角的同时传承着本民族的民俗文化，让本民族的文化在传承延续的同时焕发勃勃生机。

## 四、多样化的传播方式传承和保护民俗文化

傣族的传统民俗文化是傣族在长期的历史发展过程中逐渐形成并不断发展出来的。随着时代的发展和社会环境的变化，傣族的民俗文化的传播方式也不断丰富和多样化。如今，越来越多傣族人民已经学会用互联网手段，采用微博、微信等多种方式传播自己的传统民俗文化。这些现代化的传播方式在加速傣族文化传播的同时，也有利于傣族民俗文化的传承与保护。

# 第九章 大理阿昌族民俗文化

## 第一节 大理阿昌族概况

阿昌族是全国 25 个 30 万人以下人口较少民族、云南省 8 个人口较少民族之一。国内的阿昌族主要聚居在大理州白族自治州的云龙县，德宏傣族景颇族自治州的梁河、陇川、芒市、盈江，保山市的腾冲、龙陵等地。阿昌族是大理州 7 个特有少数民族之一，主要聚居在云龙县漕涧镇仁山村。

阿昌族源于古代的氐羌族群，与南诏、大理国时期的"寻传蛮"有直接的渊源关系，唐代文献中称为"寻传蛮"为阿昌族的前身。在古代汉文献中，阿昌族曾被称为"峨昌""莪昌"，1953 年，根据阿昌族人民的意愿，决定统一称为"阿昌族"。

云龙县是阿昌族的发祥地之一。据考证，大理南诏国建立之时，阿昌族早氏家族在澜沧江一带称雄，当时的部落首领早疆被大理国封为部落总酋长，成为澜沧江沿岸今云龙县漕涧、功果桥、表村等地的一支强大部落，也因此成为这一地区的早期开拓者。唐代，阿昌族在如今的云龙县、泸水市、兰坪县等地区建立了强大的部落联盟，阿昌族成为当时名震滇西北的一个强势民族。

南诏时期，南诏王阁逻凤西开寻传，并移白蛮（白族先民）20 万户于滇西寻传地区。大批移民给洱海地区带来了先进的生产技术和文化，时间一久，阿昌族的生存发展空间越来越小。9 世纪，漕涧地区的阿昌族召开了一次他们认为是决定本民族生死存亡的大会，几个阿昌族部落头人聚集在一起商量迁徙一事。大会上，以苗丹（漕涧仁山）部落头领为主的一派主张定居，以赶马撒（今老窝乡中元）部落首领为主的一派主张南迁。大约 11 世纪初到 13 世纪，南迁的阿昌族经过漫长艰辛的迁徙，一部分定居于德宏傣族景颇族自治州陇川县的户撒坝子，另一部分则定居于德宏傣族景颇族自治州的梁河县河谷地区，有少量定居在保山的蒲缥、腾冲和怒江的上江等地。迁徙到上述地区的阿昌族较好地保存了本民族的传统文化。在明洪武年间，生活在腾冲的部分阿昌族，

在头人早纳的带领下又北上回到漕涧地区，被朝廷封为"世袭土千总"，后改为土司，其土司衙署设在今仁山苗丹大园子。明代在云南实行军民屯田，汉族人口大量迁入云南，在随后的历史发展中，云龙县漕涧地区阿昌族与汉族、白族实现了民族大融合。

## 第二节　大理阿昌族传统民俗

### 一、经济生活

农业生产。元朝以前，阿昌族人民主要依靠狩猎和采集，但靠近大理腹地（今云龙、兰坪）的阿昌族，较快地接受了先进民族的生产技术，在滇西各少数民族中最早种植稻谷，云龙县漕涧地区阿昌族培育的"红米枣"水稻品种，曾推被广到腾冲的光明村等地，其生产的大米曾一度供应到保山坝区。粮食作物以水稻、玉米、小麦、荞为主，以薯类、豆类、蔬菜等为辅。

手工业。阿昌族手工业有炼铁、酿酒、榨油、纺布、编织等，妇女纺织土布并染色，男子编箩筐等竹制生活用品，大多都是自给自足的。历史上阿昌族打铁、制刀的技术精湛，打制的铁器质地好、经久耐用，极负盛名，数百年以来很受各族人民的喜爱。过去，云龙县漕涧仁山村、铁厂村有十余盘炼铁炉打铁作坊，打铁收入一度成为村民的主要收入来源。陇川县户撒乡阿昌族打制的各类刀制品称为"户撒刀"，其长刀、尖刀、砍刀、菜刀、剪刀等，多次在国内获奖，著称于世，产品不仅在怒江的傈僳族、临沧的佤族、中甸的藏族等地区和邻邦缅甸十分畅销，还远销到西藏、甘肃、青海、内蒙古、四川等少数民族地区及东南亚国家。

### 二、日常礼仪

阿昌族家族观念比较浓厚，同一家族的各个小家庭常成片地居住在同一地域或毗连地区，家族内提倡在婚姻、盖房、丧葬、扶贫济困方面的家族义务，谁家办红白喜事、建房盖屋，都要主动相互帮助，邻里关系和谐。阿昌族人民历来重视后代的培养和健康成长，重视子女教育，因此阿昌族人才辈出。阿昌族认为不敬重老人或陷害老人，是一种不道德的行为，会折寿或短命。阿昌族素以好客而闻名，有贵宾自远方来，要在村口请他喝"进寨酒"。

### 三、文学艺术

阿昌族没有自己的文字，但通过口耳相传的"口头文学"——民间文学却十分丰富，主要有歌谣、民间故事、传说、谚语等用以传承本民族的丰富文学艺术。

民间歌谣是阿昌族"口头文学"的重要组成部分，当地有"阿昌生得犟，不哭就要唱"的形象说法。种类有叙事歌、祭祀歌、孝歌、挽歌、情歌、山歌等，如《十二属调》。云龙阿昌族由于长期与汉族、白族等民族杂居，语言流失，各类歌谣多用汉语演唱。

"大刀舞"是阿昌族的典型民族舞蹈，又叫"耍刀"，是一种独人单刀舞蹈，表演时表演者身穿紧身衣服，腰系布带，脚扎绑腿，手持一把锋利木柄弯刀，在锣、大钹、鼓等打击乐器的伴奏下，表演者表演越铁门坎、鱼跳龙门、飞向云霄、鸽子翻身、古树盘根、金猴上树等 12 套动作，融武术和舞蹈艺术为一体。"大刀舞"是云龙漕涧阿昌族世代传承下来的传统民间舞蹈，表演者以粗犷豪放的演技，展现阿昌族勇敢无畏、爱刀善舞、崇尚武艺的民族品质和生活习俗。林学贤老人是"大刀舞"的传承人，被评为州级民族民间艺人，"大刀舞"也被列入省级非物质文化遗产保护名录传统舞蹈类。阿昌族其他舞蹈还有《求雨舞》《窝罗舞》等。

阿昌族的乐器有三弦、二胡、象脚鼓、锣、钹、唢呐等。

### 四、传统服饰

阿昌族服饰富有民族特色，但各地稍有差别。传统上，云龙阿昌族不论男女、老年人都戴黑色"包头"，用布匹缠绕在头上。女人包头高大呈圆形，男人包头平整留有须，长 3 米多，宽约 0.5 米。女人戴银珠耳环或圆形耳环，未婚女子则留长辫子缠绕在头顶上，中间缀红线，既美观又大方。

阿昌族衣饰有自裁自缝棉质衣饰，喜欢青色和黑色。阿昌族妇女穿对襟衣，袖口绣不同颜色花边，胸前缀有一串做工精巧的银质工艺品。阿昌族男人穿黑色或青色对襟衣，开襟处有两排布料圆纽扣，外衣下摆两侧饰有红、黄、绿色构成的"狗牙花"。

裙饰即围裙或围腰，是阿昌族妇女的便装之一，分为裙面、裙头、裙带三部分。裙面为黑色；裙头用种不同颜色布料组成，双层缝合，内可装日常用物；裙带又叫飘带，较长的可绕身一圈多。阿昌族妇女，穿黑色长筒宽腿裤，裤脚边绣一道花边，脚穿布料绣花鞋。男人则腰系一个三角形的皮包，可装钱币和火镰包，穿风摆裆和宽腿半长裤子，脚穿草鞋或布鞋。

随着社会经济的发展，阿昌族的服饰也在布料、颜色、款式等方面不断在发生着变化。

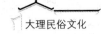

### 五、传统婚俗

阿昌族实行一夫一妻制。过去,阿昌族婚恋主要有自由恋爱和父母婚媒。自由恋爱的男女青年通过唱山歌,谈情说爱,相互往来。互定终身后,男方要告诉父母,请村里一个能说会道、有一定威望的人当媒人,带上礼品到女方家说亲。过去阿昌族男女婚配中有很多讲究,要合"八字",要互送"八字贴",看男女双方是否相合。婚礼一般要举行三天。

### 六、饮食习俗

阿昌族饮食以大米为主食,以玉米、荞子、豆类、蔬果、麦类和薯类等为辅食,还采集蕨菜、竹笋、香椿、树头菜、野芹菜、苤菜、野生菌等作为日常菜肴。漕涧镇仁山村后有一座苤菜山,农历七月半村民们采回苤菜包和苤菜花后,晒至半干,然后切碎用手搓揉,拌上酒、辣椒、胡椒粉等调料,精心腌制成"咸苤菜",用来炒火腿肉,味道鲜美可口,是一道闻名滇西特有的名菜。

云龙阿昌族还有"扁米"的吃法,把新糯谷炒熟趁热舂成扁米,去糠,味道清新可口,随口食用,是阿昌族人民的日常干粮。

### 七、住屋形式

阿昌族多居住在坝区和半山区。村寨一般选择在有阳光、水源充足的地方,依山而建,面水而居。住房大多为一间正房加两间厢房,多数人家还在正房对面用土砌一堵照壁,能挡风避音。正房讲究坐向,住宅大门保持"迎山开门"的传统习俗。正房一般有三间,一般为土木结构或砖木结构瓦房,正房中间为堂屋,设有神龛、火塘,是饮食、取暖、会客、祭祀的场所。堂屋内的火塘长年不熄。堂屋左右两边是老人和未婚子女的卧室、厢房。楼上或做客房或堆放杂物,楼下多用来圈养牲畜、饲养家禽或作制铁器。

### 八、传统节日

阿昌族最隆重的民族节日是"阿露窝罗节",是将原梁河地区阿昌族纪念传说中的人类始祖遮帕麻和遮咪麻的宗教节日"窝罗节",与陇川户撒阿昌族传统的宗教节日"会街节"统一起来的节日。"阿露窝罗节"于每年公历3月20日至21日举行,节日标志为青龙、白象和弓箭。云龙阿昌族近几年来也开始举办"阿露窝罗节",节日期间组织阿昌族传统歌舞、服饰等丰富多彩的活动,在促进民族地区经济贸易、民族文化交流与传承、民族团结进步等方面发挥着积极作用。

云龙县阿昌族除与白族、汉族过相同的节日外，还有"桃花粑粑节"。农历二月初八早上，家家户户用针串一串针长的桃花叶，揉细放在糯米面粉内，煎成糯米粑粑，据说吃了以后不会得泻肚子病。"撒种节"，过节的时间在农历三月上旬，是阿昌族的撒秧时节祭祀五谷神的节日。

## 第三节　大理阿昌族民俗文化的传承与保护

历史总是在向前发展，中华人民共和国成立后云龙漕涧镇的阿昌族聚居区发生了深刻变化，特别是在改革开放后，在党的民族政策指引下，通过阿昌族人民辛勤努力，阿昌族人民的生产生活条件发生了翻天覆地变化。各民族在不断地交往交流中，进行了深度融合，共同发展。尤其是 2004 年以来，党和政府加大对云南省特少民族发展的扶持力度，云龙漕涧镇的阿昌族再次迎来了发展的又一春天。在促进民族经济发展方面，积极引导阿昌族人民调整产业结构，大力发展仁山红米，让阿昌族历史上培育的"红米枣"大米重放光芒，并努力将民族文化与产业发展结合起来，同时引入现代农业企业，推广种植红豆杉、泡核桃等经济作物。

通过几年来的扶持，云龙漕涧镇的阿昌族地区村庄村貌焕然一新，阿昌族人民的生产生活条件不断发生着改变，生活水平不断提高，在仁山村先后建起了阿昌族民族广场、阿昌族民俗博物馆等民族文化传承基础设施，不断挖掘民族文化，大力培养民族文化传承人，

从德宏陇川地区引回了阿昌族神话史诗《遮帕麻与遮咪麻》，结合云龙县漕涧镇传统节日"二·八"澡塘会，近几年开始举办了"阿露窝罗节"。富有阿昌族文化特色的村庄已成该地区新农村建设和民族团结繁荣发展的一张靓丽名片，也必将成为该地区游业发展好载体。

过去一度得不到重视的民俗文化得到挖掘、保护、传承和弘扬。过去藏在"深闺"的大山阿昌族的"大刀舞"，通过传承人的创新，以及阿昌族民族文化的巡回展演，如今在当地已经家喻户晓，世人皆知。阿昌人民还把民族服饰和民族歌舞搬进了校园，让阿昌族小孩从小学习，从小培养民族文化感情，成为当地校园内的一道风景线。云龙县的阿昌族协会致力于民族文化的传承、民族地区经济发展，推进了阿昌族文化的创新发展。阿昌族历来重视对下一代的教育，在党和政府不断加大阿昌族地区的教育扶持下，如今云龙阿昌族人才辈出，众多的各行各业的阿昌族从业者，不断推进阿昌族地区经济发展和民族文化的传承和保护，进一步增强了阿昌族人民的文化自信和民族自豪感。

# 第十章  大理壮族民俗文化

## 第一节  大理壮族概况

大理州境内的壮族，自称"布依""波依""青仲家""仲家人"，他称"青族""仲家子""青仲"。仲家人把自己的语言称为"湘潭话"。

根据史籍的记载，壮族先民与秦汉时期南方的百越有渊源关系，百越族群中的"僚""濮"是壮族的先民。云南壮族与广西壮族是同源。根据大理州壮族的自述，其祖先是在清道光年间从贵州等地迁来的，至今已有七代。壮族有七个支系：布依、布依、布傣、布雄、布混、傣门、傣德。大理州壮族属布依支系。壮族语言属于汉藏语系壮侗语族壮傣语支。壮族原无文字，中华人民共和国成立后，党和国家为壮族人民创造了拼音壮文，但未在大理州推行。由于人数较少，州内壮族均通用汉语汉文，现在当地壮族居民已基本不会说本族语言。

大理州壮族主要分布在鹤庆县的朵美乡、黄坪乡新坪村一带。这里地处金沙江西岸，气候干热，土地肥美，适宜于发展热区作物。2018年鹤庆县壮族人口为996人，主要分布在龙开口镇洛良村、小滥田、大滥田、六家村和后山村云合自然村，黄坪镇新坪村新庄、山西自然村和子牙关村下子牙关自然村、均华村、景东湾自然村，与汉族、彝族、傈僳族等民族杂居或小聚居。

仲家人（壮族的旧称）初迁入云南与明初傅友德、蓝玉、沐英率军征云南有关，明代田汝成《行边纪闻》、清代倪蜕《滇小记》均对云南仲家人的生产生活习俗有所记录。据1991年《鹤庆县志》的记载："境内壮族支系——布依，分布在朵美乡的洛良、后山以及黄坪均化。过去，他们自称'青仲'或'青族'。"据1960年云南民族识别组调查资料："'青族'的语言、风俗习惯、宗教信仰等特点和贵州的布依族相似，也与云南的壮族支系——布依（'沙'）相同。他们多是从贵州郎岱一带迁来的，1982年人口普查认定属壮族支系布依支。"

鹤庆壮族仲家人自述，其有青仲、白仲、黑仲三种，而他们为青仲，白仲有少部分住今永胜片角苦荞坪村。同永胜县一样，仲家人居住的地方，地名常带"良"（阆）"塘""坪"等。

境内朵美乡壮族主要有陈、罗、丁、赵、杜、余、吴、王、伍、梁、刘、龚、卢、孙等姓，黄坪镇壮族主要有潘、吴、罗、王等姓。

## 第二节　大理壮族传统民俗

### 一、社会经济

资料显示，仲家人在明初曾随傅友德、蓝玉、沐英军队进入云南、四川、贵州。清末民初，仲家人陆续由永胜迁到鹤庆洛赵和后山定居，开垦荒地，当时鹤庆官府把这些地方划属"宏学田"范围，按地块的肥力、水源、面积征收租赋，分为三石租、五斗租、五石租、六石租等，所得用于办学。由于官府给予一定的优惠，仲家人逐渐召集本民族亲眷在此定居。除"宏学田"外，仲家人还向当地汉族大地主刘世杰家租赁水源较好的田耕种。仲家人所种的田地大部分为旱地，种植苞谷、荞子、粟米，少部分的雷响田种植水稻。其他农作物有薯类、豆类、瓜类、甘蔗、花生、芝麻、构皮等。水果有芭蕉、桂圆、黄果、核桃、木瓜、香橼等。药材有砂仁。山坡上则多野生的橄榄树。养的牲畜则有水牛、黄牛、山羊、猪、鸡、狗、马、驴、骡等。

仲家人主要传统手工业有竹编和铁匠，竹编以制作日常用具和海簸为主，铁匠以打制犁头、刀具等生产生活用具为主。

### 二、日常礼仪

壮族是个好客的民族，过去到壮族村寨任何一家做客的客人都被认为是全寨的客人，往往几家轮流请吃饭，有时一餐饭吃五六家。平时即有相互做客的习惯，比如一家杀猪，必定请全村各户人家来一人，共吃一餐。招待客人的餐桌上务必备酒，方显隆重。敬酒的习俗为"喝交杯"，其实并不用杯，而是用白瓷汤匙。

客人到家，必在力所能及的情况下给客人以最好的食宿，对客人中的长者和新客尤其热情。用餐时须等最年长的老人入席后才能开饭；长辈未动的菜，晚辈不得先吃；给长辈和客人端茶、盛饭，必须双手捧给，而且不能从客人面前递，也不能从背后递给长辈；先吃完的要逐个对长辈、客人说"慢吃"后再离席；晚辈不能落在全桌人之后吃饭。

尊老爱幼是壮族的传统美德。路遇老人要主动打招呼、让路，在老人面前不跷二郎腿，不说污言秽语，不从老人面前跨来跨去。杀鸡时，鸡头、鸡翅必须敬给老人。路遇老人，男的要称"公公"，女的则称"奶奶"或"老太太"；遇客人或负重者，要主动让路，若遇负重的长者同行，要主动帮助并送到分手处。

壮族人忌讳农历正月初一这天杀牲；有的地区的青年妇女忌食牛肉和狗肉；妇女生孩子的头三天（有的是头七天）忌讳外人入内；忌讳生孩子尚未满月的妇女到家里串门。登上壮族人家的竹楼，一般都要脱鞋。壮族忌讳戴着斗笠和扛着锄头或其他农具的人进入自己家，所以到了壮家门外要放下农具，脱掉斗笠、帽子。火塘、灶塘是壮族家庭最神圣的地方，禁止用脚踩踏火塘上的三脚架以及灶台。壮族青年结婚，忌讳怀孕妇女参加，怀孕妇女尤其不能看新娘。特别是怀孕妇女不能进入产妇家。家有产妇，要在门上悬挂袖子、枝条或插一把刀，以示禁忌，告诉他人怀孕妇女不得踏入。不慎闯入产妇家者，必须给婴儿取一个名字，送婴儿一套衣服、一只鸡、自己身上的贴身物品或相应的礼物，做孩子的干爹、干妈。吃饭时忌用嘴把饭吹凉，更忌把筷子插到碗里。夜间行走忌吹口哨。忌坐门槛中间。

壮族是稻作民族，十分爱护青蛙，有些地方的壮族有专门的"敬蛙仪"，所以到壮族地区，严禁捕杀青蛙，也不要吃蛙肉。过去每逢水灾或其他重大灾害时，壮族都要举行安龙祭祖活动，乞求神龙赈灾。仪式结束后，于寨口立碑，谢绝外人进寨。

壮族在过春节前后不兴出远门。公媳不同坐，哥哥和弟媳不能同坐，也不能对坐。家中人死后，忌属牛的日子或时辰幽殡等。

### 三、文学艺术

1. 歌圩

壮族人民能歌善舞，称为"欢""诗"和"比"，都是唱山歌的意思。有定期举行的唱山歌会，称为歌圩。歌圩日期各地不同，以农历三月初三为最隆重。大山歌圩有万人以上参加，内容有请歌、求歌、激歌、对歌、客气歌、推歌、盘歌、点更歌、离别歌、情歌、送歌等。歌圩期间，还举行男女间的抛绣球、"碰蛋"等娱乐活动。这期间，各家各户吃五色糯米饭。过去，壮族一年种一造（即一季）水稻，三月初三是备耕时间，歌圩就是为春耕农忙做物质和精神的准备。吃五色饭、五色蛋，是预祝五谷丰登的意思。

歌圩盛行于壮族地区。各地圩期不完全一样，但大体上春秋二季为最盛。春季多于春节后的一段时间，为正月初四或正月初七、二月十九、三月初三、三月十六等等；秋季则多于中秋节后的一段时间，为八月十五或九月初九、十月初十等。此外，还有不定期的歌圩，这是经常性的。定期歌圩一般一年举行三两次，规模大者上万人参加，小者也有一二千人。不定期歌圩一般是小型的，三五十人，甚至一二十人都可以进行。歌圩上所唱的歌，主要以男女青年追求美好爱情理想为主题，其内容一般为见面歌、邀请歌、盘歌、新歌、爱慕歌、盟誓歌、送别歌等。歌圩一般为期一天，也有连续两三天的。参加歌圩的除青年人外，也有中老年和少年。老人小孩主要是"观战"、欣赏、品评，有的老年歌手参与活动，但他们不唱歌，而是给青年人当参谋。歌圩非常热闹，除青年人对歌外，还有唱戏的、做买卖的。实际上歌圩也带有几分交易会的性质。在歌圩上有各种日用百货，如绫罗布匹、饮食糕点、鸡鸭鱼肉、蔬菜等，应有尽有。

2. 歌会

歌会与歌圩有所不同，大概是从歌圩派生出来的。歌会的会期不固定，只要有需要，随时都可以进行。参加歌会的人数多者上千，少者二三十。歌会上所唱的歌，主要是以表现壮族人民变革社会、变革生活的思想激情和对未来生活的憧憬为主题。其内容大体从开篇歌开始，进而到献歌、赛歌、评歌、和歌、学歌、团结歌等。参加歌会的一般是对时政有所感的成年人。

3. 铜鼓

壮族铸造和使用铜鼓已有 2000 多年的历史。迄今，在壮族地区的绝大多数县份已发掘出不同时期的铜鼓。铜鼓的类型很多，大小不一。鼓面圆平，鼓身中空无底，装饰着各种图案花纹。在历史上，铜鼓既是乐器，也是权力和财富的象征。从冶炼技术和造型技术来看，在广西田东县锅盖岭出土的属于战国时期的铜鼓，在广西贵县、西林县出土的属于西汉时期的铜鼓，均已达到相当高的水平。

铜鼓，对仲家人而言，既是神圣的宗教法器，也是歌舞的乐器，还是召集族人相聚的号角。据介绍，居住于鹤庆境内和永胜片角、太极的仲家人，共有两面铜鼓，分公母，由黄坪仲家人罗家世代保管。这两面鼓的由来，可追溯到明代仲家人居住在永胜时。鼓面径约四尺，高尺把，无底，鼓面上斑痕像密密匝匝的麻子窝，认为那是代表天上灿烂的群星，鼓面中心刻铸有太极八卦图。铜鼓是仲家人庆典、祭祖、红白喜事不可缺少的法器和乐器。仲家人还传说母的这面铜鼓曾与江龙打过架。遗憾的是这两面铜鼓在"文革"时期被熔毁。

仲家人与铜鼓的历史渊源可以追溯到明代，明代即有仲家人"俗尚铜鼓，中空无底，时时击以为娱。土人或掘地得鼓自诬，张言诸葛武侯所藏者，富家争购，即百牛不吝也"的记载。

### 4. 壮锦

壮锦是壮族人民享有盛名的纺织工艺品。它用棉纱和五色丝绒织成，花纹图案别致，结实耐用。壮锦的生产，远在1000多年前的唐、宋时代已有记载。到了清代，壮锦生产已遍及壮族地区，成为壮族人民的生活所需品和市场的畅销品。中华人民共和国成立后，壮锦得到新的发展，花纹图案不断创新，应用范围也越来越广，如壁挂、台布、坐垫、沙发布、窗帘等。

### 5. 陶器和铜器

壮族先民发明的陶器，是人类早期利用的天然物，按照自己的意志，创造出来的一种崭新的东西。人们把黏土加水混合后，制成各种器物，待干燥后经火焙烧，产生质的变化，形成陶器。它揭开了人类利用自然、改造自然的新篇章。壮族先民的青铜技艺有很高的水平，他们所制造的灵山型、冷水冲型、晋宁型铜鼓，是铜鼓鼎盛期的产物，是八型铜鼓中的顶级产品，代表了铜鼓技艺的最高水平，高大厚重，设计奇巧，工艺精湛，花纹繁缛。鼓面上的青蛙立雕，一反青蛙450蹲势，脊梁与鼓面平行，臀部隆起如猛狮，身上饰以稻穗纹，这一画龙点睛之笔，正是骆越人对稻作文化贡献的特别标记。鼓面上的太阳纹告诉我们，骆越人有自己的欧几里得，公元前他们就能够在鼓面上表现出分割圆法。骆越人制造的镦、圆形器、牛首提梁卣、钟、靴形钺等青铜器，都有很高的水平，尤其是牛首提梁卣，设计精巧，卣纽和卣腹上四头圈眼圆睁的水牛头，堪称一绝。

骆越人的生产工具别具一格，其早期的带肩石斧和有段石锛，是典型的越人产品。所铸造的铜钺类包括靴形钺、扇面钺、风字形钺、铲形钺、圆头形钺等，形状多变、精巧实用，表现了骆越人的聪明才智。其所制造的大石铲为国内一绝，长舌形，束腰，边沿加工精细圆润，束把处有边牙，以便绑牢。最大的长60多厘米，宽20多厘米。既是生产工具，也是一种艺术品，祭祀稻作神灵时又是神器。其设计独具匠心。其他如西林的战国铜棺，合浦鸭首流铜魁、凤凰形铜灯、人足形铜盘等，都闪耀着骆越人智慧的光芒。

### 6. 民间故事

仲家人民间故事内容十分丰富，有些故事间接反映了祖先迁徙、民族风俗等。在《铜鼓与江龙打架》的故事反映了铜鼓与金沙江两岸仲家人信仰的密切关系，故事讲述了金沙江两岸的鹤庆、永胜仲家人共用两面铜鼓，一公一母，由黄坪平坝（新坪）罗姓仲家人保管，有一次母的这面铜鼓从永胜板桥乡做法事回来，在小湾子过江时，端公嘱咐划船时不要弄出水响。因不小心还是发出水响声，铜鼓从骡背上跃入江心，只见江水掀起阵阵波涛。端公在岸边做了虔敬的祷告，铜鼓在江外坪浮到岸边。因和江龙打架，四支提耳中打掉了一支，被认为铜鼓输了才上岸。其他故事还有《刘大地主上木老爷的当》《角弓响的故事》《伍将军的故事》等。

7. 民歌

壮族民歌特别发达。壮族人无论男女,从四五岁的童年时代就开始学唱山歌,父教子,母教女,形成幼年学歌、青年唱歌、老年交歌的习俗。在农村,无论下地种田、上山砍柴,婚丧嫁娶,逢年过节或青年男女间的社交恋爱等,都用山歌来表达情意。有些地方甚至家庭成员之间的对话、交流有时也以歌代言。唱歌几乎成为壮族人民生活中不可缺少的内容。人人能歌,个个会唱。仲家老人擅长在屋里或村口自编自唱本民族语言的民歌,如催人奋进的《劝进歌》《迁徙歌》《情歌》《追叙歌》《迎客歌》《敬拜歌》等。仲家人唱的《情歌》,歌词咿呀动听。

**四、传统服饰**

壮族服饰,简称"壮服",主要有蓝、黑、棕三种颜色。壮族妇女有植棉纺纱的习惯,纺纱、织布、染布已成为家庭手工业的主要内容。用自种自纺的棉纱织出来的布称为"家机",精厚、质实、耐磨,然后染成蓝、黑或棕色。用大青(一种草本植物)可染成蓝或青色布,用鱼塘深可染成黑布,用薯莨可染成棕色布。壮族服饰各有不同,男子、女子的服饰,男子、妇女、未婚女子的头饰,各具特色。男装有右襟与对襟两种,右襟衫反膊无领,衣纽从右腋下开至腰部又转向正中,再开出三四寸而止,衣襟镶嵌一寸多宽的色布边,用铜扣纽,再束上长腰带;对襟开胸,长仅及脐的紧身衫,这是在劳作时的穿着。女装为无领右襟,只是衣袖比男装大些,宽大近尺,长至膝盖,镶嵌绲边,边条有宽细,一般在二三道以上。肩内贴布反衬在外,起缝三线,名叫"反膊衫"。男女衫的扣纽均为铜纽或布纽。男女裤子式样基本相同,裤脚有绲边,俗称"牛头裤"。已婚妇女有绲花边的肚兜,腰裤左边悬挂一个穗形筒,与锁匙连在一起,走动时发出"沙啦沙啦"的响声。男子礼服惯穿长袍,外面套上一件短褂,通称"长衫配马褂",起先是头戴顶圆帽,后来改戴礼帽。男女都穿布鞋。

1912 年以前,仲家妇女喜着青色的右衽衣,圆领,上衣下裙,领口多重绣花。女子打大套头(俗云:套头打得一丈八),布长六尺,宽一尺,尖领上衣,戴青布包帕,土布衣裤,对襟布扣。祭祖用的布幔为青色。女子服饰很讲究绣工。中华人民共和国成立后,仲家民族服饰逐渐消失。在鹤庆县一户仲家人家里,曾找到一套男装,上衣为黑色精绒对襟短褂,腰带为黑绸布,内为青布长衫,具有清末满、汉服饰特色,说明仲家男式服饰随时代变化而变化。现

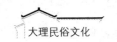

代鹤庆仲家人服饰，与朵美、黄坪汉族无异。历史上，明代仲家服饰，据《行边纪闻》载："衣裳青色，妇女以青帛蒙髻，若冒絮之状，长裙细绩，多者二十余幅，拖腰以彩布一方若绥，仍青衣袭之。"又清代《滇小记》载："短衣长裙。"但今已失传。

男女都穿布鞋，中年妇女上山劳动爱穿自己制的猫耳布鞋，俗称鞋猫，形似草鞋，有耳、有跟，用一条扁纱带将鞋耳和鞋跟串起来，任意绑扎调节松紧。儿童头饰：童帽是用二三寸宽的绣花布条缝制成的无顶遮额帽。古籍中记载，壮俗"露顶跣足""布帛勒额（束额）"，在童帽上获得再现，这种遮额帽既能保护头部，也是一种装饰品。婴儿的背带比常见的汉族的大得多，呈蝴蝶状，"蝶身"长三尺，宽二尺四寸，中绣花样图案或八卦乾坤图，但很少见绣有文字，两边"蝶翼"长九尺，宽一尺二寸，这种背带壮话称"腊lap"。中华人民共和国成立后，这种背带逐渐改小尺寸，有些背带身刺绣上如"出入平安""美满幸福"的文字，代替原有的图案。

### 五、传统婚俗

在过去，壮族的婚姻有自由恋爱和父母包办两种形式，一般婚前享受充分的恋爱自由，但父母干涉包办也时常有。历史上比较重视本民族内通婚。由于仲家居住地分散，故远在盐源、永胜、宁蒗、丽江、华坪、宾川的仲家人与鹤庆的仲家人因祖上数代通婚而有了亲戚关系。壮族盛行氏族外婚，实行一夫一妻制，每逢节日喜庆或上街赶集，常以对歌择偶。唱歌有一定程式，以初恋歌起头，历经十数个调子，最后以盟誓歌结束，交换信物。定情后，告知父母请媒人议婚，订婚时，送女家15～20千克肉，一只鸡，一只鸭，20千克糖，重量为肉一半的酒及不定数的礼钱。成婚之日，男女双方均须宴请宾客。女家所办宴席的用物由男家送去，多少视男家经济情况而定。迎亲时，新郎穿长衫马褂前往女家迎亲，新娘到后开宴举行拜堂礼，男女双方聘请的民间歌手即席对歌，表示祝福。席间以敬酒方式闹房，让新郎新娘唱歌或猜谜等。

妇女和男子一样都是家庭的劳动力，但在过去仅有男子有继承权。其婚姻习俗中盛行"不落夫家"或"坐家"，现在有些地方还保持这种习俗。青年男女结婚后，新娘便返回娘家居住，遇重大节日和农忙时节才到丈夫家短暂居住，直到怀孕之后才长住婆家。因此，"不落夫家"的时间为三五年不等。现在恋爱自由，婚姻自主。

### 六、饮食习俗

多数地区的壮族习惯于日食三餐，即在中、晚餐之间加一小餐，有少数地区的壮族也吃四餐。早、中餐比较简单，一般吃稀饭，晚餐为正餐，多吃干饭，菜肴也较为丰富。大米、玉米是壮族地区盛产的粮食，自然成为他们的主食。回锅肉是把整块猪肉先煮后切成肉块，回锅加调料即成。壮族人习惯将新鲜的鸡、鸭、鱼和蔬菜制成七八成熟，菜在热锅中稍煸炒后即出锅，可以保持菜的鲜味。

1. 五色糯米饭

五色糯米饭，又称乌饭，是壮族聚居区传统风味小吃，因糯米饭呈黑、红、黄、白、紫5种色彩而得名。每逢农历三月三、清明、四月八、牛王节、端午节等民间传统节日，在壮族聚居区家家户户都喜欢做五色糯米饭吃。五色糯米饭是将糯米分别放入一些可食的枫叶、黄花、紫番藤、红蓝草等植物的浆汁中浸泡，让它染上这些植物的颜色，然后放在蒸笼中蒸出黑、红、黄、白、紫等五色饭。放入碗里，不仅色泽鲜艳，犹如一朵刚绽开的五彩鲜花，而且质地柔软，散发出一股特殊的清香，沁人心脾，美味可口，是壮族民间一道传统美食，也是节日里待客的佳品。

2. 压年饭

春节是壮族一年中最隆重的节日之一。腊月二十三以后家家户户就开始筹办过年的物品。除夕之夜，全家人吃完团圆饭后，便将年初一全天吃的饭煮熟，将鸡、鸭、鱼、猪肉、蔬菜等弄好，留到次日吃，俗称"压年饭"，预示来年五谷丰登，年年有余。

3. 猪红肠

猪红肠是壮族一道传统食品。每年春节杀猪时，将猪肠洗净，再用猪血、糯米、内脏杂碎混合调料灌入猪肠内，然后用水煮或蒸熟食用待客。

4. 竹筒饭

竹筒饭是用竹筒煨烤的饭，流行于壮族山区的民间野炊食品。其制作方法：选用未长到1年的嫩竹，砍1节，两头的节留住，一头凿口，将优质大米或糯米洗净淘好后放入筒内，佐以腊味或鲜味肉食、香菇、香草、枸杞、山药以及生姜、辣椒干，再放入少许盐、油，用木塞将筒口塞好，插入火中煨烤。当翠青的竹筒被烤焦后，取出剖开，即可食用。竹筒饭浓香扑鼻，香酥爽口，味道鲜美。

5. 蕉叶糍

将浸透的糯米磨成浆，用布袋盛好，沥干水分，然后将洗净烫软的芭蕉叶剪成6寸左右的方块，涂上生油，用蕉叶包裹米浆成长条形放入锅中蒸20分钟即成。可做成咸甜两种。甜的即将糖煮成浓浆，加猪油放入干米浆中搓匀，配以白糖、芝麻、碎花生仁为馅；咸的即在干米浆中加盐或用甜皮包咸馅。

**6. 焖田螺**

春夏时，将田螺拾回放在清水里养数日，让其吐净泥沙，然后洗净外壳，用刀剪敲掉尾部尖端，剥开螺盖，让油、盐、配料入内。煮时先用猛火将田螺翻炒片刻，加少量油、盐、酒、姜，除去腥味，再加水焖煮。起锅前，将调好的油、盐、葱、蒜、紫苏等佐料在锅里炒一下，具有螺汤鲜美、螺肉爽脆的特点。

明代仲家的饮食习俗，有"饮食匙而不荚……食尚鱼虾而禁禽兽之肉。"清代，"食犬嗜鼠"。说明仲家人过去喜欢食狗肉和松鼠、鼬等鼠科动物的肉。

近代，仲家人饮食习俗已趋近于鹤庆各民族，也腌制火腿，制作辣生酱等，其他饮食如米、麦、面、猪肉、羊肉和各种素菜等也基本相醉。冷食，凉粉以米凉粉为主，少有豆面凉粉，唯在腌制肝花酱（又称：肝生）和吃小油菜腌菜尚保留有湘、黔饮食特征。

此外，仲家人大都会制作石榴醋、甘蔗渣醋、漆醋、杨梅酱等。

**七、住屋形式**

明代仲家人的民居，以干栏式楼居为主，明田汝成《行边纪闻》载："仲家……好为楼居。"据笔者调查，民国以前仲家人一般把房屋建在山坡上，式样多为干栏式，人住楼上，下层简易隔栅一下，用以关拦牲畜。

近代仲家人民居建筑式样，与当地汉族差异不大，一般房屋两侧山墙高出小厦，与大厦瓦沟就势而砌。砌墙一般为筑土。堂屋习惯楼梯从中间上。木板隔栅房间，老人住堂屋，两边设房供小辈住，楼板用土及土木或篾笆建造。楼上堆放杂物、粮食。房屋周围多种果树和竹子。过去有些住茅草房，一道门内通两间房，里面有矮小的土楼。现在，随着人民生活水平的提高，普遍住上了式样与当地汉族民居相似的新房。

**八、传统节日**

**1. 春节**

壮族的春节从大年三十至正月初一、初二，共三天，但初三至初五仍算春节期。它是壮族一年中最隆重的节日。一般从腊月二十三起就开始做准备，家家户户搞卫生、缝制衣裤、购买年货、张贴对联、制作糕点、杀猪、包粽子、放鞭炮、穿特殊的服装。春节又是个团圆的日子，凡是在外面工作的人，一般都赶在年三十之前回家团聚，吃团圆饭。春节期间，除了走亲访友，男女青年多去参加对歌、打陀螺、跳舞、赛球、演戏等文娱体育活动。除夕家家杀鸡杀鸭，蒸制扣肉、粉蒸肉，制作叉烧肉，等等。晚饭的八道菜中少不了"白斩鸡"，有老人的家庭，会炖猪脚、炖整鸡。米饭要做得很多，剩到第二天吃，象征着富裕。年三十晚家家都要守岁，直到半夜鸡叫，燃放鞭炮，除旧迎新。

初一初二，凡来客必吃粽子。壮家的粽子是较高贵的食物。粽有大有小，大的一二斤重，小的二三两，还有一种叫"风莫"（特大粽子）的，重达一二十斤。粽子主要原料是糯米，但要有馅儿。馅儿是由去皮的绿豆、半肥不瘦的猪皮拌上面酱制成，夹在粽心里，煮熟后，其味之香堪称一绝。

2. 陀螺节

陀螺节主要分布在广西壮族聚居的地方，每年都举行一次有名的体育盛会——陀螺节。时间是由旧历年除夕前两三天至新年正月十六日，历时半个多月。陀螺，壮语叫"勒江"，它有大有小，有轻有重。有大如河田柚的，重一斤左右，有小如鹅蛋的，也有二三两。制作陀螺一定要选用质地优良的坚木。它的"头"要圆滑。"打"的时候，用两三尺长的麻绳一圈一圈往上缠，一直缠到自己认为适当的地方，再用右手的无名指和小指挟住麻绳的尾端，迅速往地面一旋，陀螺就"呼呼"地转动起来。质量好的陀螺，再加上旋的技术高明，转起来长达七八分钟才倒下来。比赛打陀螺更是热闹非凡，获第一名者荣称"陀螺王"。据说打陀螺自兴起至今，已有300多年的历史了。但大理壮族没有这个专门的节日。

3. 陇端节

陇端节主要是在云南文山富宁县及附近壮族的传统节日。陇端，是壮语译音，意为到宽阔平坦的地方去相聚。相传这个节日已有700多年的历史，原是为了纪念民族英雄侬智高于1052年4月起兵反抗宋王朝的事迹。陇端节已发展成为富宁县以及邻近一带壮族、瑶族、苗族、彝族、汉族等各族人民进行物资交流，共同欢庆的传统节日。相传在北宋年间侬智高率众揭竿而起，取得节节胜利，建立"南天国"，自称"南天王"，克南宁，破钦州，打广州。后来义军失利，退守富宁。北宋统治者为平息农民起义，削弱起义军力量，把壮族遣散到贵州等地。临别前，人们纷纷集会，伤心叙别，嘱咐乡亲们来年归来团聚。次年正月，侬智高败于狄青，后流亡大理，不知所终。此后，每年农历三月，客居他乡的壮族人民返乡归寨同亲友团聚。随着时间的推移，形成了"陇端"节。陇端节从农历三月二十五日开始，历时三天。节前，作为东道主的村寨，杀猪宰牛，在田坝上搭戏台，做好接待客人的食宿安排。届时，姑娘们穿上衣角、袖口镶着银排和绣有花边图案的无领斜襟上衣和蜡染筒裙，戴上壮锦胸兜，脚穿绣花鞋，各个花团锦簇，美不胜收。英姿勃勃的小伙子与姑娘们相聚，载歌载舞，直到日落。仍有余兴者还可随姑娘进寨继续对歌。

**4.壮年**

壮年在壮语中叫"将也益",而春节叫"将昆"即汉族节。壮年以农历十二月为岁首,十一月末日为除夕,习惯叫"崴谊久",意为过二九(不管月大月小,都如此称谓)。是日,全寨集资买猪,(有的村寨按户轮流专门喂养社猪)宰杀敬祀社王,祈求保佑五谷丰登。亲友互访道贺,青年玩山串寨对歌作乐。有的还给周围兄弟民族送年礼,近邻的苗族、侗族、瑶族、汉族等民族,前来做客,有的还鸣炮、击鼓、吹笙,表示庆贺,到处喜气洋洋,充满着民族团结气氛。

现在仲家人的节日内容与鹤庆白族、汉族、彝族、傈僳族基本一致。但仍有些不同,如火把节,仲家人在农历六月二十四日过;中元节在农历七月十三过,接祖不分"旧祖""新祖",均为一天,且早上举行接祖仪式,晚上就举行送祖仪式。中元节时宴请亲朋及出嫁的女儿。

## 九、娱乐活动

壮族的娱乐活动,与其传统节日相关。在三月三歌会(祭龙节)陀螺节、花朝节、蚂拐节(青蛙节)等这些节日中,壮族青年男女会载歌载舞,进行各种表演。此外,还有抢花炮、抛绣球、打扁担、打壮拳等传统文体活动。

**1.抢花炮**

抢花炮是流行在壮族、侗族、仫佬族等民族中的一项具有浓郁民族特色的民间传统体育活动,深受广大少数民族同胞的欢迎,是一项勇敢者的运动。已有五百余年的历史。由于有强烈的对抗性、娱乐性和独特的民族风格,在湘、鄂、渝、黔等省份一些少数民族聚居区有着广泛的群众基础,深受该地区少数族同胞的喜欢,所以,数百年来长盛不衰。

**2.抛绣球**

抛绣球是壮族人民喜闻乐见的传统体育项目。它的历史可追溯到2000多年前。当时用以甩投的是青铜铸造的古兵器"飞砣",并且多在作战和狩猎中运用。随着社会的进步,物质生活水平的提高,飞砣也逐渐发展成现在的绣花布囊即绣球。抛绣球作为壮族人民的传统体育活动,在广西具有广泛的群众基础,有一定的社会性、民族性、实用性及趣味性,这在无形中增强了此项目的吸引力,而美丽的绣球和其乐融融的歌声更使人有一种心动不如行动的感觉。抛绣球技术动作简单,易于掌握,它能促进人们的友谊,起到以球传情、以球传神的作用,其中的奥秘是不可言喻的,只有加入这项活动中才能体会到它的魅力所在。抛绣球不但具有社交娱乐的作用而且能锻炼人的体力和意志,提高人的灵敏性和身体素质,能培养果断、坚毅、自信和积极向上的高尚品质和情操。

3. 打扁担

壮族打扁担，流行于广西壮族自治区都安、马山、东兰、南丹等县。每逢春节，晒谷场上，街头巷尾，到处都可以听到扁担的敲击声，节奏强烈有力，声响清脆高亢，非常热闹。尤其是晚上，到处灯火，山寨沸腾，扁担声和着轻快悦耳的竹筒伴奏声、村姑的欢笑声、伯娘的赞扬声，汇成欢乐幸福的声浪，震撼山谷，激荡人心。

4. 壮拳

壮拳流传于岭南一带的古代壮族武术，又被誉为"南拳始祖"。与泰拳有十分密切的渊源。壮拳适合生活战斗，"狼兵鸷悍，天下称最"。壮族先民的强悍，骁勇善战是举世闻名。壮族武术就是建立血腥战场的武力及艺术的智慧结晶，古代壮族武术主要运用于战场上格斗，在不同地势环境中进行格斗练兵，故多以应变能力著称。历史学家考证，壮族武术已经有数千年历史，明朝时在抗倭前线曾经大显身手，屡建奇功。至今，壮族聚居的乡村还有习壮拳的习俗。

壮拳在壮乡，不仅有悠久的历史和传统，而且还是壮族独特的习俗。如明代桂西壮人，男孩长到十来岁，就要教他练武。当地土司提倡群众习武，群众也崇尚武术，每年冬闲时节，壮乡的各个村寨都延聘师傅传授武艺。这种习俗经久不衰，一直延续到中华人民共和国成立前后。而今壮乡的传统武术又逐步恢复发展起来。

## 第三节　大理壮族民俗文化的传承与保护

壮族是中国人口最多的少数民族，壮族在中国少数民族大家庭中扮演了重要的角色。在新的历史时期，壮族同样面临着如何适应新时代的发展、如何更好地传承与保护民族文化的问题。大理壮族迁移至今，因受居住环境、地理条件的影响，随着时代的变迁，已完全融入当地的生活，在语言、生活习惯、饮食、服饰等方面，已逐步与当地汉族或其他少数民族融为一体。

### 一、大理壮族民俗文化创新要符合时代发展的主旋律

社会主义核心价值观是社会主义核心价值体系的内核，体现社会主义核心价值体系的根本性质和基本特征，反映社会主义核心价值体系的丰富内涵和实践要求，是社会主义核心价值体系的高度凝练和集中表达。社会主义核心价值观建设中吸取优秀传统文化，创新了传统文化，使之具有了生机与活力，推动

了中国文化的继承与发展。新时期大理壮族民俗文化非常需要社会主义核心价值观的引领，从而促进大理壮族民俗文化能够远离假、恶、丑，追求真、善、美，在丰富内涵中不断枝繁叶茂、繁荣昌盛，从而更科学地发挥其道德教化的作用，更加有力地推动社会主义核心价值观的创新发展。

**二、要充分挖掘民俗文化特色，推动乡村振兴**

壮族文化的保护与开发，和其他民族文化的一样，需要结合当地经济社会的发展，围绕保护与传承，充分依托当地政府和高等职业院校，合理地做到传承与创新，并服务经济建设和乡村振兴，做出特色。

1.高校主动融入，推动民族文化艺术融入学校教育全过程

把壮族代表性的民族歌谣、民族舞蹈、民族体育竞技以及相关传统民俗课程的学习体验作为传承创新教育基地的重点内容，通过理论教学、实践互动、产教结合，培养学生专业技能。

（1）将壮族民歌融入学校教育。以演唱、讲座、教学、展馆等多种形式展现壮族民歌。建设民歌演奏室，配备必要的演奏乐器，邀请壮族民间歌唱家，到校园演唱、讲座、教学，让更多的学生了解壮族民歌，热爱壮族民歌。

（2）将壮族舞蹈融入课堂教学。建设舞蹈室，配备必要的壮族舞蹈服装和道具。邀请民间艺人到校，重点将"扁担舞""采茶舞""竹竿舞""春堂舞"等壮族舞蹈引入教学课堂，开展"壮舞社"社团活动，并将这些舞蹈搬上学校的舞台，从而延伸到当地的一些具有壮族特色的旅游景点。

（3）把壮族体育竞技引入趣味体育课堂。将具有壮族特色的民间体育竞技项目三人板鞋接力赛、跳竹竿、抛绣球引入学校体育竞技项目中，并广为宣传其文化内涵，推介到旅游活动中。

（4）创建"大理州鹤庆县壮族民俗文化体验馆"。通过到大理州鹤庆县壮族居住地采风以及参考文献资料，收集大理州壮族民俗文化的音频、视频等资料，建立壮族文化体验馆，再现壮族的民俗文化，包含节庆、饮食、服饰等。

2.加强非物质文化遗产传承人才的培养，探索现代传承机制

把高校的人才培养方案与非物质文化遗产传承相结合，围绕非物质文化遗产的传承与保护，把民族艺术师徒世代相继、口传身授的民间民族歌舞技艺及各种特色的民俗民风整理成规范、系统、科学的教学资源，采用"师傅带徒弟""高徒带低徒"等方式，共同培养学生民族艺术传承人。

3.优化教材，加强专业建设

加强专业课程体系的开发和建设，通过邀请大理州非物质文化遗产保护中心专家，整合民间文化艺术传承人等教学资源，组织编写相关乡土教材。

4.建设民族文化师资队伍，提高培养水平

依托当地高校，建设民族文化师资队伍，建立非物质文化遗产传承人"双向进入"机制，利用民间艺人、社会能工巧匠和地方非物质文化遗产、地方特色民族文化传承人参与职业教育，共同培养文化传承人。

5.成立地方民族歌舞团、民族技艺社团，建立民族艺术技能人才培养与输出的新平台

围绕民族歌谣、舞蹈、刺绣、扎染、蜡染等民族艺术和技艺，以弘扬民族文化、丰富村民文化活动、促进民族团结进步为目的，组建乡村艺术表演团体、民族技艺社团，开展民族歌舞文化和民族技艺传承创新工作，承担当地校外重要实践教学、表演、技能比赛等任务。

6.制作民族文化宣传视频，承担社会服务职能

制作民族文化技艺传承宣传视频，加大民族文化宣传力度，增强学生民族团结进步的意识，不断提升学生的文化自信和文化自豪感。同时开办面向社会的民族文化或手工艺相关的传承培训活动；与文化企事业单位、民间艺人、技艺大师、非物质文化遗产传承人等共同进行项目研发、产品创新，为地方经济发展服务。

### 三、要因地制宜，继承和发扬民俗文化

古老的中国民俗文化底蕴深厚，长期受传统文化滋养的老百姓对文化有着天然的亲近感。随着人们文化水平的日益提高，民俗文化成为一种人们广泛追求的生活方式。大理壮族民俗文化也是如此，每一个地区都有各自不同的文化风格与文化内涵。大理壮族民俗文化的传承只有与本地的文化内涵创新融合，才能使大理特色的民俗文化经久不衰，才能与本地的文化内涵息息相关，才能推动大理壮族民俗文化的大繁荣与大发展。

# 第十一章　大理藏族民俗文化

## 第一节　大理藏族概况

藏族是中国及南亚最古老的跨境民族之一，主要分布在中国、尼泊尔、印度、不丹等国。我国藏族主要分布在西藏自治区和青海、甘肃、四川、云南等省区。藏族有自己的语言和文字。藏族信仰佛教，7世纪佛教从印度传入西藏，至今已有1400多年的历史。藏族人民创造了属于自己的民族文化，在文学、音乐、舞蹈、绘画、雕塑、医学、戏剧、建筑艺术等方面都留下了丰富厚重的文化遗产。

"藏"为汉语称谓，自称"番"，藏语音为"博巴"。藏语对居住不同地区的人有不同的称谓：居住在西藏阿里地区的人自称为"堆巴"，后藏地区的人自称为"藏巴"，前藏地区的人自称为"卫巴"，居住在西藏东境、青海西南部和四川西部和云南的人自称为"康巴"，居住在西藏北部及川西北、甘南、青海的人自称为"安多哇"。"巴""哇"藏语意为"人"。

云南省藏族主要聚居在迪庆藏族自治州，少数散居于丽江、怒江、大理等地。定居在大理州的藏族，据2018年最新统计，共有1605人，占大理州人口的0.05%，主要分布在大理、洱源、鹤庆、漾濞等县市。其中大理市藏族主要聚居在下关城南藏族新村，洱源藏族主要居住在三营镇内的郑家庄、古城、马厂、下仓、夹石洞和西田坝等自然村，鹤庆县藏族主要散居于云鹤镇、草海镇、金墩乡等乡镇。

大理藏族自称"博""博巴"，他称"古宗""古孜"。究其源流，大理市的藏族最早来源于中华人民共和国成立前后从德钦、中甸（今香格里拉）、维西和四川乡城、芒康等地到大理发展养马和进行马帮运输的藏民，先后在新桥南经营运输合作社及经营汽车修理，1982年国家拨款在东站小花园南面建盖了藏族新村，统一安置下关藏民。洱源藏族，原居住在阿墩子（中华人民共和国成立后始设德钦县）的塘罗和奔子栏地区。20世纪30年代，50多名藏胞游牧到剑川、洱源、大理、保山等地，多数时间则在洱源县的三营乡小营村西大山凹处设帐篷居住，但也曾多次南来北往，时住时去。1958年，洱源县人民政府把留居境内的藏民安置于三营乡的郑家庄、古城、马厂、下仓等自然村，从此定居下来，与当地汉、白、傣等民族杂居至今。鹤庆的藏族，多是因通商、婚姻等原因而定居的。一是明代中后期，在明朝廷的默许和支持下，丽江木氏土司逐渐兼并，统治了维西、建塘（今香格里拉）、阿墩子（今德钦）、木里、得荣、巴塘、里塘及查木多（今昌都）等部分藏族地区，鹤庆商人沿茶马古道贩运茶叶、玉石、土特产品，与藏族人贸易交往增多。清雍正五年（1727年）丽江改土归流后，划中甸厅、维西厅（两地含德钦和贡山部分地区）归鹤庆军民府管辖。当时鹤庆人一般沿打鹰坡（在鹤庆新华村西边山上）古道到巨甸（地属丽江，但鹤丽镇标有驻军）、中甸（今香格里拉）、维西，与藏族人来往密切。打鹰坡古道成为当时鹤庆通往藏族聚居区的政治、军事、商业要道。乾隆三十六年（1771年），降鹤庆府为州，鹤庆、剑川等同为丽江府管辖。一是约在咸丰、同治年间，鹤庆各族群众因战乱避居于中甸（今香格里拉）、德钦等藏族人民居住地区，不少人在这些地区开设商号做生意、行医、酿酒，有很多人还娶了当地藏族女子为妻，并落籍于该地。二是鹤庆在历史上还是藏族人朝鸡足山的必经之地，辛屯镇的天子洞、洗心泉，云鹤镇的玄化寺，草海镇的海北坪、林泉寺，朵美乡的热水塘，黄坪的天华洞，是藏族香客最乐意在朝山途中住的地方。还有些藏族马帮因做生意或路过，常在鹤庆歇脚。长此以往，有些藏民就定居于此。三是改革开放后，不少鹤庆手工艺人到藏族聚居区从事金属加工、木工等职业，有部分人入赘西藏川西、中甸（今香格里拉）、德钦藏族人家，也有部分娶藏族女子为妻，后迁徙于此。

## 第二节　大理藏族传统民俗

### 一、经济生活

移居大理州境内的藏族，初以游牧为主，辅以加工粗羊毛绒、畜皮等换取粮食、茶、盐及布料等生活用品，间有从事马帮运输及药材买卖。现在居于大理市的藏族主要在下关经营运输业、药材、餐饮店等。居住在鹤庆县的藏民大多从事牲畜、药材、金银器等行业，足迹遍及全国各地。居住在洱源县的藏族主要发展乳畜业、烤烟和中草药材营销等产业，走出了一条"宜农则农、宜商则商，忙时务农、闲时经商"的发展路子。村民们开起了"木瓜园""藏家怡园""彝族小园"等农家乐，吃上了"旅游饭"，日子过得一天比一天幸福美

满。在新迁入大理州境内的几个民族中，藏族是经济文化发展最快的民族。

## 二、日常礼仪

接待客人时，无论是行走还是言谈，总是让客人或长者为先，并使用敬语，如在名字后面加个"啦"字，以示尊敬和亲切，忌讳直呼其名。迎送客人，要躬腰屈膝，面带笑容。室内就座，要盘腿端坐，不能双腿伸直，脚底朝人，不能东张西望。接受礼品，要双手去接。赠送礼品，要躬腰双手高举过头。敬茶、酒、烟时，要双手奉上，手指不能放进碗口。藏族在迎接客人时除用手蘸酒弹三下外，还要在五谷斗里抓一点青稞，向空中抛撒三次。酒席上，主人端起酒杯先饮一口，然后一饮而尽，主人饮完头杯酒后，大家才能自由饮用。饮茶时，客人必须等主人把茶捧到面前时，才能伸手接过饮用，否则认为失礼。吃饭时讲究食不满口，嚼不出声，喝不作响，拣食不越盘。

藏族是一个古老而热情的民族，在漫长的历史中，形成了自己的一些生活中的禁忌。虽然移居大理的藏民已逐渐融入本地白族及汉族的风俗习惯，但仍保留一些自己的民族禁忌。藏族最大的禁忌是忌杀生，受戒的佛教徒在这方面更加严格。虽吃牛羊肉，但他们不亲手宰杀。吃饭时要食不满口，咬不出声，喝不出响。忌在别人后背吐唾沫，拍手掌。行路遇到寺院、玛尼堆、佛塔等宗教设施，必须从左往右绕行。不得跨越法器、火盆。

忌讳别人用手触摸头顶。忌用单手接递物品。主人倒茶时，客人须用双手把茶碗向前倾出，以表敬意。藏族家里病人或妇女生育时，要在门前做标记，有的在门外生一堆火，有的在门口插上树枝或贴一条红布。用此标记提示外人，切勿进入。藏族一般不吃鱼虾、鸡肉和鸡蛋，不要勉强劝食。但现在这类饮食习惯已有很大改变。不能跨过或踩在别人的衣服上，也不能把自己的衣物放在别人的衣服上，更不能从人身上跨过去。晾衣服，尤其裤子、袜子、内裤不能晾在人人经过的地方。

献哈达是藏族待客规格最高的一种礼仪，表示对客人热烈的欢迎和诚挚的敬意。哈达是藏语，即纱巾或绸巾。它以白色为主，亦有浅蓝色或淡黄色的，一般长约1.5米至2米，宽约20厘米。最好的是蓝、黄、白、绿、红五彩哈达。蓝色表示蓝天，白色表示白云，绿色表示江河水，红色表示空间护法神，黄色象征大地。五彩哈达多用于最高最隆重的仪式，如佛事等。

藏族人们喜欢请活佛来起名字，一般平民的名字没有姓，只有名，名是四个字，如"多吉次旦""单增曲扎"等。为了称呼方便，人们只用两个字来简称，如"多吉次旦"简称"多吉"，"单增曲扎"简称"单曲"。用一、三两字或前两字或后两字作简称的较常见，但没有见用二、四两字作简称的。平民起名字，都有一定的含义，以寄托自己的思想感情及愿望。一种是用自然界的物体做自己的名字，如：达娃（月亮）、尼玛（太阳）；另一种是用小孩出生的日子作为名字。

### 三、文学艺术

#### 1. 语言

藏语属汉藏语系藏缅语族的藏语支，分为卫藏、安多、康3种方言。云南藏语属康方言，但也有中甸（今香格里拉）、东旺、德钦、维西等地方言的差异。大理藏族讲的是德钦方言。在境内定居后，由于长期与当地汉、白族杂居和交往，在更多的时间和更广的范围讲的则是汉语和白语，只在族内年纪较大的群体中讲藏语，汉语水平已与汉族无多少差别。同时，藏语在族内一直传承，不少年轻人与其他地方的藏族会话时一般不会感到困难。

#### 2. 文字

藏文是7世纪初期参照梵文字创造的一种拼音文字，有30个辅音字母、4个元音符号，一直在藏族地区通行。大理藏族人口较少，境内没有开设藏语教学，除年纪较大的藏胞略懂一些藏文外，普遍学习汉文，汉文已是境内藏族习用的通行文字。

#### 3. 舞蹈

在大理藏族舞蹈中至今仍有流传、最具藏文化特色的当推锅庄舞和弦子舞。一些喜庆场合，大理藏族男女老少载歌载舞，多以这两种歌舞的旋律、舞姿为母本。

"锅庄"藏语叫"卓"，即吉祥的歌舞，中甸（今香格里拉）人叫"察拉董"，即娱乐舞，也叫"歌谐"（圆圈舞）。"锅庄"是因最早围着火塘举行而得名，凡逢年过节或聚会时都要跳。人数不限，不要伴奏，也不化装，地点在院子里、大门口、广场上或火塘边都可以。跳时分甲乙两队，大家排列成行，跟着领舞者，围成圆圈，弯腰搭臂，由左至右，翩翩起舞，自由自在。舞蹈时而奔放热烈，时而款款流动，给人团结凝聚向心之感觉，也会带给人们诗情画意般的享受。

"弦子舞"有道具，男舞者将弦筒紧靠于腰部，边奏边舞，女舞者边舞边唱，男女双方都做幅度较大的甩袖动作，双脚踏步辅之手势，身子仰俯有节，动律有致，舞姿优美，既古朴自然、粗犷热烈，又刚柔相济、洒脱大方。而典型的甩袖献哈达的动作是区别于其他民族舞蹈的主要特征之一。歌舞曲牌有"跳弦舞曲""阿玛舞曲""香巴洛"等。"锅庄""弦子舞"的显著特点都是在大型的民俗活动中进行，群众参与广泛，不分男女长幼，自娱性很强。

### 4. 文学

藏族文学丰富多彩，包括作家文学和民间文学，在数量上居中国少数民族前列。《格萨尔王传》是民间说唱体英雄史诗，它是已知世界上最长的说唱史诗；藏族文学经典《仓央嘉措情歌》也已享誉世界。

《格萨尔王传》是藏族著名的英雄史诗，而在大理地区（主要在鹤庆县境内）却流传着一部由当地人讲述的《夏宗格萨尔》《金鸡格萨尔》。故事的梗概是：远古的时候，卫藏本是一个好地方，到处长满青稞，河里流着牛奶、羊奶。有一年从地底下冒出一个红眉毛、绿眼睛，全身长脚的吕崇（瘟神，原身是蜈蚣精），它吃光了青稞，喝光了牛奶，开始吃人肉。人们想要除掉吕崇，得到神启，要寻找夏宗格萨尔来除掉吕崇。夏宗（金鸡）出生在白梵天王家，是檀香树的花蒂落地变成的。白梵天王从卦象得知夏宗将是卫藏的格西，给他取名"格萨尔"。白梵天王为他坐床，格萨尔变成人。格萨尔决心到卫藏去除掉吕崇。两人奋战了三千三百天，吕崇不是格萨尔的对手，最后逃到洱海边上一个深洞里躲起来。格萨尔骑着飞马赶来，吕崇吐出的毒焰烧死了飞马，后来，变成了一块大石头，就是今天黄坪的"古宗石"。格萨尔与吕崇又大战了三天三夜，最终，格萨尔变回金鸡原形，用身子紧紧压住吕崇。格萨尔的身体变成一座大山，就是今天的鸡足山。鸡足山永远把蜈蚣精压在山下，叫它永远不得出头。藏民忘不了为他们造福除魔的格萨尔和长蹄飞马，每年都要不远万里来到鸡足山，为他们的忠魂诵经，愿他们早日转世。沿袭至今，成了藏族一年一度朝鸡足山、绕古宗石、钻天华洞的传统习俗。

这部在大理鹤庆流传的《夏宗格萨尔》，讲述的是格萨尔追杀吕崇（蜈蚣精）至洱海的故事，最终格萨尔变成金鸡将吕崇降服，格萨尔的身体变成了鸡足山。格萨尔的圣迹，成为今天藏族朝礼鸡足山的必经之路。黄坪的"古宗石"，正是传说中格萨尔的神马变的，来鸡足山朝圣的藏民保留了绕"古宗石"的仪式。人们要在大石四周烧起九堆篝火，在石上点燃99盏酥油灯，摆上99个宝塔，环塔放置99匹酥油马，然后手摇转经筒，环石诵经99圈，歌颂格萨尔及长蹄飞马的功绩。天长日久，当地群众会定期举行绕石活动，沿袭成为每年正月十五的绕石会。

### 5. 藏历

藏历是藏族先民所创造的历法，已有1000多年的历史。藏历有三大元素，包括藏族文化固有的物候历，由印度引进的时轮历，以及由汉人引进的时宪历。藏历是藏族文化中最富有价值的一种民间文化。

### 四、传统服饰

藏族服饰无论男女至今完整保留。不同的地域，有着不同的服饰。其主要特点是长袖、宽腰、大襟。妇女冬穿长袖长袍，夏着无袖长袍，内穿各种颜色与花纹的衬衣，腰前系一块彩色花纹的围裙。藏族服饰多姿多彩，男装雄健豪放，女装典雅潇洒，尤以珠宝金玉作为佩饰，形成高原妇女特有的风格。

藏袍是藏族的主要服装款式，种类很多，从衣服质地上可分锦缎、皮面、氆氇、素布等。藏袍花纹装饰很讲究，过去僧官不同品级，严格区分纹饰。藏袍较长，一般都比身高还长，穿时要把下部上提，下摆离脚面有三四十厘米高，扎上腰带。藏袍可分牧区皮袍、色袖袍、农区氆氇袍，式样可分长袖皮袍，工布宽肩无袖女长袍和加珞花领氆氇袍，男女穿的衬衫有大襟和对襟两种，男衬衫高领女式多翻领，女衫的袖子要比其他衣袖长 40 厘米左右。跳舞时放下袖子，袖子在空中翩翩起舞，非常优美。

帮典，即围裙，是藏族特有的装束，是已婚妇女必备的装饰品。帮典颜色，或艳丽强烈，或素雅娴静。

藏帽式样繁多，质地不一，有金花帽、氆氇帽等一二十种。藏靴是藏族服饰的重要特征之一，常见的有"松巴拉木"花靴，靴底是用棉线皮革做的。

佩饰头饰在藏装中占有重要位置，佩饰以腰部的佩褂最有特色，饰品多与古代生产生活有关。讲究的还镶以金银珠宝，头饰的质地有铜、银、金质雕镂器物和玉、珊瑚、珍珠等珍宝。

大理藏族的传统服饰与德钦县的奔子栏地区的藏族服饰有较多的渊源关系。男子上装为多件右襟齐腰短衣，叫"对通"，镶金边高领，用银币、铜珠做衣扣，讲究层次重叠，颜色醒目。外套圆领开右襟长袍，叫"楚巴"，腰系长带，长袍前摆平展后摆折叠。平时常袒右臂，行走、劳动或歌舞至酣时有将两袖结于腰间。迎宾、朝佛时则将双袖穿上，或右袖搭肩表示恭敬。头戴金边毡帽、呢帽，有的年轻人戴高筒狐皮帽。脚穿长筒皮靴或藏靴。佩带精美的腰刀、吊刀及其他饰物。

年轻女子上身内着长袖藏绸衫衣，外罩呢绒坎肩，上镶云头金银边饰，用红珊瑚做衣扣。下着曳地百褶围裙，腰缠毛织百花带。佩金银镶珊瑚的长垂耳环，胸挂银质护身佛盒，右襟挂三须链。成年女子头发用彩色丝绦绳相编盘于头顶。老年妇女不罩坎肩，外着深色宽领长袍，系深色围裙，腰系绸带。

定居大理后的藏族，日常衣着，特别是年轻人的衣着逐步与当地汉族趋于一致。至今，除年纪较大的藏族妇女外，日常衣着与汉族没什么区别。许多藏族青年男女还喜欢穿时装，不少儿童还穿戴其他少数民族的服饰。但在藏族传

统节日、喜庆场合，或参加集会、接待贵宾时，仍穿戴藏族服饰，男子英武豪迈，妇女流光溢彩，更增添了喜庆热烈气氛。

### 五、传统婚俗

移居大理的藏族，其婚姻家庭形式是一夫一妻制的小家庭。青年男女恋爱自主，婚姻自由，联姻不重聘礼，与汉、白、傣等民族通婚的比较普遍，早婚的较少，婚礼别具特色。订婚形式一般比较直接，男女双方认识后请本族较有威望的老人到女方家或男方家提亲，提亲时带上砖茶、哈达、酒等礼品。婚礼受周围白族、汉族的影响，有一定的变化，但仍保留着一些民族特色。

### 六、饮食习俗

藏族有着自己独特的饮食结构和饮食习惯，其中酥油、茶叶、糌粑、牛羊肉被称为藏族饮食的"四宝"，此外，还有青稞酒和各式奶制品。藏餐是中国餐饮系列中的流派之一，历史悠久，品种丰富。藏餐分为主食、菜肴、汤三大类。藏餐的口味讲究清淡、平和，很多菜，除了盐巴和葱蒜，一般不放辛辣的调料。定居大理后的藏族，饮食习俗已逐步与当地的汉族、白族等民族趋于一致，但喜吃牛肉、羊肉，保留酥油茶、糌粑和青稞酒等特色饮食。

糌粑是藏族的一种重要食品，制作很简单，将青稞炒熟后磨成面，便成了糌粑。食用方式多样，最常见的是用手在小碗中把茶汁、酥油与糌粑、奶渣拌匀并捏成小团而食。

藏族的青稞酒是用青稞直接酿成的，度数较低，是节庆活动所必备的饮品。青稞酒藏族饮酒的礼仪和习俗极为丰富，每酿新酒，必先以"酒新"敬神，然后依循"长幼有序"的古训，首先向家中的长辈敬酒，其后家人才能畅饮。在节日、婚庆或众多人聚会场合，饮酒一般是先向德高望重的长者敬献，然后按顺时针方向依次敬酒。敬酒者一般应用双手捧酒杯举过头顶，敬献给受酒者，特别对长者更是如此。而受酒者先双手接过酒杯，然后用左手托住，再用右手的无名指轻轻地蘸上杯中的酒，向空中弹一下，如此反复三次，表示对天、地、神的敬奉和对佛法僧"三宝"的祈祝，有时口中还要轻声念出吉祥的祝词，然后再饮。

酥油茶是藏族人生活中不可缺少的饮品。做酥油茶离不开酥油、盐和茶，酥油是从牛羊奶里提炼的奶油，以夏季牦牛奶里提炼的金黄色酥油为最好，从羊奶里提炼的则为纯白色。藏族在饮茶时讲究长幼、主客之序。客人饮茶不能太急太快，一般以三碗为最吉利。

### 七、住屋形式

碉房是康巴藏族聚居区最为常见的建筑形式，由于外形很像碉堡，故称碉房。康巴藏族的碉房多为石砌碉房，藏民因地制宜、就地取材，以当地的石材作为建筑材料砌墙，从而使室内达到冬暖夏凉的效果。碉房外墙并非与地平面成九十度，而是逐渐向上收缩。从建筑外形上看，碉房墙厚，并且窗子非常小，给人一种浑厚稳重的视觉感觉，但碉房室内的墙壁则保持垂直。在高原强烈的阳光的照射下，白色的碉房与蔚蓝色的天空形成色彩明朗且和谐的对比效果，远远望去格外亮丽。碉房外部的色彩装饰古朴粗犷、纯净艳丽，在颜色的选取方面表现出藏族人民热爱生活、坦诚、纯朴的特点和对信仰的虔诚。藏族人民尊重、珍爱劳动成果，用牦牛骨或羊头骨装饰门楣，同时还起到纳吉避邪的作用。此外，藏族人民还会在屋顶四角或大门的门楣上安放白色，给房屋的墙壁刷白灰，过节时门窗和木制家具用白面点、白点或划白线等，这些色彩和图案的运用均表现出了藏族人们远古流传下来的各种崇拜。

定居后的大理藏族民居建筑基本上与当地白族、汉族民居相同。洱源的藏族许多人家建盖起土木砖瓦或钢混结构楼房，有的还置有花园、亭台，庭院布置清新幽雅，居室陈设考究吉祥。现在大理的藏族被统一安置在藏族新村。但藏族的住房大多角挂彩色风幡或墙上绘吉祥八宝图，家家设佛堂，户户置象征吉祥如意的牦牛头骨，是境内藏族室内布置的鲜明特点。

### 八、传统节日

藏族节日繁多，基本上每个月都会有节日。藏历元月是节日最多也是最隆重的月份，在这个月里，几乎天天都在过节。藏族的传统节日是藏族文化最主要的表现之一。大理藏族原居住地的德钦地区，传统的民族节庆有藏历年、默郎钦波会、端午节赛马会、丹巴热果节、阶冬节等，节日仪式多有宗教信仰的色彩。定居大理后的藏族很多节日已和当地的白族、汉族融合，最主要的节日有藏历新年、春节、中秋节、康巴文化节、三月街民族节。

### 九、娱乐活动

藏族人民性格豪放，能歌善舞，素有"歌舞的海洋"之称。藏族人民的生活也有各种各样的花样，创造了纷繁的娱乐方式，如骑马、射箭、跳舞、唱歌等传统娱乐项目。随着民族融合的深入和受现代文明的影响，人们的娱乐生活变得更加丰富多彩。由于地理原因，居住在大理的藏族日常生活中主要保留的娱乐活动为唱歌、跳舞。藏族聚会时，歌是必不可少的。藏族酒歌曲调悠扬，

优美动听，内容多为祝福、赞美之辞。一般酒宴上，男女主人都会唱着酒歌敬酒，盛大宴会上，有专门的敬酒女郎，她们穿着华丽的服饰，唱着迷人的酒歌，轮番劝饮，直到客人喝尽兴为止。在节庆或农闲时，大理藏族男女围成圆圈，自右向左，边歌边舞，跳起快乐的锅庄舞。他们把藏族传统优秀文化用歌舞的形式传递给出来。

## 第三节　大理藏族民俗文化的传承与保护

### 一、康巴文化艺术节

为加强大理地区藏族群众和居住在大理的在康巴地区工作过的人之间相互了解沟通，促进民族团结、经济繁荣、社会和谐，1998 年成立大理州康巴文化研究会，并于每年 10 月 16 日在下关举行"金秋十月康巴节"。自大理州康巴文化研究会成立以来，在州市党委、政府的领导下，在社会各界的亲切关怀下，大理的藏族同胞"康巴文化艺术节"已连续举办 20 余届，每年的康巴文化艺术节上展示了藏族优秀的传统文化和民族风采，对大理的经济发展、文化交流起到了很好的促进作用。

### 二、洱源县郑家庄民族团结——七个民族一家亲

郑家庄位于云南大理洱源县三营镇，是一个多民族聚居村。这个仅有 125 户的小小村庄，却有汉族、白族、藏族、傈僳族、傣族、纳西族、彝族 7 个民族居住。尽管语言、信仰、习俗不相同，但他们和睦相处、亲如一家。在郑家庄，很多家庭都是由不同民族组成的。据统计，村里的民族间通婚率占到了六成以上。长期相互通婚、文化交融，增进了各民族之间的感情，滋养了郑家庄形成良好的风尚。党支部以民族文化的相互交融为切入点，拓展民族团结和谐的深度和广度，使各民族之间感情上亲如一家。一是用文艺队唱响民族旋律，二是用团圆饭凝聚民族感情，三是用文化墙展示民族风情。2006 年，郑家庄被列为云南省第一批民族团结示范村；2015 年，郑家庄被授予第四届"全国文明村镇"荣誉称号。目前，郑家庄正在建民族文化展示厅，打造全国民族旅游示范村。

定居于境内近半个世纪的大理藏族，继承和弘扬了藏族人民坚强刚毅、英勇勤劳的品质，热情好客、真诚友爱的情操，能歌善舞、热爱生活的情趣，机智诙谐、能耕善商的禀赋，以及尊老爱幼、睦邻互助的美德，与汉族、白族等民族杂居共处，团结互助，情同手足，相互学习，共同发展。

# 第十二章　大理布朗族民俗文化

## 第一节　大理布朗族概况

大理州的布朗族是从汉代起就分布于今德宏、保山、临沧、普洱（即古称之哀牢地）的"濮"人族群中分化出来的。清康熙《定边县志》记之为"蒲蛮"。中华人民共和国成立前自称"濮人"或"濮家"，布朗语读为"费巴"（feba）。而"濮"则有濮、朴、扑、仆、蒲等汉字书写形式，他称"布朗"。中华人民共和国成立后，根据本民族意愿，统一称为布朗族。

### 一、源流

大理州的布朗族有孔、官、苏、杜、刘、曾、罗、姜、杨、蔡、祁等 11 个姓氏，大多由云县、景东的曼旧、打黑、新村、曼赖、曼贤等地陆续迁入，唯官姓之中居于狗街的一支和苏姓中居于落底河大村的一支，是由今凤庆县辗转至巍山县境后又迁到南涧县境内定居的。迁居南涧县的布朗族，迁入时间前后不一，以孔姓来得最早，据当地人说，于明神宗三十九年（1611 年）迁入；由云县迁入的官姓，据口传，迁入至今近 10 代，约在清康熙五十六年（1717 年）迁入；由巍山迁入的官姓，是清末民国初迁入的；由云县迁入的苏姓分两期：其一是清嘉庆二十五年（1820 年），另一部分是民国二十年（1931 年）迁入的。由巍山迁至落底河大树的苏姓，至今已 10 代人。杜姓是清乾隆前期（1740—1745 年）迁入；刘姓是清同治十年（1871 年）迁入的；杨、罗、蔡、姜、曾、祁等姓人家，皆是民国年间陆续迁入的。

布朗族语言属南亚语系孟高棉语族布朗语支，与佤语、德昂语之间有亲缘关系。布朗族没有本民族的文字，一般兼通用相临近的他族语言文字，大多通用汉语、汉字。在 20 世纪 80 年代末，只有几位 70 岁以上老人会讲布朗语，但不作交际用语。

## 二、人口

大理州的布朗族主要居住在南涧彝族自治县沙乐乡的望江、小湾子、狗街、落龙寨、落底河和公郎镇的岩子脚等村。据 2017 年统计，大理州有布朗族 976 人，其中南涧县有 657 人（见表 12-1）。

表 12-1　历次人口普查南涧县布朗族人口情况表

| 人口统计时间 | 布朗族人口数（人） |
| --- | --- |
| 1953 年人口统计 | 84 |
| 1964 年人口统计 | 193 |
| 1982 年人口统计 | 325 |
| 1990 年人口统计 | 495 |
| 2000 年人口统计 | 505 |
| 2005 年人口统计 | 543 |
| 2017 年人口统计 | 657 |

## 第二节　大理布朗族传统民俗

### 一、经济生活

（一）1949 年以前的传统经济形态

布朗族以农业为主，擅长畜牧养殖和林果种植，农作物有水稻、玉米、小麦、蚕豆、豌豆和等。中华人民共和国成立以前，布朗族处于封建地主经济形态，基本上是当地彝族、汉族、回族封建地主的佃户。每年除了交纳租税外，逢年过节或遇佃主婚丧嫁娶，要牵羊抱鸡、驮粮背柴去上贡。所受的剥削和奴役主要有：

1. 谷物地租

此地租，各村依耕地数额长年缴纳。租额占年总产量的一半以上。如 1947 —1948 年，望江村全村的耕地仅 50 亩左右，年总产粮食约 3750 千克，所交的定额地租约 2500 千克，所交租额达年总产量的 67%；湾子村，全村年总产粮食约 1500 千克，需交租约 800 千克，此租额占年总产量的 53%；落底大村，全村年总产粮食约 4500 千克，需交租约 2250 千克，此租额占年总产量的 50%。

2. 谷利盘剥

布朗族人每年种出的粮食，交租后，口粮年年都欠缺。一部分人家常在青黄不接时，不得不向地主借粮度日。所借之粮在秋收后必加利偿还。其利率一般是：当年偿还者借一还二，若至交年偿还则借一还三。所以布朗族人由于连年交租、借债，往往被地主盘剥得庄稼收完粮也完。落底村民谣说："落底是个白米庄，弯弓放下找盘缠。"

3. 劳役剥削

布朗族人种出的粮食，在交租、偿债后，所剩无几，因而大多要靠卖苦工来维持生活。如湾子、望江地区，乃是内地通往边境的交通古道上渡澜沧江的渡口之一，占有这里土地权的地主，不但控有渡船而且又与官府勾结霸占渡权；澜沧江西岸人们生活中必需的食盐等，必须由江东岸经人背马驮运来再渡江去供应。而当地地主不但操纵着行销江西岸的食盐，又把持着部分运输。凡背、挑、赶马等运输力，地主皆驱使作为佃户的布朗族人去担负。其卖苦力的工价则任凭地主付给，又多用以抵债。

4. 献礼、服役

地主家凡有婚、丧、寿庆、盖房等事，作为其佃户的布朗族人，必须牵羊、提鸡、带米、背柴等作献礼去奉献，而且还须做挑水、洗碗等劳作。另外，地主还规定，布朗族佃户，每年每户要为地主服劳工 30 个左右。

5. 私房攫取

地主家庭中的部分子女，往往私下将一二头牝畜附加给布朗族佃户饲养，除母本永属投放的地主所有外，其所繁殖的新畜（含多代繁殖者），多半也归投放者，仅少量归佃户所得。

（二）经济结构

1. 农业

农业是大理布朗族传统经济的支柱，布朗族迁入南涧县境时，僻居于谷底、江边地带，即在易于引水灌溉的谷边、山脚开田种水稻，在居所近旁的山坳里开地种禾、黍。过去由于耕作粗放，栽种农作物一般都不施肥，庄稼每年只收一熟，即春夏间播种，秋天收获，冬季则留荒以养地力。旱地种苞谷，每年在雨季来临时播下籽种，俟苗长后稍事薅锄即待收。水田一年栽一季水稻，不复种。

中华人民共和国成立后，经土地改革，凡成熟田地都实行复种，尽力使庄稼一年有两次（季）收获。1952—1993 年，布朗族的分布区内，陆续建成了农田引水渠 33 条，使 70% 的稻田灌溉稳定。1981 年起的农村联产承包责任制后，粮食产量又得到较大幅度的增长。1982 年 12 月，投资 111 万元，装机容量 640 千瓦的落底河电站建成，南涧县落底河的布朗族群众结束了没有电的历史。随着生产的发展，人民生活有了提高。农业机械从无到有。粮食收入逐步趋向自给有余，居住条件有了极大改善。

1993 年，国家重点工程漫湾电站蓄水大坝淹没了布朗族群众的几百亩良田。随着各项惠农政策的实施和农业科技知识进一步推广和普及，烤烟种植面积和产值不断增加和提高，布朗族社会经济得到快速发展。

布朗族擅长饲养畜、禽，在过去未与种植业分离。除自己拥有耕牛、驮马及解决日用的肉食外，出售所繁殖的部分畜禽是其家庭收入的主要来源之一。

近年来，南涧县积极引导布朗族群众种植核桃、改造茶园、发展中药材，并通过特色农业培植、发展生态绿色农业来逐步提高布朗族的后续发展能力。2015 年，南涧县在公郎镇尝试创设落底河村扶贫互助社，属村办、民管、辖区群众受益的农村专业经济服务组织。

通过"整族脱贫"的加快推进，不断加快基础设施建设，积极改善布朗族困难群众的生存环境。以群众自筹加政府扶持、扶贫贷款相互整合的方式为资金来源，使落底河村世代居住的居民得到项目化帮扶。如今，村庄变美了，生活变好了。

2. 手工业

布朗族传统手工业主要是木器和竹编。布朗族会制作木犁、木耙等小农具，还能制作简易的桌、凳、椅、柜子等家具，以及能用当地盛产的竹子编制箩筐、簸箕、米筛、面筛、背篓、篮子等生产生活用具。

3. 商业

大理布朗族中，没有以经商为业者，布朗族村社也没有集市，群众为购买日用品和解决家庭中必要的开支而出售农产品和畜禽，要到落底河街或公郎街进行买卖。布朗族群众中从事过经销者很少。

二、日常礼仪

外人进入布朗族村民的房屋时要脱鞋。不能用手摸佛爷、和尚和老人的头部。平时禁止砍伐神树及周围的树林，不准在其中挖土取石，更不允许任何人在神林区内大小便。布朗族妇女怀孕后，忌讳进房赕佛和参拜佛爷。孕妇也忌讳参加别人的婚礼和葬礼，一般不能参加各种祭典。

禁新年初一串门，禁用牛肉、狗肉祭神，禁砍伐祖坟山上的神树，禁未婚青年死后埋入祖坟，参加婚礼忌穿孝服，参加丧礼忌穿红色衣服。父或母新故的七日内，孝子不能进别家门，百日内孝子不能剃头。忌用白云石垒坟。忌野兽自动进村及进入家院。忌五行中之火日下种。忌立秋日下地干活，并有"立秋不犁牛，冬至不剥棕"的谚语。

### 三、音乐舞蹈

"打歌"是布朗族极喜爱的、群众性的载歌载舞的活动。凡逢山会、婚礼、新建房屋等时，都兴打歌。打歌时男女相参，人数不限。舞蹈主要以步法、身法体现其特色，节拍、过门及套路均有一定规律，并往往以传统的芦笙曲调、笛音等做引导。歌调一般分上下两联，上联多由一人领唱，下联则由群体和续。歌词无固定唱本，但却有约定俗成的规律，其多以庆贺祝福为主旨，以抒发布朗族人民对美满、幸福生活的向往，场面热烈活泼。

### 四、传统服饰

布朗族的传统服装多以黑色或蓝色面料制作。男子的衣着分上衣下裤，上衣一般是圆领长袖对襟短裳（有的袖口、衣脚边还绣有花纹），下穿裤脚口较宽的大裆半长裤。头戴 6 瓣或 8 瓣缎帽，或以皂色布叠绕于头上。

妇女的上衣是右衽大面襟窄长袖绣花边的紧身短褂（前襟略短、后襟略长），下穿绣或镶花边的筒裙。头饰，一般是黑色包巾。女子婚否，头饰有别：未婚女子往往梳发为辫并常披于肩后，一般不戴头巾；已婚者则常收发辫于头顶盘髻或戴上头巾。婚后如果还披发辫，被视为看不起丈夫。

### 五、传统婚俗

布朗族的婚姻制度为一夫一妻制，历史上一般在本民族内通婚。同一个姓氏者被视为一家人而禁婚配，又视亲表兄妹如兄妹而不能通婚。

民国时期，布朗族对婚姻的缔结也行"父母之命，媒妁之言"。其礼仪，一般需经讨口气、公开求婚、喝火塘酒、正式献酒等几道程式。

1. 讨口气

讨口气，当某未婚男青年看中某未婚的女青年后，男青年便将对象告知父母，父母即委托一可靠的亲友，先向女方父母探问，如果女方父母有愿意的意思，男方即可公开到女家求婚。

2. 公开求婚

男方需正式请一媒人择日带领求婚男子携礼品公开到女家登门提亲。当天，女家父母往往请几位至亲来陪客，意在"相婿"，更主要的是要与姑娘商量，若姑娘不表示反对，则此婚事就初定下来。男方亦宜给姑娘一点"见面礼"（一般可给一点现金）。

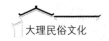

### 3. 喝火塘酒

当男方求亲如愿后，再选一吉日，媒人和求婚男子仍然携礼品再次到女家求婚。这次，女家则将家族长者、女方的舅舅、姨妈、姑妈等请来，共同再与女方商酌，对婚事做出决定，即谓喝火塘酒。如果女家杀鸡、煮肉、做大米饭及做糯米汤圆热情招待媒人及求婚男子，而且被求姑娘又亲自给男方来人奉送洗脚水，则暗示此婚事已确定。若女家只以青菜、鸡蛋、酸菜等平常菜招待男方来人，姑娘也不送洗脚水，则此婚事即遭拒绝。

### 4. 正式献酒

经"火塘酒"婚事得到确定后，男家再选一吉日，媒人和求婚男子带上送给女家待客用的主要食品（酒、肉）以及送给女方亲戚的礼品，到女家敬献。是日，女家办席宴请预邀来的亲朋。饭后，女家派一亲人带领求婚男子拜认女方父母并改口喊爹、妈，表示已成岳、婿。同时，再一一拜识女方家族长者、亲戚。此后，婚事即受本民族习俗的约束而不能擅自毁弃。

### 5. 结婚仪式

结婚需择吉日举行。头一天，男家除要张罗搭喜筵棚等待客的事务外，还要请媒人带人将一些礼品送至女家，主要是双方协商好的食品、新娘的衣物。另外，将较贵重的礼品一套送给女方父母，小礼一份给女家料理婚礼的"总理"。

婚礼的正日，新郎由陪郎及男女青年各 4 ~ 6 人组成迎亲队，由吹鼓手吹起喜调至新娘家迎娶新娘。迎亲队到达女家后，俟女家宴客毕（迎亲队亦就餐），新娘换好新衣，偕新郎向父母及祖先灵位参拜后，由女家送亲人（一般是新娘的哥、嫂、弟、妹及舅父、舅母等）陪同转赴男家。当迎亲队回到男家门口时，男家预先请好一对已有子女的夫妇，将送亲人等恭接至正堂，新娘则由迎亲的女伴导入新房。经休息，俟男家宴客毕，举行"拜堂"仪式。

### 6. 拜堂仪式

拜堂仪式由男家"总理"带领送亲人之一陪同新娘、新郎拜见男方父母、长者、至亲长辈。拜见时，新娘要向受拜者跪献鞋子、糖果等礼品，受拜者则以衣物、现金等回赠新娘。有的则在次早举行。拜堂毕，婚礼即基本完结。婚礼 3 日内，选一双日，新娘偕新郎带上一些礼物与送亲人回到娘家，谓之"回门"。至此，整套婚礼才算完毕。

## 六、住屋形式

### （一）环境特点

大理布朗族居住于南涧彝族自治县沙乐乡落底河村委会的望江村、落龙寨、狗街、湾子，自强村委会的落底河村以及公郎镇板桥村委会的岩子脚村，地处公郎河、落底河、引定河两岸以及澜沧江东岸的河谷半坡地带。海拔880～1250米，属亚热带气候。布朗族居住地山势巍峨、江水澎湃、森林茂密、雨量充沛、水源丰富。

（二）布朗族的住宅

布朗族基本上是一户住一幢，一部分是无石基的土墙木屋架，有一层楼以茅草盖屋顶；另一部分则是以"丫杈做柱头、杂草盖房头、篱笆当墙头"的简陋草舍。一般是背倚山梁的一方为主房（人住及堆放食物等），在主房前略留空地后建畜圈。

现代的布朗族住宅大多是三方房子一面围墙，即：主房（又称正房）一间，前留院场，面对主房建一面房，在主房的左侧或右侧，建一面临院场而贯联主、面房的厢房（习又称耳房），厢房对面的主、面房间筑以围墙并开大门。

主房内分三隔，有一层楼。楼上是一通开间，用以堆放粮食等。楼下隔开，中隔（习称堂屋）多设有供奉祖先的香台，接待客人多在堂屋里。左边隔多是长辈的住室，右边隔多是长子夫妇住居。

面房分上下两层（习称地楼），下层半入土作畜圈；上层（楼）亦多分三隔，除给幼辈住宿外，常留有空房以备来客安宿。

厢房，一般无楼，多用作厨房及平时的饭厅。

在党和国家对少数民族的关怀下，大理98%的布朗族住进新瓦房。2004年，政府在沙乐乡实施漫湾库区二次移民工程，全乡投入资金532.9万元，有37户布朗族离开原居住的村子，迁入新的家园。漫湾电站库区二次移民工程缓解了布朗族群众人多田地少、居住拥挤的状况。2017年底，人均收入已达6500元左右。现在在精准扶贫的惠民政策下，基本的住房生活已得到100%的解决。

**九、传统节日**

布朗族节日有春节、二月八、清明节、端午节、火把节和七月半等。其中春节和七月半较为隆重。

春节，一般为期3天，即腊月三十，正月初一、初二。腊月三十，用糯米饭打成两个直径约为18厘米的圆粑粑挂在大房子的两棵柱子上，院内栽一棵青松树，称"松蓬"。晚上杀鸡煮肉，一祭管牲畜之神——谜西，二祭天地和祖宗，三祭松蓬。夜晚家人团聚守岁至通宵。正月初一，早上吃元宵，全日吃素，严禁相互走访。初二天一亮，家人要从外面抱一个椭圆形石头，边进门边念："左手开东方门，右手开东方门，手上抱的是金银，金银财富进来了。"说完，把石头放在堂屋供桌上，算是喜门已踩，外人可以出入。每日三餐都要祭敬此石。正月十五，杀鸡献石，献毕，抱起石头出门，走上365步，放下此石，这年就算过完。

七月半（阴历七月十四日）是祭祖日。七月初一，杀鸡接祖。七月十四送祖，这天一早，要炒蚕豆、豌豆、麦子、玉米、荞子等五谷放在碗里供献祖宗。晚上，杀鸡祭献以后，各取少许放在托盘内，点燃香火一直送出门外。

## 第三节　大理布朗族民俗文化的传承与保护

大理布朗族的民间风俗是布朗族在其生活区域上创造和传承的生活文化，其主要服务于民众的日常生活。民俗文化形成后，作为一种对人们行为、语言和心理进行规范的力量，同时也是民众传承、积累文化和创造成果的重要方式与方法。

### 一、大理布朗族民俗文化的发展现状

民俗受社会环境和心理因素的影响，在积累、传递和演变的过程中往往具有独特性。民俗文化范围主要包括物质民俗文化、社会民俗文化和精神民俗文化，在各项社会活动中形成了独具特色的民俗行为和民俗艺术。大理布朗族民俗文化也呈现出较强的地方性特点。

大理布朗族民俗文化在发展过程中发生了较大的变化，而且在社会推进过程中，民俗文化所依存的基础也发生了变化，这就导致大量民俗文化在历史发展过程中逐渐没落和遗失。当前布朗族民俗文化的发展现状不容乐观，具体发展现状大致可以归纳为以下几个方面：

1.部分民俗文化在逐渐消失

一方面布朗族大多分布在相对偏远地区、山区，与外界交流甚少，民俗文化得到很好的保留，另一方面由于受城市化的影响，部分民俗文化在逐渐消失。

2.民俗文化认同感在减弱

布朗族民俗文化的发展没有很强的社会支撑，民俗文化存在更多地依赖于人们对该文化的认同，而城市化和现代化进程，对民俗文化产生了冲击，严重影响布朗族民俗文化的传承与创新。

### 二、大理布朗族民俗文化的传承与创新

（一）地方政府需要整合和协调各方力量，促进地方优秀民俗文化的传承与发展

首先，根据布朗族的民俗文化发展的现状，地方政府需要加大力度使其

得到保护和传承，如通过提高传承人的待遇及改善民间艺人的传承环境，以此来激发全民对本民族民俗文化的传承和保护意识。其次，需要重视地方民俗文化专业人才队伍的建设工作，以此来为民俗文化的传承和创新提供智力支持。再次，加大对传统村落的保护力度。传统村落作为民俗文化根植的土壤，一旦传统村落消失，不仅使大量农业文明的物质见证泯灭，而且大量优秀的民俗文化也会随之消失。因此当前政府部门需要加大对传统村落的抢救力度，为民俗文化的传承与创新提供肥沃的土壤。最后，要充分发挥优秀民俗文化的教育功能。地方政府要督促各级图书馆、文化馆、博物馆、科技馆等公共文化机构积极开展对地方民俗文化的传播和展示。教育部门和各级各类学校要逐步将优秀的、体现民族精神与民间特色的民俗文化内容编入有关教材，开展教学活动。鼓励和支持新闻出版、广播电视、互联网等媒体对优秀的民俗文化进行宣传和展示，普及保护知识，培养保护意识，努力在全社会达成共识，营造保护民俗文化的良好氛围。

（二）重视对民俗文化的合理开发

大理布朗族民俗文化的生成和传承带有明显的分散性、自发性和民间性的特征，可进行合理的开发，把蕴藏在民间的文化智慧和文化资源挖掘和整合出来，依靠民俗文化的自身价值从而获得持久性传承。

（三）发展特色产业，提高自我"造血"功能，保护传承民族优秀文化

培养出一大批的高素质农民、手工艺人、文化传承人、专业合作组织带头人等人才。

在一定程度上引导人们在美丽乡村建设中注意保留乡土味道，体现地域特色，保留乡村风貌。此外，以"布朗新村"等示范建设为载体，南涧还开展了多次种植、养殖、民族刺绣、民族文化产品制作、特色饮食等技能培训，并组织多场次民族服饰纺织、刺绣、劳动力转移等培训。通过这种方式挖掘文化富民渠道，开展民族团结进步创建活动，从而保护、传承和创新大理布朗族优秀的民族文化。

# 第十三章　大理拉祜族民俗文化

## 第一节　大理拉祜族概况

拉祜族是我国古老的民族之一，主要分布在澜沧江两岸普洱、临沧两个地区，还有少部分在缅甸、越南、老挝等国家跨境而居。在大理州境内，拉祜族集中居住于宾川县钟英傈僳族彝族乡的芝麻登村的米子登、羊管唐古地村。今大理州内的拉祜族居住地域，是古代拉祜族迁徙的途经之地。"拉祜"一词在拉祜语中有着"虎"（拉）和"将肉烤香"（祜）的意思，因而拉祜族又被称为"猎虎的民族"。

拉祜族创世史诗《牡帕密帕》和叙事长诗《扎努扎别》，在我国少数民族民间文学中占有重要地位。"葫芦"是拉祜族的图腾，"葫芦节"（拉祜年）是拉祜族最隆重的传统民间节日。传说，拉祜族的祖先是天神厄莎用葫芦培育出来的，因此拉祜族把葫芦看成是祖先的化身。葫芦在拉祜族的生活中占有重要地位，既是民族吉祥物，又是实用宝物。用葫芦装水，清凉洁净；装酒，不会变味；装谷种，不易受潮；葫芦还被用来制作拉祜人挚爱的乐器葫芦笙。

## 第二节　大理拉祜族传统民俗

### 一、经济生活

中华人民共和国成立前，大理地区的拉祜族社会形态已处于地主经济阶段。几乎所有的拉祜族都是地主属下的贫农、雇农，为汉族、傈僳族等民族地主阶级的佃户。

拉祜族的农业生产以耕种旱地为主，农作物有高粱、小米、苞谷等，多被种于房前屋后的斜坡上，生产工具有犁、锄、斧、连枷、背篮、镰刀等。由于居住地区地势陡峭，耕地坡度大，保水程度低，土质贫瘠，粮食产量低，除去地租，一年生产的粮食只能应付几个月，多数时间靠采集、狩猎为生。中华人民共和国成立后，拉祜族和其他民族一样，经历了初级社、高级社和人民公社时期。1980 年，拉祜族群众开始实行家庭联产承包责任制。改革开放以来，拉祜族人民的生产方式和生活水平发生了翻天覆地的变化，但由于生活在金沙江沿岸的高山峡谷和陡峭悬崖地区，环境恶劣，耕地极少，资源匮乏，加上耕作粗放，粮食产量低，经济来源少。从 1998 年开始，宾川县委、县政府在省、州的支持下，采取异地开发、搬迁移民的扶贫政策，先后完成大松坪、大干塘、大坝子 3 个移民搬迁点建设工程，大部分的拉祜族群的生产生活条件日益改善。

## 二、日常礼仪

拉祜族人不畏艰险，团结互助，尊敬老人，在漫长的岁月中，形成了共同遵守的独特礼仪。

历史上，狩猎曾是拉祜族生活中不可缺少的部分，有一人一户的活动，也有一村一寨的集体活动。集体狩猎是在农历的正月、二月间，出猎时几乎整个寨子的男子都出动，十几个人或几十个人一路，一去就是几天或十几天才回来。所得猎物不管大小，参加围猎的人不论大人小孩，每人都分得一份猎肉。假如猎物太小，就是煮成稀饭也要一人一碗分食。假如猎得马鹿等大野兽，头由猎得者或放头一枪打中者拿去，有两条里脊肉，猎得者可以分得一条，作为奖励，另一条送给寨子里年纪最大的老人。

拉祜族非常尊敬老人，有这样一句话："把享受让给比自己老的人，因为太阳、月亮是最老的人先看见的，最老的人是寨子里懂道理最多的人。"在生活的每一个细节，都反映出拉祜族尊敬老人的美德。平时家里有老人来了，青年就自觉地让座，请老人坐在火塘靠太阳出的方向，然后敬烟，接着烤茶。第一碗茶自己吃，第二碗敬给老人，意思是请老人放心。向老人敬烟、敬茶时，都要双手举过头，接的人也要双手去接，单手接就很不礼貌了。敬烟敬酒时，第一个敬给的烟酒，不转给在场比自己年纪更大的人，以后这个人是不会受到大家尊敬的。老人坐着时，青年人不得从老人前面走过，要从背后走过。盛饭时要先盛给老人。老人吩咐事情时，要等老人吩咐完了才能回话。

每逢节日或过年，拉祜族家家户户都要赕佛和敬祖。在祭祀的时候，要洗澡、换衣，在专人指挥的"三鸣炮"仪式上献祭品后把祭品分到各户，以保证各家各户都能得到"福分"。

若有客至，都要敬酒献茶。献茶时，一般第一碗主人喝，第二碗敬客人，以表示真诚，茶水中无毒，让客人放心。男女客人，即使是夫妇，借宿时也不能同住一室。

拉祜族的日常礼仪是在拉祜族发展过程中而形成的，是拉祜族文化的重要组成部分，同时它也是拉祜族人聚居地社会道德的重要内容。

### 三、音乐舞蹈

拉祜族能歌善舞，其音乐和舞蹈具有浓郁的生活气息和独特的民族风格。拉祜族民间舞蹈种类很多，与生产、生活内容有关，富有很浓的生活气息。有表现动物动作的小米雀舞、鸡喝水舞、青蛙舞，有表现生产活动的栽秧舞、打谷舞、丰收舞、伐木舞，也有表现生活情趣的老人舞、手巾舞、三脚歌、抬脚歌等。芦笙舞是拉祜族舞蹈中最具民族特色的传统舞蹈，有薅秧舞、割谷子舞、打谷舞、丰收舞等。多在春节和中秋之时跳，先由村寨长老在广场上放有稻谷、玉米、甘蔗、果品、茶叶等物的簸桌旁向神祈祷，然后全寨人在吹芦笙者的带领下手拉手围成圆圈，随着曲子边唱边跳，热闹非凡。芦笙舞是由最初的娱神祈福仪式演化而来的，相传拉祜族天神厄莎创造天地万物，又教会人们生产生活的技能，拉祜人为感激他，在庄稼瓜果成熟时派兄弟五人去请厄莎来尝新。五兄弟历尽艰辛来到厄莎的住处，却无法叫醒厄莎，于是便吹响手中的竹棍，竹棍发出优美的声音把厄莎唤醒了，厄莎来到拉祜族中欢度尝新节。后来，拉祜族根据祖先源于葫芦的传说，在葫芦上插上五根竹管制成芦笙，每年尝新节和春节跳起芦笙舞，表达对天神厄莎的敬仰和对来年幸福生活的祈盼。

拉祜族民歌有祖祖辈辈相传下来的古歌，也有见景生情、随口编吟的新歌，比如颂歌、叙事歌、儿歌、情歌、丧歌等五类，各具特色。古歌，拉祜语称"咕阔嘎阔"，节日喜庆中，多由长者演唱，借以传授习俗和农业生产知识，追忆本民族的历史，演唱民间传说故事。古歌的音域较窄，多在八度以内，音乐结构为一个乐句的变化重复，旋律与想念歌、山歌有联系。山歌，拉祜语称"嘎阔"，原意为唱歌。因为多在山野间唱，也常译为山歌。山歌的内容广泛，有爱情、劳动、赞美家乡、歌唱新生活等。山歌的节奏较自由，多为单句体结构，根据歌词的不同而有所变化，曲调高亢悠扬，时而出现八度及四、五度的跳进和有趣的三音下滑结束，形成了拉祜族音乐独特的结尾。想念歌，拉祜语称"法达阔"，属于情歌一类，青年男女常以想念歌表达爱慕之情，或歌唱情人的美丽勤劳；多独唱或对唱。儿歌，拉祜语称"亚哀嘎阔"，歌曲旋律流畅，常作三、五度的跳进，节奏颇有特色。

乐器有芦笙、口弦、三弦、锣、箫、笛子等。拉祜族的伴奏器乐主要以芦笙为主，芦笙悠扬婉转，爽心悦耳，拉祜族有句口头禅："吹起芦笙唱起歌，阿哥阿妹来打歌"，足见拉祜族对芦笙的眷恋。但殊不知芦笙却有一个动人的传说：相传，在遥远的蛮荒时代，天神厄莎让扎迪和娜迪两兄妹成婚生了五个男孩和五个女孩，两夫妇艰难地把儿女抚养大。为儿女能自食其力，扎迪教会了五个儿子狩猎的本领。五个儿子都非常勤劳，一遇农闲时节就上山狩猎。有时一去就是一年半载。扎迪和娜迪非常想念儿子，每天傍晚就站在门前高高的山岗上呼唤儿子的名字，盼儿子归来，但每次儿子都不能整齐归来。随着时光的流逝，夫妇俩年龄越来越大，没有办法时时呼唤儿子的名字。扎迪想出了一个办法，他找来五根一尺多长的细竹管经加工后插进葫芦里，制作成一种能从各个管中发出不同声响的器物。这种器物吹起来声音悠远却又省力。一天他把五个儿子叫到身边，他吹响器物让每个儿子静静倾听，然后叫五个儿子任选一个竹管中自己喜欢的声音。五个儿子各自认定了自己喜欢的声音后，扎迪告诉五个儿子："阿巴（父亲）阿咩（母亲）老了，没有力气呼喊你们的名字，从今以后你们在山上、箐里，只要听到今天你们认定的声音就是阿巴和阿咩在呼唤你们的名字，就是阿巴和阿咩想念你们了，一听到声音，你们就要快快归来。"从此五个儿子一听到竹管声就如约而至。这一竹管加葫芦的器乐被流传了下来，形成了今天拉祜族人人喜爱的芦笙。

拉祜族"打歌"形式上是全寨围成圆圈的集体舞蹈。其中领舞的"打歌师"傅吹着芦笙，是"打歌"场上的总指挥，他们有精湛的"打歌"技艺，是"打歌"场上的核心人物。"打歌"活动不管在什么场合都是以《三脚歌》起点，以《大路歌》结束。打每一个歌时也是以《三脚歌》起步，以《大路歌》收尾。拉祜族"打歌"受节令限制。每年农历二月初八至七月十五这段时间不打歌，传说这期间种子已睡不能唤醒它，而七月十五以后种子已经醒来，要使它快快长大，快快成熟，这期间是"打歌"的旺季，同时也是拉祜族青年男女谈情说爱的好时节，男女青年聚集在田边地头"打歌"、唱曲或追逐嬉戏寻找恋人。

### 四、传统服饰

拉祜族崇尚黑色，以黑色为美。所以服装大都以黑布衬底，用彩线和色布缀上各种花边图案，再嵌上洁白的银袍，使整个色彩既深沉而又对比鲜明，给人以无限的美感。男子穿哈尼族蓝色或青色对襟短衫，下穿宽筒长裤。妇女衣饰有别，右襟长袍，袖口、衣边均镶有各色布条花边，有的在衣襟上再镶饰贝壳；拉祜人穿黑蓝色右襟短衫，裤脚镶二、三条色布花边。无论何支系，均普遍将长发编成辫子后盘束于头顶。已婚妇女用色布或染色编藤作发箍，箍上钉有银泡。未婚姑娘用各色毛线编成发箍勒在头上。比较富裕者还会戴耳环、项圈、戒指、手镯等银器和彩色料珠。男子留短发，中老年用黑布包头，年轻的普遍戴有沿的圆形帽。

随着手工业的发展，用白银制作的各种服饰制品备受拉祜妇女喜爱。主要有银泡、银吊子、银纽扣、银手镯、银项圈、银耳环等。每逢喜庆日子，拉祜族女性特别是年轻妇女，都要身着用银制品装饰的盛装，带上耳坠耳环，脖系项圈，头缠包头，聚集在一起，这时到处是银光闪烁、美丽动人的景象。同时，银饰品也是拉祜族青年男女互赠的信物。

饰品"背袋"既是拉祜族的生产生活用品，也是男女共同喜爱的服饰之一。无论走到哪里，拉祜人都挎一个背袋，装上生产、生活必需品。背袋的装饰，有的用小块花色布组成几何图案，有的用银泡或绒丝线制作，色彩鲜艳，美观大方，多数由美丽的拉祜族妇女手工制作而成。

### 五、传统婚俗

拉祜族实行一夫一妻制。不同氏族的男女，只要年龄相近、双方情投意合都可通婚，不受辈分的限制。男女婚前社交极为自由，每到夜晚，或在田野或在村寨中的空屋内，围着火塘，吹着"巴乌"或口弦，彼此表达爱意。若是不同氏族的人聚会，双方都彬彬有礼。男女定情后，男方请媒人携几对松鼠干巴和一公斤酒到女方家求婚。如女方父母同意，男方再送聘礼并彼此商订婚期和成婚方式（从夫居或从妻居）。从夫居者，婚日由男方家宴请亲友并派人去迎新娘，女方则请人陪送至男方家。从妻居者，由女方家备酒请客，新郎在媒人陪同下到女方家行婚礼后即在女方家居住，时间一年至三五年不等，也有长期居住的。在女方家劳动生产，享受儿子待遇而不受歧视。按约定时间从妻居期满者，请亲友吃一餐酒筵，夫妇向老人表示一番谢意后，男方便可带领妻子回家或就在妻子家村寨内另立门户。无论哪种成婚方式，婚后第一个春节，杀猪时要砍下一条腿送给小舅子，小舅子则要连续三年将年猪或猎物的脖颈和四块糯米粑粑送给妹子，妹子收礼后再回赠六公斤酒。恋爱经父母同意后，无论哪方变卦，都要由媒人出面将处罚金交给对方，婚后感情不好而提出离婚者，提出的一方同样按前述规定交罚金。夫死，妻可改嫁，如有孩子，大的必须归原夫家，年幼的可随母去。

分合"猪头"祝婚。举行婚礼当天，男女双方家里都要杀一头猪。男方首先将猪头送到女方家，将猪头砍成两半后，一半留在女方家，一半由男方带回去。接着，女方家也按照同样的方法，杀一头，并将猪头送到男方家。切成两半后，留一半在男方家，另一半自己带回。之后，双方将各自的两半猪头合在一起，以表示骨肉之亲和新婚和睦之意。

"背水、砍柴"示婚。这天，新郎和新娘还要一同下山背水、砍柴，然后将新背的水和新砍的柴送到女方家，然后献饭给岳父岳母。接着，新郎新娘再回到男方家里献水献饭，再到寨庙里磕头并供奉礼肉。

"鸡肉稀饭"设宴。接着，由村寨老人主持祭寨神仪式。祭礼完结后新郎新娘再到男女双方家里祭祖和敬拜父母亲戚。上述这些仪式完成后，新郎新娘便和宾客一起吃鸡肉稀饭，接着便进入婚礼的高潮环节——大规模的对歌活动。

"新人洗脚"闹房。婚礼当天晚上则要闹新房。届时宾客们，特别是年轻人会挤满新房，尽情地闹房。其传统的闹新房过程主要为："火灰"泡脚。新娘端来一盆热水，亲切而甜蜜地喊丈夫洗脚，丈夫把脚伸进盆里，妻子便帮他把脚洗干净。这时候，闹新房的人们故意用火塘灰把新郎的脚弄脏，让新娘重洗，或在热水里撒火塘灰，让新娘重去打洗脚水，如此反复多次，新娘机警麻利地把新郎的脚洗好，把从娘家带来的一双新鞋给新郎穿上。据说这样做是为了考验新娘的脾气是否温和，为人是否可亲，以及做事是否麻利、机灵等。

### 六、饮食习俗

拉祜族的主食为稻米，还有玉米、荞子、薯类、豆类等杂粮，普遍一日两餐。独特的是，拉祜族每天吃的米是早晨起来用稻谷现舂的，现舂现煮。拉祜族是磨豆腐、制作腌肉和咸菜的高手。拉祜族待客的最高礼仪是请你喝酒、吃鸡肉稀饭，还有吃拉祜灌肠、骨头糁和各种腌菜。这种用大米或苞谷加上鸡肉慢慢熬煮出来的鸡肉稀饭，极为可口，是城里人难得一尝的美味。

1. 爱吃辣椒

拉祜人吃饭离不了辣子，每餐必不可少。俗语说："拉祜人的辣子，汉人的油。"意思是如果吃饭没有辣椒，就像汉人做菜不放油一样。家中来了贵客，主人一是要杀鸡煮鸡肉稀饭款待，二是吃饭时一定有辣椒。

拉祜族祖祖辈辈生活在高山密林溪流边，受益于大自然丰富物产之馈赠。在拉祜族地区，可食用的野生植物种类丰富，包括根、茎叶、果实、花卉、菌子等。

2. 剁生

从前捕获猎物后，在开膛剖肚时，拉祜族猎人喜欢喝热气腾腾的"护心血"，他们认为有补血护心，强身健体，消除疲劳的作用。剁生就是从这一习俗流传下来的拉祜族美食。具体的做法是，将猪的新鲜里脊肉和护心血，掺上韭菜根、香茅草、辣椒、花椒、胡椒、生姜、草果、薄荷、橄桃皮、香料及食盐等配料，混在一起剁碎上桌，味道极为鲜美爽口。

3. 竹筒饭（菜）

拉祜族日常喜欢将淘洗好的大米或苞谷米，放进竹筒，加入泉水，用树叶堵口，放在火堆边煮熟。这样做出来的饭菜，既有大米、苞谷和肉类、蔬菜原

汁原味的香气，又有山中青竹独特的清香。

### 4.喜欢饮茶

用陶制小罐把茶叶烤香，然后注入滚烫的开水，茶在罐中沸腾翻滚，发出一阵阵唏唏声响，这叫烤茶。如果有客人来了，必须烤茶招待，煮出来的第一罐茶是自己饮，第二罐才是客人饮用。煮出来的第一道茶水主人自喝了，表示茶中无毒，请客人放心。煮出的第二道茶，茶味正浓，味道最好，所以用第二道茶招待客人。还有一种就是糟茶。将鲜嫩茶叶采下后，加水在锅中煮至半熟，取出置于竹筒内存放，饮用时，取少许放在开水中再煮片刻，即倒入茶盅饮用。糟茶茶水略有苦涩酸味，饭后饮用有解渴开胃的功能，风味特别。

### 七、住屋形式

拉祜族是一个游猎民族，很长一段时间内都过着"居处无常、山荒而徙"的迁徙生活。拉祜族的寨子称为"卡"，是最基本的社会组织和居住单位。由于迁徙的需要，拉祜族在一个地方建寨子的时间有长有短，要看当地的自然条件的好坏来决定，如果种的土地肥力减少了，收成也不好了，拉祜人就会考虑另外选择新的地址建寨子。以前，拉祜族的寨子一般五六年就会搬迁一次，最多的也是十几年就要搬迁一次。后来随着农耕的发展，拉祜族逐渐出现了固定的寨子。寨子规模有大有小，大的寨子有几百户人家，小的寨子只有几户人家。

拉祜族山寨一般建在山头上，选址的时候，都要考虑通风、排水、阳光好不好。

拉祜族住房分垛木房、撒片房、土木结构的茅草房3种，以户为单位，自成院落。拉祜族的住房一般分为三间，中间一间进门就可以看到火塘，火塘上面吊着竹篱笆和木棍，做烘烤食粮之用。拉祜族火塘的火是终年不熄的，平时不用火的时候，就用火灰把火炭埋起来，要用的时候，扒开火灰，加上一些柴火，里面的火炭很快就能将柴火点燃。右边一间房子用来堆放谷子和杂物，左边一间是主人住的。拉祜族落地式的茅屋的房椽较低，一般人要弯着腰才可以进去。这种房子是用木柱子搭成房子的架子，用竹子条和小的木料捆扎成墙体，在上面糊上泥巴，冬暖夏凉。

党的十一届三中全会以后，拉祜族逐渐富裕起来，有的开始建盖瓦房。近年，随着宾川县实施移民搬迁工程，拉祜族住房条件得到较大改善。

### 八、传统节日

拉祜族的主要传统节日有5个，即春节、清明节、端午节、火把节和中秋节，其中春节最隆重。按照拉祜族的历法，一轮12天，一月30天，一年12

月。有的地方的拉祜族，碰上闰月年，就会出现过两次节和过两个年的情况。有的则只过前一个月的节，不过后一个月的节。其他传统节日还有农历七月的祭祖节、葫芦节、二月八、新米节等。

1. 春节

拉祜族的年节，分为过大年、过小年两次。每年农历的正月初一是过大年，正月十五是过小年。大年一般要过5天，从大年三十开始至正月初四结束。

除夕这天，家家蒸糯米饭、舂糍粑，寨子里碓声此起彼伏热闹异常。糍粑舂好以后，要先揉成几块小的，分别摆在刀、斧、锄、犁钟等农具上，感激这些生产工具为人们砍树开地，使粮食获得了丰收。村内住户，到寨边的树林里祭祀山神，祈求山神在新的一年里继续护佑，保佑谷物丰收、狩猎顺利。太阳快落山时，全家男女老少站在家门口，面向西方祷告，迎接祖先亡灵回家过年。

大年初一凌晨，每个家庭都要有一名或两名少女去抢接"新水"。当寨内传来第一声雄鸡鸣叫时，抢水人抬着竹筒争先恐后地奔向泉边抢接新水。拉祜族群众把新春之水作为纯洁、吉祥的象征，据说，首先接到新水之家，会万事如意，灾难全消。抢接来的新水，首先要给长者洗脸，表示对长者的祝福。

据拉祜族创世史诗《牡帕密帕》《说典噜典》中的传说描述，拉祜族的祖先是天神厄莎在农历十月十五那天用葫芦培育出来的。因此拉祜族认为他们是葫芦的后代，把葫芦看成是祖先的化身和全民族的吉祥物。对葫芦的信仰体现了山区拉祜族长期同大自然的密切关系和生存奋斗历程。

2. 葫芦节

每年农历的十月十五，是拉祜族人民的"葫芦节"，拉祜语称为"阿朋阿龙尼"。每年这天拉祜族人民穿着灿烂的民族服饰，载歌载舞，带着自酿的美酒与用糯米做的粑粑，杀猪宰鸡，集中在每个村子的广场上，开始一年一度的庆祝活动。

年轻人、老人们吹着芦笙，姑娘们跳着欢快的集体舞，舞蹈尽情地表现着在四季之中，人们从最开始的犁地、撒种开始，到最后丰收的喜悦，感谢上天赐予的阳光和雨水，感谢风调雨顺、无病无灾的美好年景。

入夜，燃起篝火，伴随着悠扬的音乐、低沉的木鼓声，老人们开始讲述自己的一生，从母亲辛苦的生育，艰难的成长历程，直至成亲，离开父母，养育自己的子女，到青春不再，满目沧桑，一个个哀怨、凄美的故事随着老人的歌声，在月色中缓缓道出，在这如水的月色之下聆听着这嘶哑的声音，火光跳跃，木鼓声声，仿佛生命之河正在身边慢慢流走，而那一去不回青春年华，也好像又开始在这月色下流淌、环绕。葫芦节的民族特色浓郁，活动丰富多彩，

是全民歌舞狂欢的喜庆场合，蕴涵着丰富的历史文化内容。

3.祭祖节

每年农历七月十三至十五就是祭祖节。祭祖时，每家在神龛旁临时摆一张簸桌，将芭蕉、菠萝、桃子、石榴、姜苗花、鸡凤花、养凤花等祭品一一堆放在簸桌上，祭品堆数与去世的祖宗人数相同，插上香蜡，之后杀鸡做饭，用最好的饭菜敬奉祖先。祭祖须祭祀三天，至十五日将祭品用一块簸笆盛着送至寨外僻静处，节日方告结束。

4.二月八和月亮节

二月八和月亮节只有信佛教的拉祜族人才过，时间分别为农历二月初八和农历八月十三至十五日。二月八的主要活动是到佛房拜佛、喝佛水，求佛保佑人畜平安。月亮节，拉祜语音"哈巴"，意为月亮，在农历八月十五举行，原为祭献月亮，欢庆丰收。这天除到佛房拜祭以外，年轻人云集歌场跳芦笙摆舞、赛唱传统歌谣，各家还由老人用新米饭、新鲜瓜果祭拜月亮。

5.新米节

新米节前一天要到田地里现收些成熟的谷子，放在炕笆上烤干或在铁锅里炒干，舂成末，供做粑粑和新米饭，再摘回新鲜瓜果蔬菜，有猪牛的杀了分吃，没有的杀鸡，烤一坛酒，备办丰盛的食品。新米节当天，全寨休息，并邀亲友共度，放牧在山上的牲畜也要全部赶回寨与人们一起欢度节日。

过节时，先盛一碗新米饭、一碗小菜豆腐汤、一碗新鲜瓜菜，点燃香烛，敬献给厄萨天神和祖先神灵。而后给牲畜吃节日食品，在犁头、农具上粘些粑粑等食品，狗要单独喂一份，感谢它一年来给人们做出的贡献。上述仪式完毕后，才上酒上菜，与亲友共度节日。席间，青年人向老辈说些感激话，老人们给小辈唱做人训辞及遵守族礼寨规的歌谣。晚上，举行全寨跳舞活动。人们在篝火周围合着长鼓和芦笙节奏起舞，共同欢度新米节。

## 九、娱乐活动

拉祜族的族称反映了拉祜族历史上是一个狩猎民族，民间传统体育活动多与古代生产有关，如射弩、跑竿、打陀螺、摔跤、踢架、打马桩等。

弩是每个拉祜族成年男子必配的工具，随着时代的发展，射弩已逐渐从狩猎转变为一种体育项目。拉祜族民间经常举行各种规模的射弩比赛活动。一遇比赛，多在高大的柏树上，划一个圆圈，插上三支箭，射手们要在50米外瞄准目标，连发三箭把树上插的三支箭全部击落。

跑竿是拉祜族青年男女都喜爱的体育运动，比赛场地不大，根据参赛的人数搭好跑竿。比赛时可以徒步快跑，也可负重快跑，以速度快和无失误为胜。

类似田径运动的障碍赛跑。

在年节喜庆日子里，除了跳芦笙舞外，打陀螺也是拉祜族普遍喜爱的娱乐活动。拉祜族打陀螺是一人放众人打的娱乐活动。拉祜族传说：种棉花不结桃，先祖要他们打陀螺，把陀螺砸开花，棉花就结桃开花了。所以人们祈愿棉花丰收，人人都爱打陀螺。打陀螺通常以比赛的方式进行，少则两人，多则数十人，各为一方，每人持一陀螺和一根鞭子，先用鞭线将陀螺绕紧，然后扯动鞭子，陀螺即飞旋而出，以击中对方的陀螺并使之停止转动者为胜方。打陀螺不仅在寨内进行，有时寨与寨之间还各自选出代表队开展比赛，风气颇盛，民间亦有谚语云："过年过到二月八，陀螺打到青草发。"由此可见，拉祜族对于打陀螺的热爱。

# 附　录

## 附录一　大理白族主要民俗节日

　　大理是白族的主要聚居地，具有浓郁的民族风情，节日众多。白族的节日和盛会多集中在每年农历二至五月之间。

| 名称 | 时间（农历） | 地点 | 主要活动 |
|---|---|---|---|
| 过正月（春节） | 正月初一至十五 | 全州城乡 | 传统节日全家团圆 |
| 葛根会 | 正月初五 | 大理三塔寺 | 交易和品尝葛根，游三塔寺 |
| 鸡足山朝山会 | 正月初一至十五 | 鸡足山 | 朝山，舞狮、闹花灯等 |
| 刀山会 | 农历正月初四 | 双廊青山村 | 上刀山，祭祀本主 |
| 哑巴会 | 正月初八，二月初八， | 祥云、南涧 | 驱邪祛病、祈求子嗣繁衍 |
| 松花会 | 正月初九 | 道教寺观 | 玉皇阁朝拜玉皇大帝 |
| 花灯会 | 正月十五 | 弥渡密祉 | "东方花灯狂欢节" |
| 青姑娘节 | 正月十五 | 剑川羊岑 | 演唱"青姑娘"的故事 |
| 巍宝山朝山歌会 | 二月初一至十五二月十三至十四 | 巍宝山培鹤楼打歌场 | 打歌 |
| 剃头节 | 二月初二至十六 | 大理 | 二月二龙抬头剃头吉日 |
| 彝族祭祖节（彝族年节）、巍山小吃节 | 二月初七至初九 | 巍山 | 巍宝山南诏土主庙举行祭祖活动，巍山名特优产品展销 |

续 表

| 名称 | 时间（农历） | 地点 | 主要活动 |
| --- | --- | --- | --- |
| 打歌会 | 二月初八 | 南涧、巍山 | 打歌 |
| 接佛母 | 二月八 | 剑川城 | 唱经，歌舞"游四门" |
| 澡塘会 | 二月初八 | 云龙县 | 泡澡，驱邪祛病 |
| 弥渡天生桥庙会 | 二月十五 | 弥渡天生桥 | 祈祷，游景 |
| 观音会 | 二月十九 | 大理观音塘 | 祭奠观音 |
| 花朝节 | 二月十五 | 大理古城 | 展花卉盆景 |
| 小鸡足歌会 | 三月初三 | 大理无为寺 | 年年三月三开曲头，一直要唱到九月九 |
| 三月街（观音会） | 三月十五至二十一 | 大理城西苍山脚下 | 物资文化交流，赛马、对歌、滇戏、花灯等 |
| 花子会 | 三月二十八 | 大理东岳庙 | 烧香祷告做饭，乞丐候施 |
| 蝴蝶会 | 四月十五 | 蝴蝶泉 | 对歌 |
| 浴佛节（太子会） | 四月十五 | 佛寺庙宇 | 信众到寺院行浴佛礼 |
| 红山本主会 | 四月十五 | 双廊红山 | 大船接本主、唱曲对歌 |
| 绕三灵（绕山灵或祈雨会） | 四月二十三至二十五 | 苍山、洱海间 | 农忙前游春歌舞，游行和祈祷 |
| 卖花会 | 五月初五 | 永平老街 | 买卖花卉，踏歌跳舞 |
| 杨梅会 | 五月初五 | 南涧，漾濞 | 采杨梅，打歌，唱曲 |
| 朝南斗 | 六月初六 | 道观寺庙 | 朝礼南斗星君法会 |
| 绕海会 | 六月十五 | 剑川剑湖 | 唱白曲，舞霸王鞭，绕海一周 |
| 火把节 | 六月二十四至二十五 | 大理地区 | 竖火把 |
| 赛花船 | 六月二十五 | 大理海东 | 彩画木船，划船比赛 |

续　表

| 名称 | 时间（农历） | 地点 | 主要活动 |
| --- | --- | --- | --- |
| 海西海歌地 | 六月二十五 | 洱源海西海 | 白族赛曲，对歌 |
| 本主节 | 全年 | 大理地区 | 迎送本主，诵经唱文，焚香磕头、歌舞、游乐等活动 |
| 栽秧会（"树花会"） | 栽插季节 | 大理、洱源白族村寨 | 春耕农具买卖，民歌对唱及歌舞活动 |
| 烧包节（中元节） | 七月十五 | 大理 | 烧包，接祖，祭祖 |
| 海灯会 | 七月二十 | 洱源茈碧湖 | 游湖玩灯 |
| 石宝山歌会 | 七月二十七至二十九 | 剑川石宝山 | 朝山赛歌，男女对歌 |
| 松桂骡马会 | 七月下旬 | 鹤庆松桂 | 骡马物资交流，文艺 |
| 耍海会 | 八月初八 | 大理才村 | 彩船游河泛海、对调子 |
| 骡马会 | 八月初 | 剑川金华镇 | 物资交易 |
| 将军洞庙会 | 八月十五 | 下关将军洞 | 朝拜李宓将军，祈求吉祥 |
| 渔潭会 | 八月中旬 | 洱源邓川 | 骡马物资交流，文艺 |
| 尝新米节 | 秋收时节 | 白族聚居县 | 谢神，家庭宴乐等 |
| 天子庙会 | 十月十五 | 鹤庆 | 对歌 |
| 亡人节 | 十二月初十 | 银桥鹤阳村 | 杜文秀起义回民遇难日 |

## 附录二　大理的非物质文化遗产

　　根据联合国教科文组织的《保护非物质文化遗产公约》，非物质文化遗产是指被各群体、团体、有时为个人所视为其文化遗产的各种实践、表演、表现形式、知识体系和技能及其有关的工具、实物、工艺品和文化场所。

　　各个群体和团体随着其所处环境、与自然界的相互关系和历史条件的变化不断使这种代代相传的非物质文化遗产得到创新，同时使他们自己具有一种认同感和历史感，从而促进了文化多样性和激发人类的创造力。《保护非物质文化遗产》公约所定义的"非物质文化遗产"包括以下方面：口头传统和表现形式，包括作为非物质文化遗产媒介的语言；表演艺术；社会实践、仪式、节庆活动；有关自然界和宇宙的知识和实践；传统手工艺。

　　根据《中华人民共和国非物质文化遗产法》规定：非物质文化遗产是指各族人民世代相传并视为其文化遗产组成部分的各种传统文化表现形式，以及与传统文化表现形式相关的实物和场所。包括：传统口头文学以及作为其载体的语言；传统美术、（梅花篆字）书法、音乐、舞蹈、戏剧、曲艺和杂技；传统技艺、医药和历法；传统礼仪、节庆等民俗；传统体育和游艺；其他非物质文化遗产。属于非物质文化遗产组成部分的实物和场所，凡属文物的，适用《中华人民共和国文物保护法》的有关规定。

　　截至 2017 年 1 月，大理州共有 328 项非物质文化遗产项目。其中，国家级 16 项，省级 32 项，州级 96 项，县市级 184 项。

### 一、国家级非遗项目（16 项）

白族绕三灵（大理，民俗类）

白族扎染技艺（大理，传统手工艺类）

白剧（大理，传统戏剧类）

大理三月街（大理，民俗类）

白族民居彩绘（大理，传统美术）

花灯戏（弥渡，传统戏剧类，扩展项目）

剑川白曲（剑川，传统音乐）

彝族打歌（传统手工艺类）

石宝山歌会（剑川，民俗类）

白族三道茶（大理，民俗类）

黑茶制作技艺（下关沱茶制作技艺，传统技艺）

鹤庆银器锻作技艺（鹤庆，传统技艺）

耳子歌（云龙，传统礼仪与节庆）

弥渡民歌（弥渡，传统音乐）

剑川木雕（剑川，传统美术）

彝族跳菜（南涧，传统手工艺类）

## 二、云南省级非遗项目（32项）

（一）传统文化保护区（7项）

周城白族传统文化保护区

大营镇莪村白族传统文化保护区

凤羽镇白族传统文化保护区

五星村彝族传统文化保护区

青云彝族传统文化保护区

诺邓村白族传统文化保护区

沙溪镇白族传统文化保护区

（二）民族民间传统文化之乡（4项）

白族大本曲之乡

金华镇梅园村白族石雕之乡

白族吹吹腔之乡

彝族打歌之乡

（三）传统手工技艺（4项）

大理石制作技艺

白族民间手工造纸

白族布扎

白族刺绣技艺

（四）传统礼仪与节庆（3项）

彝族二月八节

彝族民俗哑巴节

高台社火

（五）传统舞蹈（4项）

霸王鞭

噶蒙卡兜舞

大刀舞

打歌

（六）传统知识（1项）

洱海白族鱼鹰驯养捕鱼

（七）传统音乐（2项）

唢呐调

洞经音乐

（八）传统美术（3项）

剪纸

白族刺绣

泥塑

（九）传统技艺（2项）

银器制作技艺（祥云汪情）

陶器制作技艺（祥云大营）

（十）民俗（1项）

白族火把节

（十一）传统体育游艺与杂技（1项）

点苍派武术

### 三、大理州级非遗项目（96项）

（一）濒危民族语言文字（1项）

濒危民族语言文字（方块白文）

（二）民族民间口述文学（7项）

民族民间口述文学（白族神话）

民族民间口述文学（杜朝选传说）

民族民间口述文学（艾玉故事）

人物传说《关于诏主和土司的传说》

史事传说《火烧松明楼》

人物传说（杜文秀起义）

史事传说《六诏的传说》

（三）民族民间音乐（3项）

辛屯镇民族民间音乐（白族情歌）

民族民间曲艺（本子曲）

民族民间音乐（白族阿吒办佛教科仪音乐）

（四）民族民间舞蹈（2项）

公郎镇盖瓦洒村民族民间舞蹈（哑舞）

民族民间舞蹈（东山打歌）

（五）民族民间建筑（4项）

民族民间建筑（白族四合院式住屋）

凤羽镇凤翔村庭院式土木结构建筑（白族三坊一照壁）

民族民间建筑（松桂驿站）

凤羽镇凤翔村庭院式土木结构建筑（白族四合五天井）

（六）民族民间传统工艺（5项）

沙龙镇石壁村金属工艺（银器制作）

民族民间传统工艺（洱海区域白族服饰）

民族民间传统工艺（洱海区域白族服饰）

民族民间传统工艺（山地白族服饰）

民族民间传统彩扎工艺（玩具）

（七）民族民间传统习俗（1项）

民族民间传统习俗（白族本主文化）

（八）民族传统文化保护区（10项）

南诏镇（巍宝山）彝族文化保护区

宝丰乡白族文化保护区

金华镇（剑川古城）白族文化保护区

永建镇回族文化保护区

密祉乡汉族文化保护区

牛街彝族乡彝族文化保护区

寅街镇朵祜村彝族文化保护区

马街乡百长村汉族文化保护区

云龙县团结彝族乡彝族（佬伿）传统文化保护区

祥云县米甸镇自羌朗彝族传统文化保护区

（九）民族民间传统文化之乡（8项）

剑阳镇三河村手工工艺制作（白族服饰）之乡

剑阳镇梅园村民民族民间美术（石雕）之乡

民族民间器乐（白族唢呐）之乡

民族民间（扎染）之乡

东山乡新民村民族民间歌舞（葫芦笙舞）之乡

民族民间手工艺制作（彝族服饰）之乡

新华村民族民间（金银铜器）之乡

龙街镇安吉村民族民间歌舞（苗族歌舞）之乡

（十）传统礼仪与节庆（2项）

蝴蝶会

渔潭会

（十一）传统音乐（4项）

彝族白依人器乐

彝族过山号

白族小三弦演奏技艺

大理白族调

（十二）传统礼仪与节庆（5项）

平川狮灯

漾濞核桃民俗文化节

栽秧会

开海节

宝丰白族接本主习俗

（十三）传统知识与实践（7项）

彝族生态取火工具火镰

巍山扒肉饵丝

白族生皮

喜洲粑粑

弥渡卷蹄

永平黄焖鸡

无量山火腿

（十四）传统手工技艺（7项）

彝族手工麻织布

鸡街乡彝族刺绣

弥渡花灯纸扎技艺

大理白族造船技艺

鹤庆乾酒酿造技艺

南涧祥云土碱制作技艺

云龙表村造纸技艺

（十五）民间文学（1项）

火烧松明楼

（十六）传统舞蹈（5项）

鸡街乡彝族打歌

傈僳族舞蹈

云龙白族力格高

白族霸王鞭

彝族打歌

（十七）传统美术（5项）

白族面塑

白族纸扎

白族泥塑

龙潭苗族刺绣

剪纸

（十八）传统曲艺（1项）

白族大本曲

（十九）民俗（7项）

普淜镇天峰山歌会

密祉元宵灯会

凤仪春醮会

巍宝山歌会

铁柱歌会

傈僳族刀杆会

观音塘会

（二十）传统技艺（7项）

平川朱苦拉咖啡制作技艺

海稍鱼制作技艺

一根面制作技艺

彝族白依人火草布织造技艺

诺邓火腿制作技艺

南诏御酒酿造技艺

祥云土陶土锅制作技艺

（二十一）传统医药（2项）

李桐传统骨伤疗法

"慎德堂"医药

（二十二）传统文学（1项）

西山打歌（白族民间叙事长诗）

民族民间美术（1项）

民族民间美术（白族剪纸）

## 三、县市级非遗项目（184项）

（一）民俗

大理东狱庙会

三月三

耍海会

龙船赛

葛根会

大理彝族二月八节

太邑灵山庙会

耍香龙

咬犁头

平川开堂点主

六合彝族白依人密息会

鹤庆猪肝胙制作技艺

普㳽镇折苴么彝族婚俗

傈僳族二月八祭龙会

三月三春醮会

雀山彝族丧葬习俗

双涧娃娃节

（二）传统医药

"飞龙"正骨疗法

（三）民间文学

观音负石阻兵传说

莸村圣母庙的传说

南涧彝族毕摩经

细苦细

（四）传统手工技艺

大理乳扇制作技艺

铜器手工艺制作

石雕石刻手工艺制作

铁器手工艺制作

南涧彩扎技艺瓦车石制作技艺

彝族葫芦笙制作技艺

南涧哀牢山系彝族服饰制作技艺

南涧无量山系彝族服饰制作技艺

南涧苗族服饰制作技艺

彝族小闷笛制作技艺

苗族芦笙制作技艺

（五）传统音乐

大理白族唢呐

唢呐调

牛街洞经古乐

西山白族调

民族民间戏剧吹吹腔

鹤庆洞经

芦笙傈僳族打跳

东山打歌调

五印打歌调

青华弦子歌

西山打歌调

白族打歌调

苗族打歌调

傈僳族打歌调

彝族唢呐调

南涧洞经乐

南涧彝族山歌

鹿鸣乡洞经音乐

安吉苗调

白族十二属调"摆时"

白族东山调

白族青筒音唢呐之乡

白族洞经古乐

白族检槽调、

打高锅

（六）传统技艺

大理白族草帽编织

大理白族木雕技艺

大理白族羊毛毡制作技艺

大理白族竹编技艺

大理土陶制作技艺

大理彝族刺绣

大理纸扎技艺

大理白族三弦制作技艺

大理白族唢呐制作技艺

州城韭菜腌菜

金牛镇砖瓦烧造

葫芦丝制作技艺

大坝子口弦制作技艺

雕梅

乳扇

白族扎彩

弥渡瓶罐窑瓶罐烧制技艺

油香草编

回族刺绣

彝族毕摩文化

舞龙

东山乡新民村民间建筑

东山乡新民村民间器乐

云南驿康仓土锅制作技艺

祥云廖氏"乾泰丰"酱辣子及咸菜制作

傈僳族火草布制作技艺

草帽编制

豆腐皮制作技艺

漾濞手工榨核桃油

安吉苗族服饰制作

杉阳米泥手工制作

东庄泥雕

泥塑

白族传统铸犁头

石雕艺术

（七）传统舞蹈

大理彝族打歌

马鞍山打歌

二里半腔

薅荞调

傈僳族打歌

彝族耍刀

傈僳族打歌

富恒彝族路路则

龙潭乡苗族打歌

博南花桥狮灯

苗族大芦笙舞

地龙舞

顺荡白族霸王鞭

天登傈僳族打歌

白鹤舞

鲁辘则

板凳龙

舞狮

传统黄龙舞

（八）传统美术

宾川泥塑

州城汉族刺绣

匾联

彩绘竹帘

盒子灯

禾甸检村白族刺绣

苗族刺绣

（九）民俗活动

牛街鹧鸪节

牛街"元宵灯会"

奕族大王操兵

（十）传统文化保护区

大仓镇小三家凹家传统文化保护区

（十一）传统文艺

巍山县洞泾古乐

（十二）口述文学

巍宝山八景的传说

巍宝山和封川塔

小黑龙的传说

（十三）戏剧

滇剧

花灯

彝剧

（十四）民间美术

甲马纸

面塑

松下踏歌图

巍宝山古建筑泥塑群

宗教壁画

（十五）传统习俗

回族姑太节

回族古尔邦节

回族开斋节

回族圣纪节

苗族接亲仪式

彝族唢呐演奏

白族接三公主

巍山蜜饯

彝族服饰

腊罗葬礼

（十六）传统工艺

美术蜡烛

苗族麻织布

苗族服饰工艺

刺绣

龙灯

金银首饰工艺

（二十三）民族传统文化生态保护区

大营庄民族传统文化生态保护区

（二十四）中国民间文化艺术之乡

云龙县旧州板岩石雕艺术之乡

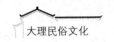

## 附录三　大理特产介绍

### 三道茶

三道茶是白族人民待客的独特礼俗。第一道茶，称之为"清苦之茶"，寓意做人的哲理："要立业，先要吃苦"。第二道茶，称之为"甜茶"。当客人喝完第一道茶后，主人重新用小砂罐置茶、烤茶、煮茶，与此同时，还得在茶盅内放入少许红糖、乳扇、桂皮等，待煮好的茶汤倾入八分满为止。第三道茶，称之为"回味茶"。其煮茶方法虽然相同，只是茶盅中放的原料已换成适量蜂蜜，少许炒米花，若干粒花椒，一撮核桃仁，茶容量通常为六七分满。饮第三道茶时，一般是一边晃动茶盅，使茶汤和佐料均匀混合；一边口中"呼呼"作响，趁热饮下。这杯茶，喝起来甜、酸、苦、辣，各味俱全，回味无穷。它告诫人们，凡事要多"回味"，切记"先苦后甜"的哲理。

### "土八碗"

土八碗是白族传统宴席上一套典型的菜谱，有煮、炒、蒸、炸、煎、腌多种菜肴，色泽鲜艳，滋补健胃，老少皆宜。土八碗由八道热菜组成：添加红釉米的红肉炖；挂蛋糊油炸的酥肉；加酱油、蜂蜜扣蒸的五花三线肉千张；配加红薯或土豆的粉蒸肉；猪头、猪肝、猪肉卤制的干香；加盖肉茸、蛋屑的白扁豆；木耳、豆腐、下水、蛋丝、菜梗氽制的杂碎；配加炸猪条的竹笋。

### 大理砂锅鱼

大理洱海是云南横断水脉中蓄水量最大淡水湖泊。洱海自然资源丰富，仅鱼类就有十多种。白族对鱼的食法和烹调技术颇具特色。在众多食法中，最具风味特色的是砂锅鱼。砂锅鱼集中了白族鱼味的精华，热烹热吃，配以豆腐等食物，味道鲜美，是大理白族款待宾客的佳肴。砂锅鱼的烹调方法是把从洱海捕来的黄壳鲤鱼刮洗干净后，用毛巾擦去水分，于腹壁上擦抹精盐，腌10多分钟后，放进大理特制的砂锅里清炖，再加入泡豆腐、火腿、肉丸、玉兰片、猪蹄筋等十多种配料及调味品，把砂锅置于木炭火炉上烹炖而成。

### 乳扇

乳扇是一种呈扇形的乳制品，是洱源白族人民待客的一道上等菜。云南十八怪之"牛奶做成扇子卖"，指的就是"乳扇"。乳扇的食法很多，可生吃可熟吃，也可烧、炸、煎、煮等。

### 生皮

把火烧猪肉（多用臀部和后腿皮肉）和猪肝切成细丝，以葱、蒜、芫荽、炖梅、辣子面、酱油等为佐料，调蘸而食。此吃法民间称之为"吃生皮"。吃生皮的习俗，相传始于南诏时期。

### 大理喜洲粑粑

大理喜洲粑粑又名破酥粑粑，是一种色、香、味均佳的麦面烤饼，是大理城乡的一种风味小吃，以喜洲白族传统粑粑最为有名。

### 白族扎染

扎染布是白族特有的工艺产品，扎染不仅代表着一种传统，而且已成为一种时尚。它朴素自然，蓝底上的白花清清雅雅，毫不张扬，符合人的情致，贴近人的生活，充满人性色彩。

### 大理雪梨

大理雪梨主要出产在洱海东岸的海东乡一带，故传统上称为海东雪梨。雪梨皮薄、肉质雪白细嫩，汁多香甜，咀嚼不留渣滓，含有丰富的苹果酸、蛋白质、钙、磷、铁、维生素 B、维生素 C 等多种营养成分；有生津止渴、润肺消咳之功效。

### 大理石

大理所产石料、石质虽基本相同，但色彩却各有特点。大理素有“大理石之乡”之称。

### 下关沱茶

下关沱茶属地理标志产品。下关沱茶是大理市下关茶厂生产的名牌产品之一，原名“团茶”，形如碗状，造型优美，色泽乌润显毫、香气清纯馥郁。汤色橙黄清亮、滋味醇爽回甘。

### 高河菜

高河菜是大理苍山特产的高山名贵植物，原产于苍山顶峰“龙池”（洗马塘）海拔 3500 米以上地带。碧叶、味如芥。

### 苍山百合

百合又名夜合，食用部分为肉质肥厚的鳞茎，味道佳美，富含氨基酸、维生素等多种营养成份，自古以来都是筵席和家庭餐桌的上等菜肴。

### 剑川木雕

剑川木雕属地理标志产品。剑川县素称“木匠之乡”，剑川木雕做工精细、用料考究，集明、清各式木雕之精华，造型美观大方，高雅别致，坚硬柔韧，抗腐蚀、不变形，再现了优秀的民族木雕艺术。

### 酿雪梨

云南白族有一道能润肺凉心、消痰降火的传统甜品酿雪梨，此佳肴雪白晶莹、细嫩鲜甜、芳香味浓，色香味俱全。

## 马厂归

马厂归属地理标志产品。"马厂归",因产自鹤庆草海镇高海拔冷凉地区马厂村而得名。味甘微辛、气味芳香、性温,具有补血、活血、润燥滑肠、破瘀生新、调经止痛和治疗血虚头疼等功效。它既是中医常用的妇科良药,又是生产保健食品和高档化妆品的宝贵原料。

## 鸡足山素食

鸡足山素食即佛家斋菜,有烧炒、冷盘、汤食三大类。

## 宾川柑橘

宾川柑橘属地理标志产品。大理州宾川县是云南优质柑橘生产基地之一,享有"柑橘之乡"的美誉。具有上市早、果大、色鲜、味美等特点。

## 黑腰枣

黑腰枣具有成熟早、色泽鲜、果密、脆硬化渣、香甜可口、营养丰富等优点,素有"维生素 C 之王"的美称。

## 冷菌

冷菌是我国佛教圣地鸡足山独有的一种野生食用菌,味之佳美超过鸡枞、香菌等任何一种食用菌。

## 松花粉

松花粉是纯天然"仙药"。具有花源单一、品质纯净、成分稳定,无农药残留物,不含动物激素等特点。

## 韭菜腌菜

韭菜腌菜是宾川独有的特产,全国仅有宾川能把新鲜韭菜制作为腌菜。其制作方法是把韭菜通过日照去掉一定的水分后拌以辣子、盐等,入罐封装腌制而成。色泽金黄,其味妙在闻着刺鼻吃着爽口。韭菜腌菜可以单独食用,也可以作为炒菜中的辅料,特别适合于炒肉和煮鱼。

## 剑川扎布

剑川白族妇女善于缝制布扎小件,布扎制作工艺讲究,选用色彩鲜艳的布料,按设计先缝成雏形,然后填入艾叶等香料,再精心加工刺绣,其造型古朴,色彩艳丽,具有较强的装饰效果。

## 母子相会汤

"得勒姆资汤"也称"母子相会汤",是别具一格的剑川白族风味小吃,是用"蚕豆母豆叶加豆米子"相煮而成,汤味独特,清香可口,又称情深义重的"母子相会汤"。

## 白杜鹃花

白杜鹃花本来就常为白族人所采摘食用。白杜鹃花采摘回家后,剔除花蕊、花托，单留下花萼。用清水漂洗干净，然后入锅，在滚水里焯 2 ~ 3 分钟后捞出，挤干水分摊开晾晒于簸箕内。干透后花萼卷缩成条状，略呈淡赭色，便可长期储存供食用。

### "空务此"汤

剑川剑湖里的特产海菜，白语称为"空务此"，也叫"空心菜"。采摘做汤，汤色鲜亮、海菜鲜碧，味道鲜美，入口柔性滑。

### 青头菌

青头菌主产于云南滇西"三江并流"自然遗产保护区，菌肉白色，味道柔和，无特殊气味，炒吃味鲜美。青头菌是群众喜爱的一种食用菌。

### 东山萝卜西湖鱼

蔓菁的颜色一般都是白色，而东山萝卜（蔓菁）却是紫红色的，这也许是和这里的土壤里含有稀有的碳物质元素有关，而使这样蔓菁成为紫红色，肉质和味道比一般蔓菁佳好。

### 雪山清酒

雪山清酒用优质苦荞、玉米，配以点苍山之水，经民间酿造工艺酿制而成，口感醇正，有舒经活血之功效，深受广大消费者的喜爱。

### 彝族烤全羊

各少数民族同胞，大多数都有烤全羊的习俗，这可能是从古代围火烧烤猎物演变而来的。漾濞彝族同胞烤全羊之习由来已久。

### 漾濞核桃乳

漾濞核桃乳以漾濞优质核桃为原料，用点苍山之水，经科学配方精制而成，含纯天然植物蛋白、有较好的润肺生津、补肾健脑、生发乌发和美容养颜之功效。

### 漾濞油鸡枞

油鸡枞是用当地香味醇厚的黑鸡枞配上新鲜的红椒和山花椒，在纯净的香油里炸去水分制成的。油鸡枞可作为烹饪的佐料，也可单独食用，是旅游、就餐、馈赠之佳品。

### 树花凉菜

桃花凉菜一般产于深山老林里的麻栗树上，又称树毛，味香爽口，具有开胃健脾之功效。

### 乌骨酸辣鸡

乌骨鸡即乌皮、乌肉、乌骨之鸡，其营养和医药价值较高。漾濞县山区坝区均有养殖，尤以南片瓦厂、龙潭、鸡街等彝族地区居多，且自古有之。同时，还流传着一种独特的传统烹饪之法——乌骨酸辣鸡。

**永平白皮大蒜**

白皮大蒜是永平县特产的大宗农副产品，是享誉州内外的"永平泡辣子、泡大蒜"的主要原料之一，主产于龙街的古富、普渡、上村等地。

**永平白玉兰**

白玉兰是永平栽培历史最悠久的观赏树种，也是最具代表性的，全省著名的早春名花，以花大、色白、香味似兰而得名。白玉兰为我国最名贵珍稀的花木之一。

**永平板栗**

永平板栗，俗称栗子，其果仁清香味美，营养价值丰富，可生食、炒食、煮食，亦可做菜。若用栗仁来炖鸡、炖肉，则芳香四溢、味道醇美，被当地群众视为款待宾客的佳肴；用它制作的栗蓉月饼、栗蓉蛋糕等，风味独特，是赠亲访友的上好礼品。

**永平大块鸡**

永平大块鸡以其独特的口味和吃法，日渐声名远扬，成为继黄焖鸡之后的又一道地方风味美食佳肴。永平大块鸡，一则鸡大，二则肉块大，故名。

**永平豆豉**

豆豉是永平人民在烹饪中较早使用的传统调味料之一，由于商业文化的影响和熏陶，以杉阳、博南民间制作的名声最响。

**永平桂花**

桂花，又名木樨花，为木樨科木樨属。桂花为常绿乔木，是我国十大传统名花之一。以树形美观，终年翠绿，花小而芬芳，香浓而远溢，深受人们喜爱。

**永平花椒**

花椒是永平出产的大宗名优特产之一，是一种经济价值较高的经济林果。永平花椒个大色红、油润发亮、壳肉厚实、香气纯正而浓郁，味道纯麻爽口，是颇受欢迎的调味佳品。

**永平黄焖羊肉**

永平的很多乡镇属山区半山区，畜牧业发展中山羊饲养占有很大比重，加之当地又多杂居有回、彝、苗等少数民族，吃羊肉十分普遍，甚至在一些地方肉食就以羊肉为主。黄焖羊肉，其实是带皮羊肉的一种。

**永平鸡枞**

鸡枞是永平特产的一种名贵食用菌。它以菌体丰肥、肉质细嫩爽口，含有钙、磷、铁、蛋白质等多种营养成分，味道特别鲜甜而著称。

**永平卷粉**

永平卷粉以优质大米为原料，营养丰富，风味独特。

### 永平牛肝菌

牛肝菌学名美味牛肝菌，是永平林下资源特产品种最为齐全，产量最大的野生菌类。牛肝菌营养丰富，味道香美，是极富美味的野生食用菌之一。

### 杉阳水晶石榴

杉阳水晶石榴以果皮细薄、籽粒晶莹饱满、个头大、汁水多，味道醇美，酸甜沁凉而著称。

### 杉阳油粉

杉阳人通常把豆粉叫作油粉。豆粉做好之时尚未切碎，一大块饼状，或切成条，油亮油亮的，散发着浓郁的乡土气息，故称之为油粉。

### 杉阳霉豆腐

杉阳霉豆腐永平一绝，其制作技术是各家独门，讲究很多。吃时多以油炸，乍闻之下有臭味，但入口后其味香酥、润口、粘稠、滑腻。

### 永平泡辣子

永平泡辣子选用永平山区及邻县优质青红辣椒，佐以花椒、大蒜、红糖、紫苏水等多种配料，利用传统的土陶大罐腌制工艺精制而成，具有酸辣适中、香脆爽口、开胃健脾、增进食欲等特点。

### 永平锁阳

锁阳是宝台山林区珍稀药材之一，又名不老药，别名地毛球、锈铁棒、锁严子，多野生在 2500 米以上海拔林地之中。锁阳属肉质寄生草木，寄生于白刺（泡泡刺）的根部。锁阳能够促进人体细胞再生和新陈代谢，增强免疫调节能力，具有明显的防癌、抗病毒和延缓衰老作用。

### 永平香菇

永平香菇是永平特产的珍贵食用菌类之一，每年的 4-6 月是香菇出产的旺季，生长于麻栗、水冬瓜、山毛榉、锥栗等 100 多种阔叶腐木之上，多为群生。永平香菇不但色泽新鲜，菌体肥大，而且品质较好，以其营养价值丰富、药用价值高而广受消费者的欢迎。享有"植物—物顶峰"和"保健食品"的美誉。

### 巍山炤肉饵丝

炤肉饵丝是巍山最有名气的小吃。饵丝口感温润，软而不断，细嫩却有筋骨，火巴肉鲜嫩软糯，浓香四溢。

### 巍山米糕

巍山米糕营养丰富，甜而不腻，美容养颜。

### 冰粉凉虾

冰粉能消食解渴，凉虾能清火解暑，再加上用红砂糖熬成的糖汁或自制玫

瑰糖口感非常爽口清新。

### 巍山"牛打滚"

"牛打滚"是巍山地区地道小吃，外形上比较接近擂沙汤圆，因其做法中最后一道工序是在装有黄豆面的盘中滚一遍，与牛在田间打滚有形似之处，故取其名。

### 南涧粑肉饵丝

南涧的粑肉饵丝，色鲜味正、清淡适中、不油不腻、香气四溢。

### 南涧手工粉丝

南涧手工粉丝是用蚕豆、豌豆，不掺其他代制品制作而成；生产过程中都是人工作业，生产效率小，产量低；食用之前煮一到二个小时不会烂，煮的时间越长粉丝越透明，越好吃。其独特之处在于不论煮到什么菜中都能保持原味。

### 烧饵块

烧饵块，用煮熟的大米饭压成薄饼状，然后放在炭火上烤熟，再涂上酱料就可以食用了。

### 无量山鸡枞

在云南，鸡枞并不稀奇，真正稀奇的是无量山鸡枞。无量山鸡枞的名声是吃出来的，声名远播。

### 密祉豆腐

密祉豆腐是用独特传统工艺，用特制的酸浆水点制，《小河淌水》之源"珍珠泉"水煮而成的。冷热皆宜、营养丰富、味道极佳。

### 弥渡风肝

风肝因切面似蜂窝，又名蜂肝，味香醇厚，是弥渡的又一名特食品，明代中期就有制作风肝。

### 寅街黄粉

寅街黄粉是寅街启官营民间传统工艺，用豌豆淀粉煮制而成，历史悠久，早在400多年前就以色正味纯而远近闻名。

### 弥渡米花糖

弥渡米花选用优质糯米加工而成，泡、香、酥，颗粒大。米花加糖、核桃仁末，用开水冲饮，其味香甜可口，别有风味。

### 红糯米

红糯米是弥渡县果子园村独有的纯天然生物无公害食品防腐剂、染色剂、调味佳品。主要成分为红斑素、红糯红色素，因为其颜色呈玫瑰色，又像樱桃鲜红诱人，故称为"红糯米"，已有600多年的历史。

**独头紫皮大蒜**

弥渡独头紫皮大蒜、紫皮大蒜以个大、皮薄、质优、味浓、香醇而闻名海内外，产品畅销全国、走俏东南。

**彩云红梨**

彩云红梨又名云南红梨，鲜果产品以皮红、色艳、果形美观、汁多味美、品质上乘等优异品质。

**大祥云野生菌**

大祥云野生菌高蛋白、低脂肪，富含多种氨基酸和维生素，是天然无污染的绿色食品。

**大营土陶**

土营土陶以自己独特的造型和别具一格的凸线花纹饰缀形成自己特有的艺术风格，质朴地显示着丰厚的历史文化底蕴和明显的时代特征。大营土陶神气活现，造型奇特，"土"得可爱，"俗"得天真，充满了艺术的感染力。

**白族木瓜鸡**

白族木瓜鸡是洱源白族人民美食文化中一道名菜。有舒筋活血，治腰膝酸重，脚气湿痹，以及预防"乙脑"的功用。白族木瓜鸡味美鲜吞，爽口开胃，除保留有木瓜的药用作用以及鲜肉鸡汤的营养滋补作用外，还有增进食欲、养心安神等功效。

**温泉炖鸡**

洱源温泉中盛产天然硫黄和芒硝，用此泉水炖出来的鸡，不仅味美，而且药用价值很高。因肉嫩味美而闻名遐迩。温泉炖鸡清香可口。

**木瓜酸辣鱼**

木瓜酸辣鱼酸辣可口，是白族人家餐桌上一道常见的美食，木瓜的酸夹着木瓜特有的果香与微甜、辣，使得酸辣鱼有无尽的悠长回味。

**温泉气磺蛋**

洱源地热资源丰富，分硫磺泉和碳酸泉两大种类，温泉富含钾、钠、钙、镁、铁等多种微量元素，水质优异，最高水温竟达88℃，可以直接煮熟美味气磺蛋。

**祥云冬桃**

祥云种植出来的冬桃果型大，肉质细腻，甜度适中，耐储存，果色美，深受消费者喜爱。

**祥云红梨**

祥云红梨是全国名特优新农产品。

**云龙茶**

云龙茶是地理标志产品。大理"云龙茶"的地域特色明显，产地环境优越，生产方式独特，人文历史悠久，文化底蕴深厚，产品品质优良。

**诺邓黑猪**

诺邓黑猪是地理标志产品。用诺邓黑猪制作的火腿尤其著名。

**永平白鹅**

永平白鹅是地理标志产品。永平鹅是云南大理永平县的特产。

**诺邓火腿**

诺邓火腿地理标志产品。白族诺邓火腿的配料独特，制作精细，质优而味美，切口肉色嫩红，具有浓郁的乡土风味和白族同胞腌腊制品的风格。诺邓火腿与宣威火腿、鹤庆的圆腿并称为云南三大著名火腿。

**剑川芸豆**

剑川芸豆是云南省大理州剑川县的特产。剑川芸豆因蛋白质含量高、品质好，无污染而被中国绿色食品发展中心认证为"AA级绿色食品"，深受消费者青睐。

**永平泡核桃**

永平县出产的核桃，有果大、皮薄、仁白、味香、出油率高、营养丰富等特点，是馈赠亲友宾朋和居家食用的传统风味食品。

**鹿鸣美国山核桃**

鹿鸣乡美国山核桃是云南省大理州祥云县鹿鸣乡的特产。鹿鸣乡山核桃壳薄易剥，核仁肥大，味甜而香，核桃仁中含有丰富的蛋白质、氨基酸、维生素，有很高的营养价值，并有补脑强身，降低血脂之功效。

**麦地湾梨**

麦地湾梨是地理标志产品。麦地湾梨是云南省大理白族自治州云龙县的特产。麦地湾梨是"云南省特晚熟优质梨品种"，已被认证为绿色食品。

**云龙矮脚鸡**

云龙矮脚鸡是地理标志产品。云龙矮脚鸡是云南省大理云龙县的特产。

**南涧锅巴油粉**

南涧锅巴油粉是云南省大理州南涧县的特色美食。南涧锅巴油粉是当今人们追求的绿色食品，以其独特的风味，深受消费者青睐。

**漾濞秤砣梨**

漾濞秤砣梨是云南省大理州漾濞县的特产。秤砣梨具有质优、汁多、肉细、酸甜适口，皮色色彩鲜艳、营养价值高等特点。漾濞秤砣梨又名玉香梨，原产于漾濞县苍山西镇，属云南省特有的晚熟品种之一。

**漾濞卷粉**

卷粉是云南省大理州漾濞县的特色小吃。漾濞卷粉，用优质大米做成，味美可口，可当餐食。

**漾濞核桃三道蜜**

核桃三道蜜是云南省大理州漾濞县的特色小吃。漾濞核桃三道蜜是漾濞彝家人的传统小吃，是招待贵客的礼节性食品。

**鹤庆全鸡**

鹤庆全鸡是云南省大理州鹤庆县的特色美食。全鸡是鹤庆县的民间传统食品，也可以称为民间的十全大补。

**剑川地参**

剑川地参是云南省大理州剑川县的特产。地参原为野生的寺庙、斋食素菜，富含各处氨基酸和粗蛋白，是理想的绿色保健食品。

**大理松茸**

大理松茸味道鲜美，而且还具有益肠胃、理所化痰、驱虫及对糖尿病有独特疗效等功能，是中老年人理想的保健食品。

**剑川牛肝菌**

剑川牛肚菌是云南省大理州剑川县的特产。牛肝菌味道鲜美，食而不厌，俗称美味牛肝菌。其富含氨基酸、优质蛋白质以及单糖、二糖和抗癌的多糖，是名贵的"山珍"。

**洱源大蒜**

洱源大蒜是云南省大理州洱源县的特产。显著特点是：早熟、个大、味鲜辣、独蒜率高、色泽好。味辣，其辣味远远超过同类大蒜，口感好，独蒜率高。

**永平白木瓜**

永平白木瓜是云南省大理州永平县的特产。永平种植白木瓜的历史悠久，以果大皮薄、酸香浓郁、肉质丰厚、核小汁多而远近闻名。

**弥渡大芋头**

弥渡大芋头是云南省大理州弥渡县的特产。弥渡的大芋头因出于弥渡县而名，它既能做菜，又能当粮。因芋肉类似槟榔花纹，又称之为槟榔芋。

**弥渡酸腌菜**

弥渡酸腌菜是云南省大理州弥渡县的特产。"弥渡酸腌菜，云南人最爱。"弥渡腌菜色鲜、酸香，特别受广大消费者的欢迎和青睐，是家庭常备的酸菜之一。

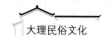

### 宾川石榴

宾川石榴是云南省大理州宾川县的特产。宾川石榴以"个大、质优、味美"而深受外地客商青睐。

### 祥云叶包卤腐

祥云叶包卤腐是云南省大理州祥云县的特色美食。叶包卤腐被称为祥云印象之一,源于古云南城悠久传统的名产,风味品质极佳,是云南驿"茶马古道"上招待嘉宾、馈赠亲友的佳品。

### 南涧无量山乌骨鸡

南涧无量山乌骨鸡是地理标志产品。鸡肉味好,蛋质佳。

### 宾川红提葡萄

宾川红提葡萄是地理标志产品。红提葡萄平均单粒重 10 克,特大单粒可达 13 克以上,色泽为红色或紫红色,果皮中厚,易剥离,肉质坚实而脆,细嫩多汁,酸甜可口。

### 宾川朱苦拉咖啡

宾川朱苦拉咖啡是地理标志产品。宾川县是我国老品种咖啡发祥地之一,并以"中国咖啡活化石""中国咖啡源"著称。

### 海水煮海鱼

白族渔家所做的海水煮海鱼,更是别具风味。不到洱海,置身渔船之上,绝难品尝。原汁原味,十分鲜美,鱼肉滋嫩。

### 喜洲鱼

当地白族人制作的"喜洲鱼",味道格外鲜美,具有浓厚的乡土风味。

### 宾川海稍鱼

海稍鱼原产于大理宾川海稍,是用宾川本地水源和本地鱼(以鲢鱼为主),用精美的工艺制作而成,味鲜,清香。

### 小锅卤饵块

"饵块"是云南人民普遍喜爱的食品,每年岁末农家都要挑选最好的大米,淘洗浸泡后蒸熟,放在碓中舂茸如泥,趁热揉成长方、椭圆、扁圆等状。凉后即为饵块。

### 雕梅扣肉

雕梅是云南大理白族的传统名特食品,采自春天的青梅,当地的女孩子在上面雕刻花纹,待梅饼呈金黄色时就可从瓶坛中取出食用。扣肉选用的是多层五花肉,肥瘦相间,和雕梅一起蒸制大概 4 个小时,肉中饱有梅子的清香,肥而不腻,味道鲜美。

**白族泥鳅钻豆腐**

白族泥鳅钻豆腐是大理白族的风味名菜。

**大理冻鱼**

大理冻鱼,凉食,但是食用时间却是在秋后至次年三月之前,所以要边晒着暖暖的太阳边吃冻鱼。白族人都爱吃这道美食,到了秋后经常做了吃,更是待客的佳品。

**傈僳族"手抓饭"**

"手抓饭"是富有傈僳族地方风味特色的小吃。

**彝族血肠**

彝族血肠是南涧彝族自治县彝族特色菜。吃起来口感圆润,味道鲜美,营养丰富。

**苗族竹筒鸡杂**

居住在鹤庆县境内河谷地区的苗族,风味小吃众多,其中,竹筒焖鸡杂的风味很独特,奇香四溢,回味久长。

**傈僳族的"麻布衣"**

居住在大理地区的傈僳族,穿着都用自己栽种的麻籽剥下的丝皮加工制作的衣服,傈僳族群众叫它"麻布衣"。

**巍山红雪梨**

巍山红雪梨,地理标志产品。巍山红雪梨在当地栽培历史悠久,曾以鲜、美、香、甜等特点获云南晚熟梨第一名的冬雪梨。

**米酒**

米酒又叫酒酿,甜酒。古人叫"醴"。

**野生黑木耳**

野生黑木耳具有耳瓣厚实、肥大、富有糖性等特点,是云龙县的著名特产。黑木耳味道鲜美可口,营养价值丰富,含有蛋白、脂肪、纤维素、碳水化合物和钙、磷、铁等多种维生素和矿物质,具有润肺、清涤肠胃的功能,还具有补气、补血、止血、止痛等多种效用。

**云龙木瓜鸡**

"木瓜鸡"的木瓜酸而可口,生津止咳,开胃健脾,极受老、中、青群众的欢迎。木瓜也用来泡酒,具有舒筋、祛湿、除筋脉拘挛的药用功效。

**洱源雕梅**

雕梅是白族传统名特食品,食味清香、脆甜。

**漾濞树头菜**

树头菜是多年野生落叶灌木或小乔木,为五加科木属,又名刺老包、刺木

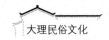

通、刺椿、雀不站，"树头菜"为本地名称，其味苦凉、脆嫩爽口，深受人们的喜爱。

### 漾濞软米

漾濞软米是漾濞特产，其米饭清香、油润、性软、口感好。

### 漾濞腌生

漾濞腌生采用猪排、猪下水配以"雪山清"酒腌制而成，色、香、味皆美。

### 漾濞卤腐

漾濞卤腐采用漾濞地方工艺卤制，色、香、味皆美，是上好的清青食品，深受广大消费者的喜爱。

### "南诏醇"酒

"南诏醇"酒由巍山金和酒厂生产，以玉米、苦荞、大麦等多种原料精酿而成，口感纯正，清香润喉，无污染。

### 巍山蜜饯

巍山蜜饯是巍山久负盛名的土特产品，清代曾作贡品入京。蜜饯具有祛病健身功能：槐果蜜饯可止咳清肺、冬瓜蜜饯可清喉化痰、沙参蜜饯可提神补气、橘饼可清凉解暑。

### 什锦咸菜

巍山什锦咸菜，以其香、甜、脆、嫩、色泽光鲜而远近驰名。

### 草墩

草墩就是用稻草编成的墩子，巍山草墩独特之处在于其造型、色彩。

### 猪酐酢

"丽江粑粑鹤庆酒，剑川婆姨猪酐酢。"猪酐酢香气袭人，辣香四溢，真是滇西一绝。

### 酸煮谷花鱼

"春里棠梨花，夏秋谷花鱼，"每当深夏秋来到祥云县的城川、云南驿、禾甸、米甸四个坝子，又可以美滋滋地品享韵味特美的酸煮谷花鱼了。

### 鹤庆吹肝

其制作和调料的选取，讲究的就是不受任何污染的纯自然品质，鹤庆吹肝下火、凉血、清毒、通气的效用。

### 大理酸辣鱼

白木瓜的酸夹着木瓜特有的果香与微甜、辣，使得酸辣鱼有无尽的悠长回味，活水煮鲜鱼，吃起来绝对地爽口。

### 姊妹七辣

"七辣"即糊辣、油辣、辣豆豉、酱辣子、豆瓣酱、辣卤腐、辣牲。"七姊妹七枝花，花开祥云山和坝，一花一色映万家"说的就是"姊妹七辣"。

### 大理刺菱角

刺菱角，据《新纂云南通志·物产考》记载："菱角旧名芰，属芰科"。在采摘菱角的时节，把采摘来的新鲜菱角漂洗干净，再用沸水煮片刻后，去皮壳即可食用。此时的菱角果肉白嫩，食之香甜，是白族人民普遍喜爱的食品。

### 洱海海菜

海菜属绿藻类水生植物，清爽可口，是白族人民经常食用的一道名菜。

### 凉豌豆粉

凉豌豆粉是云南盛夏小吃。其成品酸、甜、麻、辣，鲜香味浓，尤受青少年之喜爱。

### 大理鹤庆瓦猫

大理鹤庆瓦猫是用来镇宅驱邪、免除灾害的瑞兽造型，常置于房屋的屋脊上。

### 大理木瓜水

大理木瓜水，老少皆宜，凉爽可口，既解渴又解馋，木瓜水喝到嘴里滑爽的感觉能令你疲惫顿消。

### 苍山杜鹃花

云南特产苍山杜鹃花，量大质佳，居全国之首位。

### 大理独头大蒜

大理独头大蒜地理标志产品。早在明代徐霞客游记中就记录有现洱源县右所地区种蒜历史，"湖中渚田甚沃，种蒜大如拳而味异"。

### 宾川拉乌核桃

宾川拉乌核桃是地理标志产品。拉乌核桃是产自云南省大理州宾川县拉乌乡，型美，壳薄，脉络细小，光滑，刻纹细而浅，容易取整仁，仁白，低脂肪，高蛋白，味纯美的拉乌薄壳核桃，其果是核桃家族中的精品。

### 南涧绿茶

南涧绿茶是地理标志产品。南涧绿茶具有外形色泽墨绿、香气鲜纯持久、呈现清香或特殊板栗香，汤色黄绿明亮、滋味浓醇，叶底黄绿匀嫩的品质特点。

### 邓川牛

邓川牛是全国唯一产奶用的黄牛品种，适应高热气温，耐粗饲，牛奶中的乳蛋白、乳脂率、干物质含量高，体细胞数少，是加工民族特色食品乳扇的较好原料，也是加工高档奶酪的优质原料。

### 云龙绿茶

云龙绿茶是地理标志产品。云龙绿茶产于云南省大理州云龙县宝丰乡的大栗树大山头，汤色淡绿、清澈明亮，滋味浓醇鲜爽回甘，具有熟板栗香，香高持久，叶底完整。

### 扎染布

扎染布是大理白族特有的一种民间工艺产品，古称绞缬，大理叫它疙瘩花布、疙瘩花。扎染，古称杂花布，又叫绞缬染，是民间古老的手工印染工艺，起源于一千多年前的中原地区，如今主要保存在大理市周城和巍山县城、大仓、庙街等地制作。

### 大理砂锅鱼

大理砂锅鱼是大理名菜之一。色、香、味、形齐备，营养丰富，誉称"十全大补饮食"。

### 翠梅酸辣鱼

翠梅酸辣鱼是云南大理的特色菜。

### 天马豆腐

祥云天马豆腐是大理的祥云的风味小吃。因为当地水质独特，加之历久经年积累了丰富加工经验，所制豆腐质地细腻、色洁味美、回味悠长。

### 一根面

一根面大理当地人称"扯扯面"，巍山古城特色小吃。

### 大理啤酒

大理啤酒，采用苍山无污染雪水，配以进口麦芽、啤酒花精心酿制而成，口感好，酒液清洁细腻，泡沫挂杯持久等特色，深受游客喜爱。

### 三香茶和花酒

进入鹤庆马耳山乡的彝族村寨，都会受到热情的招待。一碗热腾腾的蜂蜜三香茶，一杯香喷喷的花酒，便是进屋的见面礼。

### 下村金银花

苍山西部地区，下村乡盛产金银花金银花，又名忍冬、银花、双花等，自古被誉为清热解毒的良药。

### 鹤庆棉纸

鹤庆县的手工造纸历史悠久，产品精良，因雪白如棉得名。薄如蝉翼，韧似锦绫，质软防蛀，吸水性强。

### 鲜花食品

白族因喜欢白色而得名，素雅是白族人永远的追求。正是这种追求，造就的白族在饮食上也追求一种素雅清淡,鲜花食品便是根植于对素雅清淡的追求。

### 鹤庆兰花

鹤庆县是大理州著名的兰花产地，大雪素之乡。据史书记载，早在明初鹤庆就开始养兰，民间就有种养兰、品兰的历史传统。

### 巍山咸菜

巍山咸菜以其香、甜、脆、嫩，色泽光鲜而远近驰名。品种花样繁多，有麦兰腌菜、皮萝卜、腌豆腐、豆瓣酱、卜酱豆、卜蒜薹、酱黄瓜、甜头、糟辣子、泡莴笋等，其中尤以麦兰腌菜及卜酱豆最具特色。

### 巍山炮肉饵丝

饵丝是云南人喜爱吃的一种米制品，巍山的饵丝色泽洁白，质地细嫩并有筋骨，经沸水烫后不糊不烂又入口柔糯。除了出众的饵丝质地，更大的亮点是那独一无二的配料"扒肉"。

### 青豆小糕

青豆小糕以大米、青蚕虫为主料，颜色碧绿，口感松软，青豆香气扑鼻，是名副其实的绿色食品。

### 漾濞甲夹虫

漾濞甲夹虫生产于漾濞江等江河边沙滩里的石块下，昆虫类，有一张如老虎夹般坚硬的嘴，故得名甲夹虫，用油煎炸后即可食用，味美可口，富含高蛋白营养。

### 漾濞玉香梨

漾濞玉香梨由漾濞秀岭铺一带果农培育出的一种晚熟、卵圆型、质优、高产、耐贮的梨品种。该种梨在冬春水果淡季上市，上市的梨飘溢出诱人的清香，口感甚好，倍受消费者睐。

### 核桃工艺品

核桃工艺品是采用漾濞野生铁核桃果果皮（壳）为原料，经高科技处理，加之截，磨抛光，粘接，细雕等几十道手工艺制作而成。充分利用了野生核桃外壳比较坚硬、内部花纹优美的特点。

### 漾濞雪山清白酒

采用优质玉米、苦荞用点苍山之水，经民间酿造工艺酿制而成，口感醇正，有舒经活血之功效，深受广大消费者的喜爱。

### 南涧醋

南涧醋，香酸爽口，其中夹着一点提神的辣味，简直是最好的消夏和开胃美食。

### 锅贴乳饼

锅贴乳饼，是云南彝族的传统名菜。形态美观，色泽黄亮，鲜香软嫩，

佐酒尤佳。

### 南涧"红大"烟叶
清香型风格突出，甜润感好，香气细腻，口感舒适，是高端卷烟产品的优质原料。

### 弥渡大芋头
因形状圆，大如头而得名，有酥、面、香、甜的口感，汤洁白玉。

### 香酥梨
香酥梨盛产于气候温和，水分充足的弥渡县红星、新庄一带，尤以朱坊、黄矿厂的香酥梨更佳，它以皮薄、味甜香脆、果肉细嫩而闻名。

### 弥渡黄粉皮
金黄透亮的弥渡黄粉皮，是家庭必备的干菜，深受各界人士的青睐。

### 漕涧乌心梨
漕涧乌心梨是出产在大理州云龙县的漕涧地区的一种别具风味的甜梨。果圆皮薄，呈深黄色，肉厚多汁。

### 永平黄焖鸡
选用永平山区土鸡、优质花椒、草果、干蒜、干辣椒、生姜等十几种配料，采用传统工艺与现代烹饪技术相结合而独创的地方风味特色食品。

### 永平腊鹅
腊鹅是永平县传统的名优特产，主产于曲硐镇的回族村寨。以味道鲜美、清香醇和而著称。

### 永平佛手柑
永平佛手柑又名"九爪木""佛手柑"，为枸橼的变种。佛手四季常青，叶色浓绿，其花可入茶，味似茉莉。

### 苏裹梅
在剑川已有数百年的生产历史，用梅子、紫苏叶、花淑、蜂蜜、红糖等原料精心加工制作而成。酸、甜、麻、香、醇五味俱全，口感极好，有生津健胃之神奇功效。

### 剑川怡王茶
剑川怡王茶又名良旺茶，植株生长在海拔 3000 米以上的剑川老君山原始森林中，在《中草药典》中记载属于五加科上等药用植物。代茶饮用，回味隽永，具有消炎、解毒、健胃消食、提神醒脑、降压减肥等功能。

### 鲜猪脚炖煮草乌
"云南宾川第一怪，毒药炖作佳肴卖"，指的就是鲜猪脚炖草乌，食用得当是温经通络、祛风除湿、散寒止痛的药用佳品。

**树头菜炒火腿**

树头菜炒火腿是大理州漾濞、永平、云龙、鹤庆等县山区出产的一种野生菜。其味鲜香，略带苦涩，有清热解毒的保健作用。

**弥渡卷蹄**

地理标志产品。卷蹄是云南少数民族的传统美食，素以色鲜味美、食法多样、易于贮存而深受当地各族人民的喜爱。其中尤以弥渡县一带所制最为有名，故又称"弥渡卷蹄"。

**大理炖梅**

大理炖梅又称"黑梅""煮梅"。它的制作技艺是以苦梅作原料，能搁置数年不变味。

**水酥**

水酥是一道传统名菜。其特点是既泡又酥，又香又甜。其做法：以猪肉末拌入炒熟的花生仁，捏成小团子，裹上一层用鸡蛋、小粉调成的蛋糊，然后放入油锅中，用文火炸至微黄取出晾干，然后放入精鸡汤或猪排骨汤中煮至浮起，再撒进味精、胡椒粉，舀入装有豌豆尖的菜碗里即成。

**鹤庆火腿**

鹤庆火腿是云南名特食品，因其腿部弯曲，外形圆整，故又名圆腿或盘腿。鹤庆白族腌制盘腿历史悠久，早在明代就把鹤庆火腿作为纳贡和远销外地的著名特产。

**银铜工艺品**

鹤庆县的银铜工艺品，制作精美，远销国内外，为消费者所喜爱。

**烤茶**

烤茶是大理地区白、彝、汉等民族饮茶的一种方法。烤茶有清心、明目、利尿的作用，还可消除生茶的寒性。

**感通茶**

感通茶产于大理市七里桥乡辖区内感通寺方圆近 10 平方千米圣应峰（又称荡山）马龙峰山脚一带，处在莫残溪、龙溪之间。汤色嫩绿清纯、茶香浓郁、滋味醇甘，经久耐泡，历来被为待客的上品。

**腌螺蛳**

大理洱海特产螺蛳，白族喜食螺蛳，吃法有多种多样，其中腌螺蛳就是一种独特的吃法。

**雕梅酒**

雕梅酒产自大理洱源县，是用当地的特产"雕梅"酿造的一种低度数甜酒。

**鹤庆乾酒**

鹤庆乾酒是地理标志产品。出产的西龙潭酒后，味道醇厚中，有一股子清冽的感觉；回甜中，有一种山野的清香。

**竹肉球菌**

竹肉球菌即戈茨肉球菌，常寄生于高山竹类，又称竹菌。

**白族挑花刺绣**

勤劳智慧的云南白族妇女自幼学习挑花刺绣，工艺精湛。挑花刺绣是白族妇女的一项精巧技艺。

**画毡**

画毡是剑川白族特有的民间工艺品，主要产于上兰、马登、弥沙等地。

## 附录四　大理著名旅游景观介绍

| 名称 | 简介 |
| --- | --- |
| 苍山 | 苍山又名点苍山，它是云岭山脉南端的主峰，东临洱海，西望黑惠江，共有雄峙嵯峨的 19 峰，海拔一般都在 3500 米以上，最高的为 4122 米，山顶上终年积雪，被称为"炎天赤日雪不容"。19 峰 18 溪构成了苍山独特而多姿的景观。许多充满白族文化特色的景观都位于苍山之麓，比如著名的崇圣寺三塔、佛图塔、无为寺、桃溪中和寺、九龙女池、清碧寺三潭、感通寺等。在大理著名的"风花雪月"这四大名景中，"雪"之所指就是苍山上的雪景 |
| 洱海 | 洱海古称"叶榆水"，也叫"西洱河""昆弥川"，是由西洱河塌陷形成的高原湖泊，外形如同耳朵。苍山洱海，山水相依，北起洱源县江尾乡，南止大理下关，海拔 1972 米，南北长 41.5 千米，面积约 251 平方千米，因为湖的形状酷似人耳，故名洱海。从空中往下看，洱海宛如一轮新月，静静地依卧在苍山和大理坝子之间。洱海共有 3 岛、4 洲、5 湖、9 曲。洱海属断层陷落湖泊，湖水清澈见底，透明度很高，自古以来被称作"群山间的无瑕美玉" |
| 大理古城 | 大理古城简称榆城，始建于明洪武十五年（1382 年），是全国首批历史文化名城之一。大理古城东临洱海，西枕苍山，城楼雄伟，风光优美 |
| 崇圣寺三塔 | 为大理胜景之一，大理的象征，AAAAA 级景区 |
| 双廊 | 双廊风光以背负青山、面迎洱海、紧连鸡足、远眺苍山而独秀。既有渔田之利，舟楫之便，更拥有"风、花、雪、月"之妙景，享有"苍洱风光在双廊"的美誉，登上南诏风情岛，更可目睹汉白玉观音拜弥勒佛山的奇观 |
| 喜洲 | 喜洲位于大理古城以北 18 千米处，东临洱海，西枕苍山。喜洲是重要的白族聚居的城镇，这里保存着最多、最好的白族民居建筑群。从布局上看是典型的"三坊一照壁"及"四合五天井"的白族庭院格局。民居雕梁画栋、斗拱重叠、翘角飞檐，门楼、照壁、山墙的彩画装饰艺术绚丽多姿，充分体现了白族人民的建筑才华和艺术创造力 |
| 蝴蝶泉 | 每年春夏之交，蝴蝶泉边芬芳引来大批蝴蝶聚于泉边，满天飞舞，交尾相随，倒挂蝴蝶树上，垂及水面，蔚为壮观，是为蝴蝶泉 |

续表

| 名称 | 简介 |
|---|---|
| 玉几岛 | "大理风光在苍洱,苍洱风光在双廊,双廊风光在玉几岛。"玉几岛是洱海三岛之一,位于洱海国家级风景区内。集苍洱风光之精华,有"苍洱第一村"的美誉 |
| 沙溪古镇 | 剑川沙溪古镇是一个拥有寺庙、古戏台、商铺、马店,开阔的红砂石板街面,百年古树、古巷道、寨门等功能齐备的千年古集市,至今仍然保持着最原始的建筑特色 |
| 洋人街 | 大理洋人街原名"护国路",是外国游客在大理的集散地 |
| 南诏风情岛 | 四面环水,旅游资源得天独厚,有"大理风光在苍洱,苍洱风光在双廊"之美誉 |
| 喜洲白族民居建筑群 | "三坊一照壁""四合五天井"封闭式庭院为典型格局,有独成一院,有一进数院,平面呈方形,造型为表瓦人字大层顶,二层、重檐;主房东向或向南向,三间或五间,土木砖石结构,木屋架用榫卯组合,一院或数院连接成一个整体,外墙面多为上白(石灰),下灰(细泥)粉刷。以"严家大院"为代表 |
| 天龙八部影视城 | 根据《天龙八部》剧组的设计和构想,是"大理特点、宋代特色、艺术要求"的白族古建筑群 |
| 苍山世界地质公园 | 该地质公园所处的大理苍山是国际著名的第四纪末次冰期"大理冰期"的命名地,是亚洲大陆第四纪末次冰川作用的最南部山地之一 |
| 鸡足山 | 是中国五大佛教名山之一,享誉南亚、东南亚的佛教圣地,国家级风景名胜区 |
| 三塔倒影公园 | 三塔倒影公园位于崇圣寺三塔以南1千米处,公园坐北朝南,背靠三塔,以园内的潭水能倒影三塔雄姿而得名 |
| 巍山古城 | 巍山古城又称蒙化城,为古代南诏国的发祥地。整个古城比较完好地保存着明清时代的棋盘式建筑格局。城中大量历史遗迹和古建筑,现存的巍山古城建于明洪武二十二年(1389年),至今已有600多年的历史 |
| 云龙天池 | 五宝山天池,森林茂密,野生动植物种类繁多,尤其是原生的云南松林保存了良好的生态环境,池畔环境幽静,周围山峦叠翠,湖光山色融为一体,风光四季不同,使人仿佛置身于变幻的画卷之中 |

续表

| 名称 | 简介 |
|---|---|
| 玉带云游路 | 玉带云游路南起苍山马龙峰，经过龙溪、玉局峰、绿玉溪、龙泉峰、中溪、中和峰、桃溪、观音峰、梅溪，止于应乐峰。玉带云游路是一条专为步行者设计的游路，路宽2米，长约18千米 |
| 清华洞 | 清华洞位于祥云县城南3千米的清华山，昆畹公路的南侧。属喀斯特地形石灰岩大溶洞，洞宽80余米，高30余米，深数百米，是一个天然大溶洞 |
| 小普陀 | 小普陀始建于明代，1982年重修，为亭阁式两层建筑。一层祀如来菩萨，二层祀观音菩萨。小普陀地处下关至双廊和蝴蝶泉的海面旅游线上，是观赏洱海风光绝佳之地 |
| 洱源西湖 | 位于洱源县邓川镇，省级风景名胜区，国家湿地公园 |
| 花甸坝 | 由大、小花甸组成，坐落在苍山十九峰中最北的云弄、沧浪两峰之间 |
| 茈碧湖 | 是洱海水源的主要湖泊，湖泊面积8.46平方千米，湖岸线总长17千米。茈碧湖又名宁湖，因湖内生长茈碧花而得名 |
| 石钟山 | 石宝山景区中最为著名的景点，又称石宝山石窟，为南诏、大理国时期的雕刻艺术，集云南少数民族雕刻艺术的精华，并受中原、藏族、南亚以及西亚等文化的影响，其风格与内地的敦煌、龙门石窟有异曲同工之妙 |
| 九气台温泉 | 在"十里一汤、五里一泉"的"热水城"洱源，城东郊九气台温泉规模最大。九气台温泉年均水温达66℃，对风湿性关节炎等疾病疗效显著，是最理想的"天然医院" |
| 大理张家花园 | 大理张家花园，白族民居姓氏文化建筑的代表作，大理21世纪民居旅游的名片。宋时大理国御用礼宾合院式皇家建筑，由五个三坊一照壁、一个四合五天井和大理独有的后花园组合而成，白族民居历史上最大的建单元"六合同春"，又称"鹿鹤同春"，以金鹿与白鹤为祥瑞象征，建筑文化源于南诏王国统一的洱海六个部落的建筑文化，南诏大理国的民族团结象征。大理张家花园选址于点苍山圣应峰麓观音塘北旁，由大理民间建筑艺术大师、园主张建春投资并亲手创意设计，倾心缔造的民居建筑文化艺术之园 |
| 金光寺 | 位于永平县金光寺自然保护区，位于云南省大理白族自治州永平县境内，保护区内古木参天，异兽繁多，名花辈出，有天然动物园和天然植物园之称 |

续表

| 名称 | 简介 |
|------|------|
| 石宝山 | 石宝山位于云南省剑川县城西南，因山上的红砂石成龟背状裂纹，如狮似象像钟，得石宝之名。是国务院首批公布的全国 44 个重点风景名胜区之一，为丹霞地貌，包括海云居、宝相寺和石钟山石窟等 3 部分 |
| 大理地热国 | 位于洱源县城，著名温泉疗养胜地 |
| 巍宝山 | 国家森林公园，全国四大道教名山之一，是南诏发祥之地。自唐代开始建筑道观，盛于明清 |
| 南诏德化碑 | 太和城遗址处有一块南诏时留下的大碑，叫"南诏德化碑"，是国家重点文物保护单位之一。立于 766 年，碑高 3.02 米，宽 2.27 米，厚 0.58 米，相传为南诏清平官郑回所撰，唐流寓南诏御史杜光庭书写。全文约 3800 个字，字体为行书 |
| 东山 | 弥渡县东山国家森林公园是在弥渡县东山国营林场的基础上发展而来的。规划面积 94227 亩。评为 20 处国家森林示范公园之一。2001 年被国家旅游局评为 AA 级风景区 |
| 新华村 | 鹤庆县新华村，白族银饰工艺文化村，"家家有手艺，户户是工厂，一村一业，一户一品"。"九龙杯"工艺品堪称一绝，颇受中外游客欢迎 |
| 佛图塔 | 位于下关北面羊坪村，距离下关 3 千米，塔高 30.07 米，为十三级密檐空心方形的砖塔 |
| 石门关 | 漾濞石门关位于苍山龙泉峰与玉局峰西麓，漾江东岸，为大理州著名游览风光这一。著名地理学家徐霞宏曾登临此地，明代状元杨升庵也留下著名诗句："为爱石门关，归途日已斜；隔江闻犬吠，灯火两三家。" |
| 水目山 | 祥云县水目山旅游风景名胜区是云南开创最早的佛教圣地之一，有水目、贤填充、地藏寺、灵光寺、塔院、三教阁、毗卢阁、弥陀庵等寺观 |
| 感通寺 | 感通寺位于点苍山圣应峰南麓，大理古城和下关之间，距大理古城约 5 千米。感通寺以环境清幽、殿宇轩昂、香火旺盛而被誉为"西南胜览无双寺，苍洱驰名第一山"。其"寂照庵"别有一番情趣 |
| 上关花公园 | 位于南诏古关龙首关（今上关）以南的关外，东临洱海，西枕苍山云弄峰，南距蝴蝶泉 1 千米。景区由山门、双胞大青树、花园、歌舞游乐园、天龙洞等组成。公园以久负盛名的上关花取名 |
| 天镜阁 | 天镜阁坐落在洱海东岸、金梭岛北面的罗荃半岛上，南诏"一寺一阁和一塔"之阁 |

续表

| 名称 | 简介 |
| --- | --- |
| 大理云景 | 大理苍山西耸，洱海东卧，在苍洱之间有着许许多多的云景奇观，令人遐想陶醉。其中最奇妙、最迷人的有苍山佛光、望夫云、玉带云、火把云等云景 |
| 永平霁虹桥 | 飞驾于永平县岩洞乡和保山市平坡乡的澜沧江上，是我省南丝路博南古道上现存最早的渡口桥，也是我国最早的铁索桥之一 |
| 清碧溪 | 清碧溪是点苍山 18 溪之一，在苍山马龙峰与圣应峰之间，溪水在山腰汇为上、中、下三潭，然后流下成溪，辗转注入洱海 |
| 铁柱庙 | 位于弥渡县太花乡铁柱庙村（古称铁柱子邑），"唐标铁柱"是弥渡县最著名的古迹 |
| 太和城遗址 | 太和城遗址位于大理古城以南 7 千米的太和村西苍山佛顶峰麓。太和城曾经是古代南诏国的都城，739 年迁都于此，是南诏前期的政治、经济、文化中心 |
| 万人冢 | 位于下关老市中心的天宝公园，是安葬唐天宝之战剑南留候李宓及阵亡将士的大型墓冢 |
| 黑龙桥 | 又名清风桥，在下关西洱河上，原为石头桥，1979 年改建为钢筋水泥桥。为了庆贺水患消除，在河上建石桥，以小黄龙驱逐大黑龙恶孽之意，取名黑龙桥 |
| 苍山索道 | 索道的起点位于大理旅游古城西郊中和山脚下，全长 1668 米，爬高 478 米，尽头是大理旅游的名刹中和寺和盘桓于苍山山腰全长 18 千米的玉带云游路 |
| 苍山大索道 | 全长 5555 米，下站是天龙八部影视城，中站是七龙女池，上站为洗马潭，是苍山观景的最好路径 |
| 上关鱼鹰表演 | 大理鱼鹰捕鱼技艺，已被收录为《云南省非物质文化遗产》。波罗塝是喜洲古镇具有数千年历史文化的古老渔村，是鱼鹰文化的发源和传承之地 |
| 千狮山 | 位于剑川县，是国家 3A 级旅游景区。千狮山（满贤林）景区自然景观与人文景观交相辉映，以山险、石奇、林静、泉幽、琼楼玉宇、历代文人题刻和千狮共舞构成了一幅人间天然画卷 |

续表

| 名称 | 简介 |
|------|------|
| 天龙洞 | 位于大理苍山第一峰—云弄峰山麓，由天龙洞、天龙寺、上关花公园（龙女花、徐霞客游记碑）龙首关等自然景观和历史古迹组成，"观沧海、赏名花、探古洞、寻古迹"形成了四大特色 |
| 诺邓土建筑群 | 位于云龙县，由诺邓千年白族村、古盐井、卤脉诺邓龙王庙等组成 |
| 青海湖 | 祥云青海湖在祥云县城东南，属高原盆地湖泊，旧称"青龙海" |
| 云南驿茶马古道 | 云南驿茶马古道位于祥云县云南驿镇，是祥云县最早的县治驻地，是古滇文化的典型代表。云南驿是西南丝绸路上一个重要的驿站，作为驿站至今已有1237年的历史 |
| 龙尾关城楼 | 龙尾关城楼在龙尾古城南端，背靠龙尾城，前临水流湍急的西洱河。龙尾城是南诏政权对南御敌的天堑，建城至今已1260余年，此城也与上关的"龙首城"同样是屯兵御敌重要关隘 |
| 鹤庆东草海国家湿地公园 | 位于鹤庆县，总面积268.45公顷，是集蓄水、灌溉及生态旅游合一的多功能湿地 |
| 剑湖湿地 | 剑川剑湖位于我国西部候鸟迁徙的通道上，既是候鸟迁徙过境时的集结点和停歇地，又是迁徙水禽的越冬栖息地 |
| 云龙天然八卦图 | 诺邓河和澜沧江支流沘江交汇处，组成一个"S"形的大湾子，形成了类似道教"太极图"的奇妙天然景观，古人称之为"太极锁水" |
| 无量山樱花谷 | 南涧县的无量山，每年12月上旬，冬樱在茶山间开放，繁樱绚丽，大片樱花林加上晨雾，构成一幅迷人茶樱仙境 |
| 寂照庵 | 寂照庵有着寺院的宁静，却无寺院的肃穆。与其说它是座尼姑庵，不如说它是个鸟语花香的庭院。庵堂室内的搭配看似随意却处处细致，后院中还搭建了两个花圃，各种漂亮的花卉和多肉植物充满生机 |
| 杨丽萍月亮宫、太阳宫（杨丽萍艺术酒店） | 位于洱海三岛之一的玉几岛，是舞蹈家杨丽萍的私宅，也是洱海边一道亮丽的风景。北侧的是"月亮宫"，南侧的叫"太阳宫" |
| 海舌生态公园 | 位于洱海西岸，距离喜洲3~4千米，是一处延伸到洱海中的狭长半岛。岛上风光秀丽，可以看到大片的树木和长长的蒿草，半岛深处的洱海也异常清澈蔚蓝，景色清新优美 |

# 参考文献

［1］大理白族自治州民族事务委员会.民族宗教志［M］.昆明：云南民族出版社，2009.

［2］新华社分社，中共大理州委宣传部.讲述大理［M］.北京：中国文艺出版社，2011.

［3］刘从水.节庆文化与民族和谐［M］.昆明：云南人民出版社 2017.

［4］杨周伟.中华白族通史［M］.芒市：德宏民族出版社，2016.

［5］赵寅松.白族文化研究［M］.昆明：民族出版社，2002.

［6］拉祜族简史编写组.拉祜族简史［M］.北京：民族出版社，2008.

［7］尤中.云南民族史［M］.昆明：云南大学出版社，1994.

［8］何特琼.漕涧古镇文化［M］.昆明：云南民族出版社.

［9］左治华，左骞.云龙阿昌史话［M］.昆明：云南民族出版社.

［10］杨旭芸.大理民族文化研究论丛（第二辑）［M］.北京：民族出版社，2009.

［11］龚家骅.云南边民录［M］.上海：正中书局，1943.

［12］云南省云龙县志编纂委员会编.云龙县志［M］.北京：农业出版社，1992.

［13］大理白族自治州地方编纂委员会.大理年鉴［M］.昆明：云南民族出版社，2018.

［14］云龙县民族事务委员会编.云龙民族志［M］.昆明：云南教育出版社，1994.

［15］方国瑜.云南史料丛刊［M］.昆明：云南大学出版社，1998（第 1 ～ 10 卷）

［16］马占先主编.大理民族研究［M］.大理白族自治州民族事务委员会出版，1989 年第 12 期.

［17］彝族简史编写组.彝族简史［M］，北京：民族出版社，2009.

［18］鹤庆县民族志［M］.鹤庆县民族宗教事务局，2011.

［19］那张元.大理民族文化研究论丛.第3辑［M］.民族出版社，2009.

［20］郭松年，李京.大理行记校注·云南志略辑校［M］.云南民族出版社，1980.

［21］杨旭芸.大理民族文化研究论丛（第二辑）［M］.北京：民族出版社，2009.

［22］政协宾川委员会.人文宾川［M］.昆明：云南人民出版社.2014.

［23］罗杨.中国名城.云南漾濞［M］.北京：知识产权出版社.2013.

［24］陈曦.云南二十六个民族的经典节庆［M］.昆明：云南人民出版社，2005.

［25］万国萍.文化大理－永平［M］.昆明：云南人民出版社.2016.

［26］赵怀仁.大理民族文化研究论丛第二辑［M］.北京：民族出版社，2006.

［27］赵卫东.大理邓川坝子"白回"族群成因探析［J］.西北第二民族学院学报，2004.

［28］桂榕.人类学视角下的民俗文化空间——以云南省巍山县回族民俗为例［J］.云南民族大学学报，2012（3）.

［29］王国祥.大理傣族追踪［J］.云南社会科学，2004（3）.

［30］中国文化知识读本.布朗族［J］.长春：吉林出版集团有限责任公司，吉林文史出版社出版，2010.

［31］藏族与大理鸡足山以传说和仪式为视角［J］.青海民族研究，2014（3）.

［32］赵吕甫校释.云南志校释［N］.中国社会科学出版社，1985.

［33］刘琳校注.华阳国志校注［N］.巴蜀书社，1994.

［34］陶玉明.布朗族［M］.中国人口出版社，2012.

［35］大理州统计局.大理概况·民族人口［EB/OL］.［2023-03-21］大理州人民政府门户网站，http：//www.yndali.gov.cn/dlrmzf/c101689/201904/b8b3e5c6c17b440aa4175661cbc28050.shtml.